安徽省高等教育振兴计划弘扬核心价值观名师
（项目编号：2014SZKMSGZS014）结项成果之一

名师访谈录

——告别成长的迷茫

路丙辉◎主编

安徽师范大学出版社
·芜湖·

责任编辑:陈　艳

装帧设计:北京中尚图文化传播有限公司

图书在版编目(CIP)数据

名师访谈录:告别成长的迷茫 / 路丙辉主编. —芜湖:安徽师范大学出版社，2016.7（2025.1 重印）

ISBN 978-7-5676-2550-1

Ⅰ.①名… Ⅱ.①路… Ⅲ.①大学生－思想政治教育－研究－中国 Ⅳ.①G641

中国版本图书馆 CIP 数据核字(2016)第 152688 号

名师访谈录

告别成长的迷茫

路丙辉　主编

出版发行:安徽师范大学出版社

芜湖市九华南路 189 号安徽师范大学花津校区　邮政编码:241002

网　　址:http://www.ahnupress.com/

发 行 部:0553-3883578　5910327　5910310(传真)　E-mail:asdcbsfxb@126.com

印　　刷:阳谷毕升印务有限公司

版　　次:2016 年 7 月第 1 版

印　　次:2025 年 1 月第 2 次印刷

规　　格:700 mm ×1000 mm　1/16

印　　张:15.75

字　　数:229 千

书　　号:ISBN 978-7-5676-2550-1

定　　价:65.00 元

前　言

　　如何才能有一种方式使老师容易教,学生喜欢听,从而让思想政治理论课成为大学生喜闻乐见的课程呢? 长久以来,我们一直围绕这个问题进行探索。2014年7月,由我牵头,邀请教研室的赵平教授、吴先伍教授、戴家芳副教授、刘桂荣副教授,李靖博士,同时邀请安徽工程大学的许壮飞副教授、安徽商贸职业技术学院杨卫宏副教授、安徽机电职业技术学院的陈绪林副教授、安徽中医药高等专科学校的马凌峰副教授四名专家,共同组成了“思想道德修养与法律基础”课名师工作室,并有幸申请获批安徽省高等教育振兴计划“弘扬核心价值观名师工作室”项目——丙辉工作室(2014SZKMSGZS014),这为我们的实践探索提供了极大的机遇。通过近两年的建设,我们基本完成了申报书中所提出的各项任务。呈现在您面前的这本书,就是这些任务中的一项重要成果。

　　在项目建设之初,我们就有一个想法,用一种活泼的形式来讨论教材和教学过程中一般不涉及而大学生在实际的生活和学习中却常遇到的问题。我们之所以这样想,是因为课堂教学所涉及的问题一般都是宏观、共性的问题,而生活中大学生常常需要面对十分具体的问题。由于涉世不深,生活阅历简单,大学生常常在面对这些具体问题时手足无措,久而久之,思想上的困惑就多了。在总找不到可以解决问题的方法时,大学生就会觉得,他们学习的思想政治理论课都是“空头大道理”,“一点用都没有”。大学生对思想政治理论课之所以会有这般理解,原因是多方面的。其中一个重要的原因就是,我们的教学还没有真正做到“贴近实际、贴近生活、贴近学生”,一些教师在教学中总担心“不讲知识就没有水平,不讲理论就没有深度”,结果把极富生命力的思想政治理论课讲成了被大学生束之高阁的"观赏品"。

因此，我们想到了用"访谈"的形式来尝试突破这种困境，看能不能把学生心目中的"观赏品"变成他们随时可以运用的"实用品"。采用访谈的形式，我们出于两方面的考虑：一是对于大学生来说，这种方式有益于引导他们将书本理论与现实生活联系起来，学会运用马克思主义的思想方法指导自己的生活实践。二是对于思想政治理论课教师来说，访谈的形式应是构建课堂实践教学模式的一种有益尝试。

鉴于本书是"丙辉工作室"的一项重要成果，在此不妨就课堂实践教学模式多说几句，以此作为我们采用这种方式的思想依据，更期望这种方式能够得到同行的认可和推广。

学界认为，能够被广泛运用的课堂实践教学"模式"大致可以分为三类，一是体验式，包括情景模拟、视频观摩等；二是交流式，包括主题辩论、专题讨论、即兴演讲等；三是研究式，包括经典诵读、诗词鉴赏、案例评析等。这种"三分法"的分类思想对于我们探索课堂实践教学模式的工作很有启发意义，但存在的主要问题也很明显：一方面，这些被广泛运用的"模式"有些只是课堂实践教学的一种方式，而不是模式。所谓模式，就字面意思而言，是指模范的工作程式，即某种工作成果具有样板的价值，在相似的情境条件下，可以参考甚至套用这个模式开展工作。具体地说，课堂实践教学模式应该是在目标要求、教学内容、操作过程、表现形式、最终成果等方面都有规范性要求的一整套教学规程，而不是一个个简单的活动。比如，课堂内的即兴演讲、对话交流或辩论等，都只是一种课堂教学方式，而不是教学模式。另一方面，这个"三分法"的研究成果作为目前课堂实践教学模式，也仅仅是形式上的"模式"，在内容的安排上还存在很多分歧。比如，大家都使用视频观摩的方式，但在教学过程中的什么地方运用视频观摩，为什么用视频观摩，用什么视频让学生观摩等，在不同的高校并没有达成一致的认识。可见，这种分类还只是学者理论研究的构想，距离可以推广的课堂实践教学模式还相距甚远，与我们提出的探索课堂实践教学模式也有差距。

《中共中央宣传部、教育部关于进一步加强和改进高等学校思想政治理论课的意见》(又称05方案)实施以来,思想政治理论课课堂实践教学被广泛关注。一个比较一致的认识是思想政治理论课因其富含"社会实践性内涵",其实践教学不应被简单地理解为"社会实践(活动)中的教学活动",而应被理解为有效解读"教学内容中的社会实践问题"的教学活动。因此,我们以为,思想政治理论课课堂实践教学的场域应在课堂之内,立足于课堂内的思想政治理论课课堂实践教学模式,应具有易操作、有实效、可推广的基本属性。

首先,"易操作"使思想政治理论课课堂实践教学具有实现的可能性。课堂实践教学的目的在于为理论教学作有益的补充,以增强理论教学的实效性。因此,在教育教学的价值定位上,课堂实践教学工作无论在形式上还是在内容上都不应超过理论教学的分量,不能因其重要性而喧宾夺主。这就要求课堂实践教学方式不能过于复杂。就课程的教学要求而言,任何一门课程的课堂实践教学如果不易操作,都可能在实践教学中被错解和误读,降低教学的实效。

所谓"易操作",是指课堂实践教学的组织过程不复杂,具体而言,就是要在内容上易把握,在形式上易践行。就教学工作的客观要求而言,只有课堂实践教学易操作,才可能使实践教学落实到位,提高实效性才有可能。因此,"易操作"应该是课堂实践教学模式探索的第一原则。换句话说,课堂实践教学模式唯有容易操作,才能使课堂实践教学工作具有广泛开展的可能性。

其一,课堂实践教学模式易操作可以在一定程度上避免因教师的积极性不高而导致的教学质量打折扣。由于种种原因,一个不争的事实是,思想政治理论课实践教学的重要性在一些学校并没有得到应有的重视,实践教学虽然被纳入了教学计划,但并没有在实际的教学工作量中兑现,教师做还是不做,不能在教师的实际工作能力或工作绩效中得到反映,教师对思想政治教育的实际工作积极性不能被有效地调动起来。在这样的情况下,如果还额外地增加教师的工作量,就会遭到教师的心理抵触,必然在实际的执行中降低实效，甚至适得其反。反之，如果在额定的工作中实行容易操作的课堂实践教学，就容易被教师所接受。

其二，课堂实践教学模式易操作可避免因教师队伍的质量参差不齐而导致的实际效果悬殊。思想政治理论课教师队伍如果具有较合理的年龄、学历和学术结构，就可以较好地发挥队伍整体的传帮带作用。而实际情况是，很少有教学团队能够达到这样的目标。因此，如果实践教学过程复杂，就可能导致经验不足的教师望而却步，或工作不力，或干脆放弃。易操作的课堂实践教学应避免这样的情况发生，不管是经验丰富的资深教师还是刚上岗的青年教师，都可以在同一要求下开展同样的课堂实践教学，并取得相近的效果。如果我们把课堂实践教学模式的成果比作一台仪器，那么只有这台仪器容易操作，才会备受不同层次的顾客青睐。如果不易操作，只有专业人士才能使用，那么这台仪器就会少有市场，甚至被束之高阁。

其三，课堂实践教学模式易操作有益于引导学生理解实践教学内容，使实践教学真正成为理论教学的有益补充。众所周知，实践是认识的来源。现实社会的生产生活实践丰富多彩，人们也正是从身边大量的感性实践中获得理性认识。思想政治理论课的实践教学就是要揭示课程内容所包含的社会实践理性及其理论的精神实质，要分析课程教学内容体系与其所反映的相关社会实践之间的内在逻辑关系。因此，如果课堂实践教学的"实践"过程很复杂，那么就既违背了现实社会生产生活实践的本来特性，又不利于青年大学生在课堂教学实践中提高认识。

其次，有实效使课堂实践教学具有运行的可保障性。思想政治理论课课堂实践教学的重要性毋庸置疑，但再重要如果得不到保障也是空谈。正是基于这样的认识，我们认为，"有实效"应是探索思想政治理论课课堂实践教学模式的又一取向。只有有实效，才能使思想政治理论课课堂实践教学工作得到根本的保障。

所谓有实效，简单地说，就是指思想政治理论课课堂实践教学对于提高大学生的思想品德素质能够起到应有的作用。这种作用的表现以时空差异来分,可以分为显性的和隐性的两种形式。能够及时表现出来的作用即为显性的作用,它可以通过大学生外显的精神面貌和言谈举止等直观地呈现出来。比如,在课堂上学生能积极参与教学,听课时能面带微笑回应教师的教学言行,能够主动提问或讨论,而不是低着头做自己的事情。教师可以通过课堂上学生的"到课率、抬头率、微笑率"来判断个人的课堂实践教学的有效性。反之,只有经过一段时间的积淀才能体现出来的作用是隐性的。这种表现形式体现在大学生内在的思想品质和道德素养的变化。通过与学生的课外交流情况,特别是"咨询率、关注度、粉丝数"等形式,教师可以为个人课堂实践教学有效性程度作出判断。从效果上看,这种作用的效果可能表现为直接的,也可能是间接的;既可能是近期即可见的效果,也可能是长远的未知的效果。

目前,学界关于思想政治理论课实效性的讨论主要涉及如何提高有效性,进行课堂实践教学模式的探讨也主要是为了提高理论教学的实效性,很少有学者论及有效性对思想政治理论课课堂实践教学的保障性问题。这主要是因为人们把关注点放在了有效性上,只是把思想政治理论课课堂实践教学作为提高有效性的手段来认识,而没有意识到思想政治理论课课堂实践教学作为一项重要的工作需要得到应有的保障。只有这项工作得到保障,有效性才能成为可能。从这个角度来看,保障思想政治理论课课堂实践教学工作和提高思想政治理论课的有效性是一个问题的两个方面,两者相辅相成、相互作用、相互影响。如何提高有效性已被学界广泛论及,这里不再赘述,但需要对"有效性是课堂实践教学工作的根本保障"作必要的说明。

一方面,思想政治理论课课堂实践教学的有效性可以使教师的从业动力更足,从而推动课堂实践教学更好地开展,进而使课堂实践教学工作得到保障。众所周知,如果教师上课没有动力,教学的实效性就难以保证。因此,教师从业的内在动力是保障思想政治理论课课堂实践教学工作有效开展的根本。人们在谈到教师从业的内在动力时,往往只是简单地从学校领导是否重视,有没有足够的资金保证,教师个人能否因此得到

前言

实惠等方面来考量,却有意无意地忽略了教师的职业良知。事实上,很少有教师愿意让学生对自己的教学说三道四,甚至指责自己不负责任。也少有教师在走上岗位之初就斤斤计较个人的得失,而总是希望自己的工作能够得到学生的接受和认同。因此,如果教师的课堂实践教学能够收到实效,得到学生的认可,使学生真正学有所得,就会激发教师从业的内在动力,从而推动课堂实践教学工作的良性运作。当然,我们并不否认领导重视、资金充足、劳有所得对保障课堂实践教学工作的重要价值,但这些外在的条件在不同的学校是难以得到统一和保证的。实事求是地说,任何一项工作都是由人来做的,外在的刺激只可以调动人们一时的积极性,只有充足的内在动力才是使人们的工作无论遇到何种境遇都可能持续下去的应有保障。

另一方面,思想政治理论课课堂实践教学的有效性可以使学生的学习动力更足,使课堂实践教学工作能更好地开展。因为有效,可以使学生在课堂上收获更多,必然能够调动学生学习的主动性、积极性和参与意识,使课堂实践教学成为学生的一种必需,内心的一种期盼。这种强烈的需要必然使课堂实践教学不仅能够得到保障,而且可能会被不断地创新。

最后,可推广使思想政治理论课课堂实践教学具有更大的发展性。良好的思想政治理论课课堂实践教学的模式不能只是在本单位或几个班级进行的教学方式,而应是可以超越时间和空间的阈限,能够被广泛应用于一线课堂教学的模式。也就是说,只有能够被推广的模式才能使课堂实践教学得到进一步发展和提高。

我们以为,可以被推广的课堂实践教学模式应该具备以下的条件:课堂实践教学的工作模式在内容上必须是与教材的内容密切相关。内容相关是可以推广的基础和前提,如果不同的学校讲课的内容要求不一样,可推广就是一句空话。当前全国高校思想政治理论课的教材是统一的,要求课堂实践教学的内容与教材相关是满足可推广的前提要求。一般说来,与教材内容密切相关好像并不难,因为"相关"可以兼顾到不同地区、不同学校、不同专业等差异性的要求,这样只要在形式上基本一致就可以做到。比如,"思想道德修养与法律基础"课中的爱国主义教育部分,只要能够激发大学生爱国主义激情,培养大学生爱国主义情怀的实践教学就可以说与教材的内容有相关性。至于教师在教学过程中具体是怎么做的,并不需要有太多的具体规定,具体规定多了,或许会束缚教师进行课堂实践教学模式的探索和创新。基于这种认识,也有人认为,课堂实践教学模式从内容上作统一要求并不现实,也没有必要。事实并非如此。一方面,作为课堂教学来说,必须要有一定的规范,不能因为实践教学作为课堂理论教学的有益补充具有灵活性而漠视了规范性要求。如果只讲灵活性而没有规范性的约束,灵活性就可能背离初衷成为自由散漫的代名词。另一方面,如果没有要求,或者要求过宽,势必导致"各自为政"的局面,看似一片繁荣,却从根本上削弱了思想政治理论课的作用。

当然,我们也应该看到,在课堂实践教学的内容上作出非常具体的要求,也确实会因为地区差异悬殊、学生素质不同、教师水平有别等而存在诸多现实困难。但是,如果能够做到以下三个方面,就可在实践内容上基本做到一致,保证大方向不走样。一是要在组织管理上统一要求。教育主管部门要有统一安排,既要有宏观的指令,又要有相对具体的指导性要求,以作为一线工作执行和评价的依据。二是要在内容上设计有范围的框定。比如,提供一定数量的视频或相关资料作为指定资料,如果最高主管机关考虑到地区差异不宜指定,可以指令地方教育主管部门来执行和操作。三是要在具体操作上提供指导性的方案。过于具体的方案并不好做,但可以在教学目标、教学形式、教学计划等方面给出指导性意见。这些规范对于保证课堂实践教学的统一性、稳定性、有效性无疑具有现实价值。

通过近两年的探索,丙辉工作室的全体成员克服诸多困难,完成了约900分钟共10期的"名师访谈录"的视频录制,以此作为本书内容的呼应、补充。每辑一个主题,由三位教师出场,共同讨论大学生活中与这个主题相关的具体问题,以作为课堂教学的有益补充。这种访谈形式的课堂实践教学模式依据教材而不拘泥于教材,走出课堂但又贴近学生生活实际,

前言

操作简单,形式活泼。

从本书的内容看,我们希望访谈的形式有益于大学师生间的沟通,特别是那些希望得到交流而找不到合适对象的同学,我们期待他们选择这本书。

作　者
2016 年 5 月

目　录
CONTENT

第三篇　胸怀祖国

访谈实录

相关链接

第四篇　感悟人生（上）——谈人生

访谈实录

相关链接

第五篇　感悟人生（下）——谈交往

访谈实录

第六篇　品味道德
访谈实录

相关链接

第七篇　守望爱情
访谈实录

第八篇　践行法治

访谈实录

相关链接

第九篇　权利与义务

访谈实录

相关链接

第十篇 砥砺品质

访谈实录

相关链接

第一篇　走进大学

作者简介

　　路丙辉,法学博士,安徽师范大学政治学院教授,硕士生导师,全国师德标兵,中国敬业奉献好人,高校思想政治理论课教师2013年度影响力提名人物,安徽省高等教育振兴计划弘扬核心价值观名师工作室之"丙辉工作室"首席专家。长期从事高校思想政治理论课以及教师职业伦理学的教育教学和研究工作。先后获得10余项国家级和省部级奖项或荣誉,主持或参与国家级、省部级科研课题10多项,在《道德与文明》《齐鲁学刊》等学术刊物发表论文30多篇。

几乎所有的高中生都憧憬着未来能够走进一所自己心仪的大学，在那里实现自己的人生梦想。他们把这种梦想化作努力拼搏的动力，用成功注解自己辉煌的高中时代。

很多同学带着美好的憧憬走进大学校园以后，却遭遇了很多意想不到的状况。不少同学反映，高中老师告诉他们，高中要抓紧时间好好学习，到了大学有的是玩的时间。本以为到了大学学习不再紧张、不再有压力，事实却是压力非但没有减轻，还以潜在的激烈竞争形式让每一个同学感到"压力山大"。学习对于有些同学来说，真是"才下肩头，却上心头"。

上大学如何实现自身的价值？一般人以为，在一个有利于将来找到工作的专业学科里学习是最理想的。可是，社会的就业压力，使很多学生感到自己的专业与将来的就业挂不上钩，尽管有老师上课专门谈职业规划，但很多同学依然感到自己的专业让自己发愁。既然专业学习不能确保将来的工作岗位，那我们来大学又有什么意义呢？大学的学习动力又在哪里呢？

高年级的同学告诉新生，在大学要加强能力锻炼，最好的办法就是找到机会当学生干部。于是，很多同学一到大学就开始努力寻找当学生干部的机会。正是在这种追求中，很多同学感到不快乐，觉得大学里如同一个"小社会"，甚至充满了尔虞我诈、追名逐利的丑恶。

真的如此吗？到底应该如何认识大学？青年人辛辛苦苦努力学习，考上大学却可能面临失业，上大学又是为了什么呢？大学真的已经不再是人们心目中圣洁的"象牙塔"了吗？

访谈实录

1. 什么是大学

路老师,您好,高中的时候对大学有很多憧憬,当然,主要是憧憬,也没有太多的时间来了解大学。本来以为,大学到底是什么,进来以后自然会知道。但真的进来以后,听了老师的讲课,也与一些高年级的同学在一起交流过,但大家对大学到底是什么,好像并没有一个定论。您能告诉我,到底什么是大学吗?

关于"什么是大学"的讨论并没有什么定论,不同的体验者有不同的观点。我的意见也只是一家之言。但我想,把这些观点综合起来,应该还是有很多相同之处的。我觉得对大学的认识可能要从四个方面来理解。

一是从形式上来认识,大学就是一个很大的学校。这个"大"因为是体现在外在的形式上,所以一般一眼就能看出来。首先,校园面积大。改革开放以来,我国高等教育事业获得了长足发展,在地级以上城市一般都有几所高校,而且是放在一起规划建立大学城,成为一个地方的文化风景。其次,楼宇高、大、多。一所高校少则数千人,多则几万人,大量的教学楼和宿舍楼组成庞大的工作和学习环境。就拿我们安徽师范大学来说,在校生就有近三万人,三个校区,校园占地三千多亩,数十座教学楼,上百座宿舍楼。规模宏大的感觉可以说是扑面而来,学生一进大学,就会被这种庞大的气势所震撼。最后,在校的学生都是大人。大学生一般都在18岁左右,大多数都是成年人,其中的硕士生和博士生还有在40岁上下的。总结起来,大学从形式上可以简洁地归结为"三大",即园大、楼大、人大。

二是从内容上来认识,大学学习的内容是大学问。我们首先可以从一些论述来认识大学的大学问。《大戴礼记·保傅》中说:"束发而就大学,学大艺焉,履大节焉。"蔡元培先生在他的《大学教育论》中说,大学者,研究高深学问者也;大学者,囊括大典、网罗众家之学府者。也就是说,大学里学习的内容不仅广博,而且高深。应该说,古今的论述基本相同。或者这样说,人们一般把广博而高深的知识、智慧或能力叫作大学问。很多大学生都知道"大学之道,在明明德,在亲民,在止于至善"这句话,这是"四书"中《大学》的开篇第一句话,意思是说,大学的宗旨在于弘扬光明正大的品德,在于让百姓仁爱和睦、明理向善,在于使人达到最完善的境界。

三是从对大学的理解上来说,不同的人有不同的认识。很多人以为,上大学就是为了找到好工作,当然,我们不能简单地否定上大学对于谋生的意义。对于大学价值的不同理解,将会影响人们的奋斗方向。我们可以来看看几位大学校长是怎么给大学注解的。清华大学前校长梅贻琦先生认为,所谓大学者,非谓有大楼之谓也,有大师之谓也。他说的是,大学并不是看大楼这样外在的东西,之所以是大学,关键是因为这里有大师。不少人抱怨说自己的学校就没有大师,所以连自己的学校也看不起,觉得自己读的不是大学。其实这是不准确的。大师也是一个相对的概念。每一所大学,都会有这所大学里被公认的大师级老师。我相信梅先生并不是单纯指那些被全世界公认或全中国公认的大师,那样的话,整个中国又有几所高校能够被称为大学呢?北大前校长许智宏先生认为,大学之"大",不仅在于"大师""大楼",更在于有一批"大"学生。我们不能设想一所大学没有宽敞明亮的大楼,也不能设想一所大学没有学富五车的大师,更不能设想一所大学没有一批朝气蓬勃、奋发向上的"大"学生,只有这些年轻的面孔,才是一所大学的精魂之所在……大学,因大楼而大,因大师而大,更因"大"学生而大。许先生这样的理解突出了学生的主体地位,也很有道理,事实也正是这样。

四是从大学的功能或作用上看,大学教育是以中学教育为基础的,是学校教育的高级阶段。中学教育的主要任务是向学生传授科学文化基础知识,培养和开发学生的智能。大学教育是进行某个方面的专业知识和专业技能的教育,为社会培养专业人才,教学内容具有明显的专业目的性。从这一点来说,人们常常将大学教育和社会工作相联系,在大学里学习什么,将来就从事什么工作。这样理解其实不准确,这也是很多学生感到焦虑的地方,担心自己学习的专业跟社会上的工作不对口,将来不好找工作。所以,有一些同学在进入高校之后要求转专业。有的同学是因为学习的专业不喜欢,还有的同学就是为了跟社会上的工作接轨。这样的认识其实与事实不相符。

2. 我们来大学是干什么的

路老师,您说的这个与事实不相符的认识,也是我感到困惑的地方。很多老师也是这样引导我们的,告诉我们不要仅仅局限于大学学习的专业,将来的工作可能与自己学习的专业没有太多的关系。那么,我们来大学是干什么的呢?不就是为了将来能够有一份工作吗?

上大学为了将来能有一份工作,这样的认识是没有问题的。但是这份工作是不是一定会跟自己在大学所学习的内容相关联,就不一定了。很多同学简单地把将来的工作与现在的学习相联系,已经严重地影响了自己在大学里的学习积极性。比如,我们师范生很早就有一种观点,认为现在在大学里学习的师范专业知识,将来到中学里去教书,只有5%的内容可以用得着,95%的内容还要在将来的工作过程中学习,所以在大学里那么努力学习有什么用呢,还不如趁现在不紧张的时候好好玩玩。我们学校现在有空乘专业,一些人认为,空乘这个专业没有必要设立本科专业。他们说:"我们也坐过飞机啊,飞机上的那些服务员不就做那么几个动作吗,需要用四年来学习?"为什么会有这些观点存在呢?因为他们看到的只是一份工作简单的操作层面的内容。可能从工作的实际操作层面看,空乘职业好像是没有什么复杂的技术,但是作为一个人,他之所以能够胜任某项工作,可能不仅仅是技术层面的原因,还有一个很重要的因素,就是与这项工作紧密相关的基本素质。比如,很多人不理解教师职业,认为教师就是站在讲台上口若悬河地大讲一通,上完课就没有什么事情了。所以,教师工作最轻松。其实并不是这样。俗话说,台上一分钟,台下十年功。要给学生一滴水,自己要有一桶水。这都说明教师能够站稳讲台是十分不容易的。

教育心理学认为,一个人的整体素质,包括智力因素和非智力因素两个方面。构成智力因素的主要有:观察力、记忆力、注意力、想象力、思维力、创造力。广义的非智力因素包括智力以外的心理因素、环境因素、生理因素以及道德品质等。狭义的非智力因素指那些不直接参与认识过程,但对认识过程起直接制约作用的心理因素,主要包括动机、兴趣、情感、意志、气质、性格等。智力因素,就一定程度而言,属于先天因素;非智力因素则侧重于后天的养成。孔子说:"知之者不如好之者,好之者不如乐之者。"(《论语·雍也》)夸美纽斯也强调指出,对于儿童来说,对于使视觉、听觉和其他感官愉快的那种东西产生了某种兴趣,那么,它将能促进身体健康和智力的发展。这些都是在强调动机、意志、兴趣、情感等非智力因素在人的成长过程中的作用。

在人的认知过程中,非智力因素不直接承担对机体内外信息的接受、加工、处理等任务,但直接制约认知过程,表现为它对认知过程的动力作用、定向和影响作用、维持和调节作用,以及弥补作用。在现实生活中,有些学生在学校读书时,曾被认为是智力出众的学生,毕业后却没有什么作为。这一事实证明,智商高的人未必一定能成才,隐藏在这一事实后面的原因是,人的成才除了一定的智力因素和社会条件外,还取决于一些非智力因素。

══3. 非智力因素为什么会这么神奇══

路老师,非智力因素为什么会这么神奇呢?

因为非智力因素属于智慧活动的动力系统,各种非智力因素在智慧活动中主要具有动力功能。非智力因素的动力构成十分复杂,概括起来主要有两类:一类为内驱力,它是指由有机体内或外部刺激所唤起的,指向一定目标的某种内在倾向;另一类为情动力,它是伴随人的需要是否得到满足的体验而激起的某种内在倾向,这种倾向既可以是有意识的,也可以是无意识的。具体说来,非智力因素在智慧活动中的动力功能体现在三个方面。

一是体现在对智慧活动的始动方面，即非智力因素具有始动功能。不论是内驱力还是情动力，它们不仅是驱动人们不断行动的内在力量，而且具有始动作用。原始的诱因转化为一种心理需求，当这种需求与一定的目标结合时，就产生为达到目标而努力的动机，激励人们积极行动。

二是体现在对智慧的活动定向和引导方面。在智慧活动中，不存在没有目的的动机、没有对象的兴趣、没有目标的理想、没有倾向的情感。动机的目的、兴趣的对象、理想的目标、情感的倾向等直接制约着智慧的活动方向。

三是体现在对智慧活动的维持和调节方面。在智慧活动中，人们如果对活动对象失去兴趣，或者因遇到困难而产生消极情绪，那么，缺乏趣味和消极情绪不仅不能引导人们趋向已定的目的或目标，甚至还可能改弦易辙。这时就需要良好的非智力因素维持和调节人们的行动，使活动向已定目标前进。非智力因素的维持作用指其支持、激励个体的行为，使之能够始终坚持达到目标的行动。人们在实现目标的活动中，常常会遇到困难，这时就有赖于非智力因素维持智慧活动朝既定目标进行，知难而进，锲而不舍。

4. 智力因素和非智力因素之间的关系是什么

路老师，您的意思就是说，非智力因素在智慧活动中推动了智力因素的发展，是吗？那么智力因素和非智力因素之间的关系是什么呢？

是的，智力因素如果没有非智力因素的推动和维持，就可能变得毫无价值。从功能和作用来说，智力因素解决的是"能不能"的问题，非智力因素解决的是"愿不愿意"的问题。一个人再有能力，如果他不愿意将自己的能力用在应该用的地方，这种能力就没有意义。前者是能力问题，后者是态度问题。正是在这个意义上，我们理解"态度决定一切"这句名言就容易多了。

拿我们大学生来说，智力水平一般都不会有什么问题，相互间的差异也不大,但是,为什么学习的成绩差异那么大呢?有的人可能智力水平一般,但所取得的成绩却非同凡响;有的人智力水平很高,却无所作为。再具体地说,我们很多本科生四年毕业,并不考研究生,而很多原来只读了专科的学生,后来却读了硕士甚至博士。这之间的差异,并不是智力因素在起作用,而是非智力因素中学习的动机、克服困难的意志力等起了作用。因此,对于一个人来说,只有愿意将自己的精力和智慧放在努力追求进步的领域,他才有可能有所作为。而如果单纯因为自己智力比别人高,凡事凭小聪明,是不可能取得好成绩的。

在大学校园里,有不少大学生平时不愿意认真学习,把大量的精力花费在打游戏上,荒废了学业,也荒废了青春,实在很可惜。不是他们不聪明,而是他们不愿意在学习上花时间和精力。一些同学稍微遇到一点挫折就放弃,遇到困难就畏缩不前,今天想着创业,明天想着考证,兴趣广泛而不专注,诸如此类的现象,反映出来的都是非智力因素的水平较低的状态。究其原因,都是因为在成长的过程中非智力因素没有得到很好的培养。

因此,智力因素和非智力因素两者之间的关系可谓非常密切,在人的智慧活动中,二者相互依存,缺一不可。打个比方来说,智力因素好比种子,非智力因素好比土壤,优良的种子只有播在肥沃的土壤里才能茁壮成长。如果土壤不好,再好的种子也不能生根、发芽、开花、结果。

5. 如何快速培养非智力因素

路老师,在非智力因素中,有没有一个非常重要的方面可以让我们提纲挈领地进行快速培养呢?

这个好像没有。有这样几种较为普遍的说法,可以帮助我们来理解这一点。有人说"天才就是毅力",这是从人的意志方面说的,指出了"毅力"这种非智力因素在智慧活动中起了决定作用;有人说"天才就是勤奋",这是从性格方面说的,指出"勤奋"在智慧活动中起了决定作用;还有人说"天才就是入迷",这是从兴趣方面说的,强调兴趣在智慧活动中的决定作用。可见,在非智力因素的诸多因素中不存在一个核心因素,只要是其中某一种或者几种基本因素有突出发展,就可以在智慧活动中取得非凡的成功。

回到前面所说的空乘专业,就技术层面来说并不复杂,并不需要太多的时间就应该能够学会。但就非智力因素来说,可能四年的大学培养都还不能完全成功。因此,我们来大学不仅仅是学习专业技术,还有一件很重要的事情,就是要改造自我,努力锤炼自己的非智力因素,为自己智力因素的充分发展培养良好的土壤。

6. 大学生应该怎样改造自己

路老师,听您这么一分析,确实有茅塞顿开的感觉,我们确实需要加紧改造自我,不仅仅是提高自身的专业素养,还应该在非智力因素的培养方面有所加强。那么,路老师,我们大学生应该怎样改造自己呢?

大致说来,主要涉及改造的内容和改造的方法两个方面。就改造的内容来说,一是改造学习的方法,以提高自主学习的能力。大学的学习方法与中学不同。中学时期学习主要是靠老师带着学习,自主学习很少,学生学习的依赖性强。有人曾经做过调查研究,认为在中学有80%的学习内容是靠老师带着学习的,而到了大学只有20%的内容是靠老师获得的,剩下80%的内容是靠自己自学。如果自学能力弱,将会影响大学生在大学期间的学习状态和学习效果。不少同学在中学有老师带着学习,成绩还不错。可到了大学,情况就发生了变化,主要是因为没有掌握大学学习方法。当然,各个不同的专业还有具体的学习方法,这都需要同学们在具体的学习实践中慢慢地探索和总结,以找到适合自己的学习方法。

二是提高非智力因素的水平,以锤炼自己的整体素质。前面说过,一个人的整体素质包括智力因素和非智力因素。智力因素的培养对于大学生来说一般没有什么问题,只要态度端正,都会得到很好的培养和提高。而非智力因素则容易被大部分同学所忽略。尤其是90后的大学生,有很多是独生子女,从小到大在家读书期间备受关注,甚至有不少同学是有人陪读的,除了学习之外,基本不管别的事情。因此,大学生要锤炼自己的整体素质,必须提高非智力因素水平。

就改造的方法来说,我的建议是采取"革命性"的学习方法。所谓革命,就是将过去的不好的东西革除以焕发新的生命。就学习方法的革命而言,就是要对高中时期适应应试教育形成的学习方法进行革命。具体地说,有三个方面。一是向书本学习,二是向他人学习,三是在实践中学习。

向书本学习,主要是在书本中学习理论知识。不管怎么进行自我改造,没有理论引导,改造就可能是盲目的。理论可以让我们知道要改造什么,怎么改造,以及借鉴他人改造成功的经验。比如我前面说过的非智力因素的内容,就可以在教育心理学中学习到,在大学一年级教学的课堂上,也可以从老师那里学习到相关的知识。这些知识在中学时期一般不会涉及,老师和家长一般都不会注意到这个问题。如果人们早些知道这些内容,就不会对学生单纯地追求课本学习和考试分数熟视无睹了。到了大学,学生在理论上理解了这一点,就会在实践中加以注意,并根据老师或书本上的建议进行实践锻炼,切实培养自己的非智力因素。有不少同学到了大学以后不大注意理论的学习,一心想着早日参加工作。所以,一谈到学习就想着学习哪些知识有利于将来工作,而不大注意非智力因素方面的知识的学习,其实,这是高中时期书本学习方式的延伸。大学的书本学习不再局限于教学使用的课本。所有与专业有关的,与自我成长有关的理论知识大学生都应该努力涉猎,要像海绵吸水一样汲取理论知识。

向他人学习,主要是学习他人的优秀品质和成功经验,但关键在于方式方法。有不少同学习惯于等待别人把现成的经验总结好告诉自己。事实上,这种"等、靠、要"的依赖性的学习态度是要不得的。因此,我们学习人家的经验要会学。比如,一般来说,大学新生一到高校,学校都会组织高年级的同学向低年级的同学介绍一些尽快适应大学生活和学习的经验。有的同学就会告诉大家,在大学期间一定要多参加活动,多锻炼,要提高自己的能力。从经验的角度看,这是没有什么问题的,但要认真分析这些经验,然后才能运用。多参加活动、多锻炼必须是在能够正确处理学习和实践关系的基础之上。有些同学在还没有适应大学学习的方式方法时就开始参与创业,或把主要精力放在学生干部工作上,或把大量的时间用来参加班级或社团组织的各项活动中,整天忙忙碌碌,看起来很充实,从不闲着,可一安静下来,往往觉得忙无收获,空空荡荡的,于是觉得这不是自己追求的生活,到学期末临近考试,更是感到紧张焦虑、手足无措。这就是没有认真分析他人的经验造成的。间接经验不能简单地模仿,要认真分析间接经验产生的条件,然后才能在自己的生活实践中加以运用。

所谓会学习他人的经验,一要会分析提炼。看看他人的经验是在什么样的条件下取得的,这个条件自己是否具备;别人的经验是给大家一起学习的,不是单纯给自己一个人的,因此,还要看看人家的经验哪些能够适合自己,不可能别人的经验样样都能满足自己的需要,要从人家的经验中找到那些自己需要的东西。二要结合自己的生活实践。人的生活方式、生活习惯等都极具个性化,现在的90后大学生更是如此。因此,别人的经验更是要与个体的实践相结合,照搬照抄肯定会出错。比如,大学学习也要定计划,不能是"脚踏西瓜皮,滑到哪里是哪里"。但是,不同的人会有不同的计划,别人的计划不一定适合自己。要搞好大学的学习,一定要制订适合自己的计划,我们可以参考那些学习好的同学的经验,看看他们的计划内容,但一定不能照搬照抄,要根据自身的实际制订切实可行的计划。

在实践中学习,就是要在实践中学习和改造自己。通过实践砥砺自己的品质,通过实践获得生活和学习的直接经验,从而达到改造自己的目的。在实践中学习,其实是每个人每天都在做的事情,但有意识学习和无意识学习是两个完全不同的概念。有意识地在实践中学习的人,就会注意自己在实践中的经历,对过去的经历进行必要的总结和提炼,从大量的经历中获得经验,用以指导自己的实践。这样的主动认识过程是一个青年大学生走向成熟的必经之路。而无意识学习的学生,就不会在意自己的经历,行为盲目且不善于总结自己的直接经验,表现在实际的生活中就是进步很慢,甚至没有进步。需要注意的是,不能简单地把自己的经验总结当成真理来坚持和贯彻。有的人喜欢总结自己的经验,这是好事,但喜欢将个人的一孔之见当成放之四海而皆准的法宝,这就容易走弯路,把好事变成了坏事。马克思主义的否定之否定规律告诉我们,人们在实践中进行总结,可以经过否定,不断地获得接近真理的认识。因此,客观地说,对自己的总结要珍视,更要在实践中不断检验,努力达到接近真理的认识,这才是在实践中学习的正确态度。

7. 怎么看在实践中锻炼成长

路老师,您提到在实践中学习,这一点让我想到了在大一的时候,很多同学都不知道从哪里得来的经验,拼命地参加各种活动,好像这就是在实践中锻炼成长了。您对此怎么看呢?

针对这个问题,我将从积极性和必要性两个方面来谈谈我对学生参加各种活动的看法。从积极性方面来看,大一学生参与各种活动的积极性很高,这是好事,是高校充满活力的动力源泉,学校各方面都应该给予鼓励和支持。大一学生参与活动的积极性很高,有多方面的因素。一是学生刚来,充满好奇,尤其是高中学习压力很大,渴望释放。到了大学,大一时的学习压力相对轻松了许多,新生有了足够的时间、兴趣和精力来参与各种活动。二是各个学校都会在学生大一时期组织多样化的活动,以促进学生了解身边的人和事,帮助新生尽快适应大学生活。三是正如你所说的,大一学生不知道从哪里得来的经验,认为在大学一定要多参加活动,才能健康成长。所以,大部分大一学生都会主动积极地参加各种活动,不愿意落后。当然,这与大一学生刚到学校,对学校的情况还不太了解,积极性容易被调动起来也是有关系的。但不管怎么说,学生参加活动的积极性是可贵的,是需要支持和保护的。

从必要性方面来说,我十分赞成学生在实践活动中锻炼成长的观点。现在相当一部分学生在实践能力,以及与实践能力所能影响到的思想道德方面的修养,都有所欠缺。我们在大学生中经常看到一些学生,看上去一副成人的面孔和身材,可你再仔细地观察一下,就会发现,他们的行为举止所表现出来的心理年龄却很小,思想十分单纯。之所以如此,原因很简单,就是缺少实践磨练。只有在丰富多彩的生活实践、社会实践中,才能真正教育一个人,成就一个人。单纯的书本知识学习的再多,也只能是理论的积累,是无法发生质变的。实践活动之所以会有这种魔力,是因为任何一项活动对参与者的素质要求都是综合性的。比如,演讲比赛,一般认为这是最简单的一种活动,只要普通话好,就可以参加。其实不然。要想把演讲做好,需要良好的心理素质、良好的情商,以及良好的理解能力和表达能力。因此,正是实践活动对参与者综合素质的高要求,才使得大学生在参与活动的过程中可以彰显优长,暴露不足。对于正在成长、渴望成熟的青年大学生来说,实践活动正好可以帮助他们发挥长处,弥补短处,从而达到健康成长的目的。

8. 为什么大学二年级学生就在心理上淡化甚至抵触参加活动

路老师,您讲的实践活动对大学生的重要性是毋庸置疑的。但我们注意到,有些学生到了大二就开始在心理上淡化甚至抵触参加活动了。这是为什么呢?

是的,我知道这样的现象较为普遍,这有主客观两个方面的原因。

从客观方面看,活动创新不够,降低了学生参与的积极性。大部分学生在大一的时候就基本上把大学期间能够参加的活动都参加了,不管是班级组织的还是社团、学校组织的,大致形式都差不多。到了大二,随着学习压力逐渐增大,也因为实在没有太多的新型活动让同学感兴趣,所以学生参与活动的积极性不高,甚至开始出现抵触心理。

从主观方面看,过多的集体活动导致了抵触情绪的产生。一是整齐划一的要求导致了抵触情绪的产生。并不是所有的人都喜欢所有的活动,每个人都有自己的兴趣爱好,不同的活动有不同的同学参与,不能强求所有的学生都参与所有的活动。这种命令式的要求容易挫伤学生参加活动的积极性。大一新生一般都是参与班级组织的活动,活动的组织者一般也喜欢活动的参与度高。年轻人嘛,喜欢热闹,也喜欢被人认同,参与度高,说明认同度高,说明活动组织得成功。事实上,可能正是大一类似的要求太多,所以导致后来学生一听说要集体参加某项活动,就从心里产生抵触情绪。二是参与活动有学分认证,激起学生的"逆反"心理。现在不少学校为了推动学生积极参加实践活动,给学生活动指派了学分,学生为了挣学分而不得不参加活动,强人所难的感觉十分明显,难免导致尚有叛逆心理的青年学生的抵触。三是误解学生干部是既得利益者,导致了心理抵触。因为很多活动都是由学生干部组织的,活动组织成功了,一般都是组织者受到褒奖。一些学生干部经常受到表扬,使得一些同学误认为参加活动都是帮助学生干部"脸上贴金",心理上十分不情愿做这种"吃力不讨好"的事情。

9. 怎么看待大一学生争先恐后地要当学生干部

路老师,您刚才讲到"学生干部是既得利益者"是误解,可不正是学生干部获得了很多利益吗?所以,学生一到大学就争先恐后地要当学生干部,您怎么看待大一学生对学生干部的热衷追求?

这要辩证地看。首先,要辩证地看待学生干部的"既得利益"。一般情况下,学生干部好像在以下几方面获得了利益:入党优先,综合测评时的德育分比普通同学高,获得更多的参与组织活动的机会,得到的锻炼最多,展现自己能力的机会多,获得的奖励多,等等。应该说,这些都是事实。客观上来看,作为学生干部,必须把为班级同学服务放在工作的首位,因此他们总是比其他同学更容易得到锻炼,实践能力获得提高这是自然的事情。在此基础上,获得入党的机会,综合测评获得德育加分,也是无可厚非的事情。但是,在看到得到的同时,也要看到学生干部的付出。为集体付出了,本应获得集体的奖励。

其次,要辩证地看待大学生热衷追求当学生干部这一行为。大一开

· 15 ·

第一篇 走进大学

始,几乎所有的新生都会卷入到竞选学生干部的行列中。当然,由于岗位有限,大部分学生只能是参与,不可能有理想的结果。有的人说,学生热衷当干部,这不是好事,暴露了学生追名逐利的阴暗面。这种说法比较牵强。学生干部本身就是服务性的岗位,角色是老师的助手,事实上没有什么名利可图。当然,我们不能否认有些学生就是带着个人追名逐利的目的来的。但绝大部分同学在当了学生干部以后,都能够做到热情地为同学服务,忠实地履行教师助手的职责。当学生干部的过程其实也是一个学习的过程。老师没有理由剥夺学生主动争取自我成长的机会,而应该为学生能够获得锻炼的机会提供便利和帮助。客观地说,当学生干部的最大好处是在为同学服务的过程中获得成长,这一点对于大学生来说才是最有价值的。因此,大一学生追求当学生干部,其实是追求成长的内在需要,老师应该加以正确的引导才对。

相关链接

大学教育的历史概况及我国高等教育的新发展 *

一、大学教育的历史发展概况

大学教育是以中等教育为基础的,是学校教育的高级阶段。中学教育的主要任务之一是向学生传授科学文化基础知识,培养和开发学生的智能。国家通过高考进行学生分流,确定学生今后的发展方向。大学教育则是进行某个方面的专业知识和专业技能的教育,为社会培养专业人才,教学内容具有明显的专业目的性,并且和各专业发展的前沿问题相接近,体现出专与深相一致的特点。大学除了培养社会需要的人才之外,还具有研究科学、服务社会的职能,承担着推动科学技术不断创新和发展,促进人类社会物质文明与精神文明不断进步的重任。大学的科研既是培养学生成长全过程的有机组成部分,也是提高教师学术水平和教学质量

---

* 改编自钱广荣:《思想道德修养教程》,安徽大学出版社2000年版,第15—24页。

的有力保证。

我国是世界上最早产生学校教育的国家之一，高等教育也有着悠久的历史。《孟子·滕文公上》中记载："夏曰校，殷曰序，周曰庠，学则三代共之，皆所以明人伦也。"据考证，"校、序、庠"都是乡学即小学，"学"则为国学即古代的大学。殷商时代的"右学"是我国最早的大学，这时的学校并非纯粹的教育机构，教育活动经常与政事活动结合在一起，体现出政教合一的特点，并着重于思想意识和行为模式的养成，教育的目的是为奴隶制国家培养统治人才，具有鲜明的阶级性。

到了春秋战国时期，我国的教育事业有了突破性的发展，诸子百家争鸣，各自广招门徒，突破了原有的"学在官府"的办学模式，出现了以儒家、墨家为代表的一批"私学"。"私学"的出现使得政教分离，冲破了原先只有贵族子弟才能接受教育的陈规，一般平民因此而获得了接受教育的机会。

汉武帝元朔五年(前124年)创立的"太学"，在世界教育史上开创了由中央政府正式审订教材、全国统一教育内容的先河。由于学校教育的发展，学生毕业后可以担任官职，所以学生人数激增。汉元帝时出现分班上课、抽签考试的教学制度。

唐朝是我国封建社会的鼎盛时期之一，高等教育也相应有了很大发展，设立了名为"六馆"的国子学、太学、书学、算学、律学、四门学，出现了分专业的教育，并规定了七年的学制。由于受科举考试制度的影响，学校教育的教学内容与科举考试互相制约，形成了学校的教学内容就是政府科举考试内容的教育格局。但因科举考试不限定于"六馆"学员，这又引发了类似当今"自学考试"的自学的出现。

宋朝的高等教育在唐朝的基础上又有了更大的发展，无论是中央政府设置的大学，还是州县学校、私立学校、书院等，都已出现了比较完整的教学计划，依据不同的专业设置制定了不同的培养目标和教学要求。在办学类型上，也出现了长期招生、短期培训或讲习班性质的不同形式。宋朝的私人办学很多，一个明显的标志就是书院盛行，著名的有白鹿洞书院、岳麓书院、应天府书院、茅山书院等。这些书院实际上都是私立大学，是由知名学者私人招收门徒、进行讲学的地方。

到了明代，由于农业、手工业、商业及对外贸易的发展，外国传教士开始流入，因而一些私人创办的学院的教学内容也相应发生一些变化，增设了一些学以致用、服务于社会生产的教学内容，如《本草纲目》《河防一览》《天工开物》《农政全书》等，以及西方的天文学、数学、物理学、哲学、建筑学等。

清朝的高等教育在鸦片战争前，基本上承袭旧制，甚至在顺治、康熙年间还有过一定的倒退，如规定"不许别创书院，群聚结党"，限制了私人办学。直到雍正十一年（1733年）才下令在各省省会设立书院，但其实质是为科举考试服务的。鸦片战争后，在洋务派的力主之下，本着"中学为体，西学为用"的精神，开始兴办各种外语学校、军事学校、工业技术学校等，一批新式大学也应运而生。1895年创办的"北洋大学堂"，是我国最早的工科大学，即现在的天津大学的前身。1898年创办的"京师大学堂"，是我国最早的综合性大学，后改名为北京大学。1911年创办了"清华学堂"，后改名为清华大学。民国以后，又于1919年创办了中国最早的新式私立大学，即"南开大学"。这些学校的出现，极大地振兴了我国的高等教育。而随着帝国主义的入侵，帝国主义列强也在中国领土上办起了各类"教会大学"，大量引进西方的教学课程，并加强了西方资产阶级思想的影响。当时，美国伊里诺大学校长詹姆士在致美国总统的备忘录中写道："哪一个国家能做到教育这一代年轻的中国人，哪一个国家就由于这方面所付出的努力，而在精神的和商业的影响上取回最大可能的收获。"其实，帝国主义国家在中国办大学自然是为推行其文化殖民侵略的政策，但在客观上也促进了中国高等教育的发展。

由于受社会制度和经济落后因素的制约，旧中国的高等教育发展相当缓慢。新中国成立之前，全国大学仅有205所，在校学生数只有11.64万。从中国高等教育的发展史看，尽管我国高等教育的产生早于西方国家，但因其主要是以"学而优则仕"为教育方针和培养目标，以人文社会科学为基本的教育教学内容，远离了社会生产和科学技术发展的需要，所以在近代发展的意义上渐渐地落在了西方高等教育的后面。

　　大约在公元前6世纪，古希腊最早创办了大学，主要是为国家培养高级统治人才。随后西方大学进一步发展，在西方文化的基础上融合了东方文化，诞生了雅典大学。随着古罗马帝国的建立，亚历山大里亚大学取代了雅典大学，成为西方教育史上规模最大的大学。当时，学校设有博物馆、植物园、解剖实验室、图书馆等，图书馆藏书多达70多万册，教学内容有文法学、物理学、数学、法律学、医学、建筑学等，学生毕业后成为国家高级军事人员、政府官吏、骑士、僧侣等。

　　西方近代大学多产生于12—13世纪。著名的有英国的牛津大学、剑桥大学，法国的巴黎大学，意大利的波隆那大学、萨拉尔诺大学等。这些学校当初多以神学、文学、法学、医学为主要科目，学科较为齐全，并设有博士、硕士等学位。文艺复兴之后，神学被人文科学所取代，促进了西方高等教育的发展。到了19世纪，许多国家的大学数量剧增。

　　今天，大学在教育和培养社会有用人才、推动科学技术进步、服务社会生产等方面，发挥着越来越重要的作用。科技的进步与发展有力地推动着人类社会的进步。正如一位诺贝尔经济学奖获得者所说，美国的真正实力，并不在于能够制造出多少电脑和汽车，而在于它是一个大学林立的国家，有几千所高等院校和上百个研究型大学。这些学校成为美国科技、经济、社会发展的原动力。

　　综上所述，学校教育一经产生就具有鲜明的阶级性，一方面传授科学文化知识和劳动生产技能，促进社会的发展；另一方面又传播统治阶级的思想意识，培养维护本阶级利益的人才，巩固与发展本阶级的政治统治。教育与社会的政治、经济、文化密切相关，是一切社会的学校教育所共有的特点。

二、我国大学教育的新形势

　　进入改革开放和大力推进社会主义现代化建设事业的历史新时期以后，我国大学教育受到党中央和国务院的高度重视，加快了发展速度。邓小平依据马克思主义的基本原理，提出了"科学技术是生产力，而且是第一生产力"的科学论断，指出"我们要实现现代化，关键是科学技术要能上去。发展科学技术，不抓教育不行。靠空讲不能实现现代化，必须有知识，有人才。没有知识，没有人才，怎么上得去？""抓科技必须同时抓教育。从小学抓起，一直到中学、大学。"①这些精辟的论断，为我国科教兴国战略的提出奠定了基础。《中共中央国务院关于深化教育改革，全面提高素质教育的决定》明确指出："当今世界，科学技术突飞猛进，知识经济已见端倪，国力竞争日趋激烈。教育在综合国力的形成中处于基础地位，国力的强弱越来越取决于劳动者的素质，取决于各类人才的质量和数量。"

跨入新世纪以后，面对新的机遇和挑战，党和国家继续强调要把教育放在优先发展的战略地位。2001年3月，九届全国人大四次会议批准的《中华人民共和国国民经济和社会发展第十个五年计划纲要》中明确指出："教育是提高全民素质、培养人才的基础，要面向现代化、面向世界、面向未来，适度超前发展，走改革创新之路。"党的十八大再次强调："努力办好人民满意的教育。教育是中华民族振兴和社会进步的基石。要坚持教育优先发展，全面贯彻党的教育方针，坚持教育为社会主义现代化服务的根本任务，培养德智体美全面发展的社会主义建设者和接班人。全面实施素质教育，深化教育领域综合改革，着力提高教育质量，培养学生创新精神。"

改革开放以来，我国的高等教育在办学体制、管理体制、投资体制、招生与毕业就业体制、校内管理体制等五个主要方面进行了一系列改革，并取得了不同程度的进展，积极鼓励、支持和规范社会力量以多种形式办学，基本形成政府办学为主、公办和民办学校共同发展的格局。根据教育部《2015年全国教育事业发展统计公报》的统计数据显示，全国各类高等教育总规模达到3167万人，高等教育毛入学率达到26.9%。全国共有普通高等学校和成人高等学校2762所，比上年增加39所。其中，普通高等

---

①《邓小平关于建设有中国特色社会主义的论述专题摘要》，中央文献出版社1992年版，第69页。

学校2414所(含独立学院314所),比上年增加51所;成人高等学校353所,比上年减少12所。普通高校中本科院校1129所,比上年增加17所;高职(专科)院校1280所,比上年增加34所。全国共有培养研究生单位755个,其中高等学校481个,科研机构274个。全国招收研究生56.02万人,比上年增加2.2万人,增长4.14%。其中,招收博士生6.56万人,招收硕士生49.46万人;在学研究生164.58万人,比上年增加10.74万人,增长6.98%。其中,在学博士生27.13万人,在学硕士生137.46万人;毕业研究生43.00万人,比上年增加4.64万人,增长12.14%。其中,毕业博士生5.03万人,毕业硕士生37.97万人。普通高等教育本专科共招生681.50万人,比上年增加19.75万人,增长2.98%;在校生2308.51万人,比上年增加76.71万人,增长3.44%;毕业生608.16万人,比上年增加32.73万人,增长5.69%。成人高等教育本专科共招生218.51万人,比上年增加10.14万人;在校生547.50万人,比上年增加11.46万人;毕业生190.66万人,比上年减少6.62万人。全国高等教育自学考试学历教育报考922.67万人次,取得毕业证书74.28万人;非学历教育报考862.80万人次。普通高等学校本科、高职(专科)全日制在校生平均规模9446人,其中,本科学校13564人,高职(专科)学校5813人。普通高等学校教职工220.48万人,比上年增加4.82万人;专任教师139.27万人,比上年增加4.96万人。普通高校生师比为17.42:1。成人高等学校教职工6.90万人,比上年减少0.81万人;专任教师4.14万人,比上年减少0.50万人。普通高等学校校舍总建筑面积78076万平方米(含非产权独立使用),比上年增加3472万平方米;教学科研仪器设备总值2555亿元,比上年增加276亿元。

我国高等教育在实行体制改革的同时,又进行着优化学科和专业结构等方面的教学改革以及教育思想观念转变,这三方面的改革密切配合,相互促进,形成了我国高等教育发展史上的崭新阶段。而随着中国加入世贸组织,高等教育也进一步地扩大了对外开放,积极引进国外高等教育和职业教育的优质资源,促进中外合作办学,教育的国际合作与交流得到了很好的发展,极大地增强了我国教育与人才培养的国际竞争力。目前,我国不但有大批的学生出国留学,也吸引了不少国外学生来华留学。据教育部网站消息,2014年共有来自203个国家和地区的377 054名各类外国留学人员,在我国31个省、自治区、直辖市的775所高等学校、科研院所和其他教学机构中学习,比2013年增加了20555人,增长比例为5.77%(以上数据均不含中国香港、澳门及台湾地区)。这些国际的教育合作与交流又将促进我国高等教育的进一步发展,将大大地提高我国的全民素质,有力地促进我国社会的全面发展。

第二篇　追求梦想

作者简介

　　马凌锋,安徽师范大学马克思主义学院在读博士,安徽中医药高等专科学校副教授,主要从事大学生思想政治教育教学工作,主要研究领域为伦理学及道德教育,发表相关论文10余篇,主持安徽省高校人文社科重点项目1项,参与国家人文社科项目1项。

几乎每一个大学生都会清晰地记得，自己当年在中学时奋发读书、埋头苦干的情景，虽然感觉辛苦、劳累，甚至想过放弃，但最终还是选择了坚持，也正是有了这份坚持，才如愿走进理想中的大学，实现了人生第一个重要的目标。

进入大学以后，没有了早自习和晚自习，课程安排也没有高中那么紧凑了，自己可支配的时间多了，突然感觉"自由"了，终于可以"随心所欲"地做自己想做的事情了。然而，好景不长，随着时间的推移，游戏打腻了，篮球打累了，当自己一个人静下来的时候，发现自己却是那么的空虚和无聊，甚至开始怀念起中学时代的学习生活，虽然很累，却很充实，正所谓"痛并快乐着"。

本以为所有大学生都和我们一样，但当我们把眼睛睁开环顾四周时，我们发现有一些"另类"，他们有的整天泡图书馆，有的积极参加各种学生组织，有的身兼几份兼职。这些"另类"，我们觉得他们很"累"，但我们又羡慕他们，因为他们有的考上了研究生，有的找到了理想的工作。所以，我们困惑了、迷茫了。

那么，考上大学就是实现了自己人生最终的梦想了吗？大学生难道不需要再讲理想，只要关注现实就可以了吗？人生的道路要靠什么来维持呢？进入大学难道仅仅是为了毕业或找到一份工作吗？怎样才能让自己的大学生活乃至人生丰富多彩，过得充实呢？

第二篇 追求梦想

访谈实录

1. 我们为什么会有那么多不满

马老师，您好，生活中我们看到，有很多大学生往往对自己、对他人、对班级、对学校乃至对社会都会表达出很多不满，您能跟我们说说，这是什么原因造成的呢？我们为什么会有那么多不满呢？

好的。大学生中间的确有不少同学喜欢抱怨，对很多事情或人不满，究其原因，我觉得可以从以下几个方面来看。

第一，大学生作为青年群体，对身边的世界充满美好的想象，就像他们十分注意自己的外在美一样，期望身边的人和事都是美好的。但事实往往事与愿违，客观的存在总有这样或那样的不足。因此，对于独立意识较强且具有强烈的批判意识和逆向思维的青年来说，常常会抱怨或表达出不满来。

第二，从"抱怨"或"不满"这个词来看，汉语大词典对"抱怨"的解释是"心中不满，埋怨(别人)"，作为动词，抱怨很少用于自己对自己，也就是说，我们很少会自己抱怨自己。而就"不满"或"不满意"来说，只要当我们的意愿没有得到满足，我们就会表现出"不满"，"不满"可以是自己对自己不满，也可以是对自己以外的事物不满。

第三，从第二点可以看出，"抱怨"或"不满"均是由于对人或事没有满足自己的意愿而产生的。那么，意愿的满足或实现是一种什么样的状态呢？这其实就是我们说的理想或梦想，是一种对人或事的未来美好的愿景。比如，我们对自己不满意，说明我们希望自己做得更好；我们对班级不满意，说明我们希望班级更好；我们对社会一些事情不满意，说明我们希望社会更美好。这些就是一种美好的愿望或理想。

因此，我们可以看出，大学生中出现的"抱怨"或"不满"的情绪或语言，说明大学生对自我、对他人、对社会都有一种美好的向往和追求。在一定程度上，我们不能简单地指责或批评这种现象，而是要鼓励和引导。

2. 理想能够"戒"掉吗

马老师，刚才您谈到大学生之所以会有抱怨或不满的情绪，在于我们对未来有着美好的向往和追求，也就是"梦想"或"理想"，但现在大学校园甚至是社会上流行一句话，"别和我谈理想，戒了"，我想问的是：理想能如戒烟、戒酒一样"戒"掉吗？

这个问题反映了当前很多大学生或者说是年轻人的心态或心理，其实主要是由于没有能够很好地理解"理想"这个概念，没有很好地理解理想与现实的关系问题。每个上过小学的人估计都写过一篇作文——《我的理想》，那时的我们有远大的理想，梦想着长大后能成为科学家、教师、医生、宇航员等。这些所谓的理想叫作"梦想"可能更贴切。那时老师也告诉我们，只要努力就一定能实现自己的理想。但等到我们长大了，发现很多时候并非努力了就一定能够实现自己的理想。因为现实有时是残酷的，是我们无法选择的，于是就有了这么一句话，"理想很丰满，现实很骨感"。现实虽然很残酷，但我们不得不面对现实，那么，我们的理想难道真的就在残酷的现实中被磨灭了吗？我们真的就能够把理想"戒"掉吗？我的回答是否定的。

首先，我们来看如何正确地理解"理想"这个概念。"思想道德修养与法律基础"课第一章对理想下了一个定义：理想是人们在实践中形成的、有实现可能性的、对未来社会和自身发展的向往与追求，是人们世界观、人生观和价值观在奋斗目标上的集中体现。如何来理解这个定义？我认为可以从以下几个方面来理解：一是理想是一种精神现象，属于意识范畴，作为一种特殊的意识范畴，理想来源于现实，但又高于现实；二是理想的类型不是只有一种，可以是对未来社会的向往和追求，如周恩来总理的"为中华之崛起而读书"，也可以是对自身发展的向往与追求，如想成为医生、教师等个人职业理想；三是理想反映了一个人的世界观、人生观和价值观，不管你的理想属于什么类型，都集中反映了一个人的"三观"。

就理想和现实的关系来看，我觉得它们是应然与实然的关系，可以说，理想就是还没有实现的现实，而现实则是实现了的理想。今天的现实是昨天理想的实现，而今天的理想则是还未到来的明天的现实。人类是按照自己的理想来改造自然的，也是按照自己的理想来构建社会、创造生活的。人类因为有理想而变得与众不同，人类因为理想的实现而变得伟大。在多数情况下，经过一番努力，我们也可以在实现理想的过程中实现自我价值。

正是因为理想与现实是有差距的，所以要实现自己的理想就必须要付出努力和时间。但并非只要付出了努力就一定能够实现自己的理想，于是有了"别和我谈理想，戒了"这句话。有很多因素可能会导致我们实现不了自己的理想和目标，这些因素包括：一是理想过高，没有考虑自身的条件和禀赋，这里的条件和禀赋既有智力的、心理的因素，也有生理的因素，我们在确立理想和目标的时候必须要考虑这些因素。二是对理想的理解过于狭隘，把理想仅仅理解为某一种具体的理想，或者把理想认为是"高大上"的东西。其实，只要你追求的理想是向善的，是"知德合一"的，你都是一个有理想的人。三是在当前社会主义市场经济条件下，我们往往被"物质化""功利化""现实化"了，要么每天忙着挣钱，要么看着别人挣钱，没有关照自我的内心世界或者不愿去关照自我的内心。

因此，任何人都应该有自己的理想和目标，都应该有自己内心追求的东西，不可能真的把理想"戒"掉。理想就像是人的眼睛，帮助我们看清这个世界，也看清自己，从中找到自己奋斗的价值。

3. 如何评价一个人的理想

马老师，您刚才说到每个人都有自己的理想和追求，理想不能真的"戒"掉，那么如何评价一个人的理想呢？

刚才我在讲到理想的概念的时候，提到理想是多样的，既有对未来社会的向往和追求，也有对自身发展的向往和追求。一般来说，理想从主体上来看，可分为个人理想和社会理想，而个人理想一般分为道德理想、职业理想和生活理想。我理解，不管什么类型的理想，都是对现实的超越，都是对未来的规划、向往和追求。所以，作为一种追求，我以为理想无所谓好坏、优劣。我们不能说那些具有远大共产主义理想的人是好人，而想成为一个教师、医生，甚至是只想把自己的家庭照顾好的人就不是好人。

但是，理想虽然无所谓好坏，但是是分层次的，有高低之分、远近之分，如伟大导师马克思提出为全世界无产阶级服务，周恩来总理提出为中华之崛起而读书，就是一种远大的高尚的社会理想。就社会理想而言，在当前社会主义初级阶段，我们仍需要树立共产主义的远大社会理想。

另外，我想就当前大学生的理想中存在的问题多说一点。我觉得当前大学生的理想和追求存在以下问题：一是在道德理想上，很多大学生道德理想淡化，趋向功利，如参加青年志愿者活动往往考虑是否加学分，抱着功利的心态参加志愿者活动。另外，对于中国传统道德虽然认同，但往往不愿意践行，这也是当前大学生道德理想存在的问题。二是在职业理想上，现在很多大学生的职业理想趋向功利化，职业选择上往往看重的是地区和收入，如是否在北京、上海、广州等大城市，希望月工资至少5000元甚至更高，而对于个人价值的实现和社会的贡献考虑得不多。三是在生活理想上，大学生往往趋向享受，追求安逸的生活，这虽然没有什么错误，但反映了当代大学生理想追求的片面化、功利化。

4. 现在还有必要讲共产主义理想吗

马老师，刚才您谈到，在当前阶段，作为大学生仍然要树立共产主义理想。我想问的是，现在我们还有必要讲共产主义理想吗？有人说共产主义理想过时了呢。

这个问题问得很好，我觉得很有必要和大家交流一下。刚才我谈到，当前很多大学生在个人理想和追求上存在功利化倾向，其实在社会理想的追求上也是如此，如很多大学生积极加入中国共产党主要是为了毕业后找工作比较方便，把入党作为找到好工作的敲门砖，入党动机不够纯洁。

要理解树立共产主义理想是否过时,我们需要对共产主义有一定的把握和理解。共产主义是个多义词,可从不同视角把握其含义,大致说来:一是指一种科学的理论学说或思想体系,在这层意义上它和马克思主义同义,邓小平同志说过:"马克思主义,另一个词叫共产主义"①。二是指一种先进的社会价值观和人生价值观,即共产党人要"为人类解放而斗争",全心全意为中国人民和世界人民服务。江泽民同志要求共产党人始终成为"中国最广大人民的根本利益的忠实代表",正是这一价值观的体现。三是指人类最先进的社会制度,即作为共产主义高级阶段的共产主义制度,它是共产党人的奋斗目标。四是指共产党人为实现共产主义而进行的改造社会的"运动"或"实践",即国际共产主义运动。对共产主义上述含义,马克思主义经典作家有过精辟论述。毛泽东说:"共产主义是无产阶级的整个思想体系,同时又是一种新的社会制度。"②恩格斯在《德意志意识形态》中指出:我们称之为共产主义的是那种消灭现存状况的现实运动。邓小平同志说:"我们多年奋斗就是为了共产主义,我们的信念理想就是要搞共产主义。在我们困难的时期,共产主义理想是我们的精神支柱,多少人牺牲就是为了实现这个理想。共产主义是没有人剥削人的制度,产品极大丰富,各尽所能,按需分配。"③

马克思恩格斯还基于对资本主义社会发展趋势的分析,对共产主义制度作了一些科学预测,主要是:比资本主义更发达的生产力,生产资料全社会占有,"各尽所能,按需分配",工农、城乡、体力劳动与脑力劳动之间差别的消除,人的思想道德水平极大提高等。其中,带有本质性的特征是"每个人的全面而自由的发展",全人类的彻底解放。马克思指出,共产主义是"以每个人的全面而自由的发展为基本原则的社会形式"。马克思恩格斯在《共产党宣言》中还指出:代替那存在着阶级和阶级对立的资产阶级旧社会的,将是这样一个联合体,在那里,个人的自由发展是一切人

①《邓小平文选》第3卷,人民出版社1993年版,第173页。
②《毛泽东选集》第2卷,人民出版社1991年版,第679页。
③《邓小平文选》第3卷,人民出版社1993年版,第137页。

的自由发展的条件。就是说,全人类不仅要从社会剥削和压迫中解放出来,而且要从旧的社会固定分工和统治着历史的客观异己的力量的束缚中解放出来。显然,这是比资本主义先进得多的理想社会。当然,世界在变化,历史在前进,马克思恩格斯在预测上述理想社会的基本原则和特征将会在未来以何种具体方式实现时,并没有、也不可能提供一劳永逸的现成方案。马克思生前在回答未来实现社会主义、共产主义具体实际步骤的提问时明确回答说:"这当然完全取决于人们将不得不在其中活动的那个特定的历史环境。"[①]但是,马克思恩格斯提出的共产主义的基本特征和原则,却是非常清楚的,也是不会过时的。

那么,共产主义离我们远吗? 我觉得离我们既远又不远。共产主义作为一种社会制度,无论在中国、在世界,确实离我们还很远。但是,作为一种指导思想和社会实践,它却离我们很近。

邓小平同志说:"为什么我们过去能在非常困难的情况下奋斗出来,战胜千难万险使革命胜利呢? 就是因为我们有理想,有马克思主义信念,有共产主义信念。我们干的是社会主义事业,最终目的是实现共产主义。这一点,我希望宣传方面任何时候都不要忽略。"[②]有人觉得,宣传共产主义是脱离了实际。还有人觉得,我们现在是处于社会主义初级阶段,扩大共产主义思想的宣传是否会重犯"超越阶段"的错误? 其实,只要我们不把共产主义思想的宣传和执行共产主义政策这两件不同的事混为一谈,就不存在"超越阶段"的问题。

由此,我们可以看出,当前随着社会的发展,随着中国特色社会主义道路的推进,共产主义理想不仅没有过时,反而更加必要。只是我们需要注意,不能空谈口号,要把树立共产主义理想和具体实际行动联系起来,把广泛性和先进性结合起来。

---

①《马克思恩格斯全集》第35卷,人民出版社1971年版,第154页。
②《邓小平文选》第3卷,人民出版社1993年版,第110页。

═══5. 如何才能在理想的指引下走得更远═══

非常感谢马老师刚才给我们从理论上对共产主义这个概念进行深入的解读。我这里还有一个疑惑,就是现实中很多大学生都有自己的理想和目标,但往往都是半途而废,没有最终实现自己的理想,当然也就没能走得更远。我想问的是,我们如何才能在理想的指引下走得更远?

一个人只有确立了明确的理想和目标,才能给自己指明方向,让自己走得更远。但有了明确的理想和目标只是走得更远的必要条件,而不是充分条件。如果要想自己在理想和目标的指引下走得更远,还需要一些充分条件,才能实现自己的理想和目标。我觉得支撑自己走得更远的充分条件有以下几个,供你们参考。

第一,理想和目标不能仅仅是个人的职业理想和生活理想,也就是说,在确立理想时不能仅仅考虑自我,要有为他人服务的意识。人的价值实现从根本上是在为他人服务的基础上实现的,只有为他人和社会作出奉献,得到他人和社会的肯定和回馈,我们的价值才能真正地实现。一个人的理想和目标只有和社会、他人联系起来了,才能真正增强个人的自我价值感,也才能支撑自己走得更远,走得更坚定。

第二,要把理想转化为一种信念。信念作为一种精神现象,是认知、情感和意志的统一体,是人们在一定的认识基础上确立的对某种思想或事物坚信不疑并身体力行的心理态度和精神状态。中国作家丁玲认为,人,只要有一种信念,有所追求,就什么艰苦都能忍受,什么环境都能适应。挪威作家文赛特也认为,如果一个人有足够的信念,他就能创造奇迹。由此,我们可以看出,是什么能支撑人们努力奋发、坚定不移?其实只有两个字——信念。

记得《苦儿流浪记》有一段情节:主人公与几名矿工在工作时遇难了,大家被困在一个狭小的空间里,脚下是无尽的水流,他们所有的,不过就是几盏灯。在这极度恶劣的情况下,他们看起来不是被淹死就是被窒息而死,再不然就是被饿死,总而言之似乎是必死无疑。营救虽然在努力进行着,但是人们都没多大把握成功。而矿井下的情况确实不容乐观,因为很多人都抱着必死的心。他们中有一个人带了表,最后有人提议熄了灯,每隔一段时间让那名矿工报一次时间,大家都休息,节省体力。时间在一分一秒地过去,人们的心也慢慢地被揪紧,但等到营救队到达时,他们竟然奇迹般地存活下来,只有一个人死了,就是那个报时间的矿工。原来,开始他的确是准时报时间的,但是,当他发现了同伴们的异常后,他便开始了"虚报",半小时他说15分钟,一小时他说半小时,两个小时他说一个小时……结果其他人都在信念的支撑下活了下来,而那个报时间的矿工却被自己的心魔给逼死了。

由此可见,信念的力量是多么的伟大啊!所以,给大家一个建议,如果你一旦确立了明确的理想和目标,那就一定要相信自己,相信只要通过自己的努力一定可以实现。

第二,坚持。"骐骥一跃,不能十步;驽马十驾,功在不舍。"同样,成功的秘诀不在于一蹴而就,而在于你是否能够持之以恒。

1987年,她14岁,在湖南益阳的一个小镇卖茶,一毛钱一杯。因为她的茶杯比别人大一号,所以卖得最快,那时,她总是快乐地忙碌着。1990年,她17岁,她把卖茶的摊点搬到了益阳市,并且改卖当地特有的擂茶。擂茶制作比较麻烦,但也卖得上价钱。那时,她的小生意总是忙忙碌碌。1993年,她20岁,仍在卖茶,不过卖的地点又变了,在省城长沙,摊点也变成了小店面。客人进门后,必能品尝到热乎乎的香茶,在尽情享用后,他们或多或少会掏钱再买上一两袋茶叶。1997年,她24岁,长达十年的光阴,她始终在茶叶与茶水间滚打。这时,她已经拥有37家茶庄,遍布于长沙、西安、深圳、上海等地。福建安溪、浙江杭州的茶商们一提起她的名字,莫不竖起大拇指。2003年,她30岁,她的最大梦想实现了。"在本来习惯于喝咖啡的国度里,也有洋溢着茶叶清香的茶庄出现,那就是我开的……"说这句话时,她已经把茶庄开到了新加坡。

还有一个故事。

新生开学,"今天只学一件最容易的事情,每人把胳膊尽量往前甩,然后再尽量往后甩,每天做300下。"老师说。一个月以后,有90%的人在坚持。又过了一个月,有80%的人在坚持。一年以后,老师问:"每天还坚持的人请举手!"整个教室里,只有一个人举手,他后来成为了世界上伟大的哲学家。

这是两个真实的故事,这两个人分别是孟乔波和柏拉图,一个卖茶的商人和一个伟大的哲学家。从这两个故事中可以发现:成功没有秘诀,贵在坚持不懈。任何伟大的事业,成于坚持不懈,毁于半途而废。其实,世间最容易的事是坚持,最难的事也是坚持。说它容易,是因为只要愿意,人人都能做到;说它难,是因为能真正坚持下来的,终究只是少数人。巴斯德有句名言:"告诉你使我达到目标的奥秘吧,我唯一的力量就是我的坚持精神。"因此,我们要实现自己的理想和目标其实没有什么捷径可言,唯有坚持。

6. 如何正确看待个人理想与社会理想的关系

马老师,前面您在讲到理想的时候,认为大学生要有远大的社会理想,但现在很多大学生主要关注个人的职业理想和生活理想,那么我想问的是,个人理想与社会理想有什么关系呢? 大学生在确立理想和目标时该如何处理二者之间的关系呢?

我认为,理解这个问题的关键在于如何理解个人与社会的关系问题,可以说如果能正确处理个人与社会、集体的关系,那么也就能处理好个人理想与社会理想的关系。一般来说,个人理想与社会理想的关系可以从以下两个方面来看。

一方面,社会理想决定和制约个人理想,社会理想是个人理想实现的条件,违背社会理想的个人理想很难实现。个人理想只有同国家的前途、民族的命运相结合,个人的向往和追求只有同社会的需要、大多数人的利益相一致,才可能变为现实。如果个人理想与社会理想相违背,那么他所做的事也是与社会格格不入的,或者是损坏他人利益的。这种个人理想绝对是错误的。

另一方面,个人理想体现着社会理想,社会理想包含着千百万人的个人理想,社会理想的实现要靠社会成员个体的努力奋斗。在社会实践的历史上,国富民强、国破家亡的经验和教训都说明了这一点。只有更多的人把自己的个人理想提升到更高的高度,整个社会才能有更大的提升。

社会理想是以个人理想为基础,个人理想是以社会理想为导向。只有结合了多数个人理想的社会理想才会远大,也只有结合了社会理想的个人理想才会崇高。

因此,个人理想与社会理想是相辅相成、辩证统一的关系。作为一名大学生,如果仅仅只有个人理想,而没有社会理想,那他就很难走得远、走得坚定。毕竟在实现个人理想的道路上不会一帆风顺,总会遇到这样或那样的问题,这时候就需要有坚定的信念作为精神支柱,而社会理想则是最好的精神支柱。比如,你的职业理想是想做个医生,如果你做医生的动机仅仅只是医生收入高,那当在工作中遇到挫折,甚至是出现医疗事故的时候,你可能就会打退堂鼓,不想做医生了。但是,如果你想做一名医生的动机是为了让更多的病人康复,那你就不会因为一时的挫折而退缩,这就是把个人理想与社会理想结合起来了。

■ 相关链接

习近平:在同各界优秀青年代表座谈时的讲话*

青年朋友们,同志们:

今天是五四青年节。在这个属于青春的日子里,很高兴来参加"实现中国梦、青春勇担当"主题团日活动,同各条战线的优秀青年代表一起交流,聆听大家抒发与祖国共奋进、与时代齐发展的青春感受。

首先,我代表党中央,向全国各族各界青年,致以节日的问候!向荣获中国青年五四奖章的青年朋友们,向中国大学生和全国高校辅导员年

---

* 摘自《中国青年报》,2013年5月5日第03版。

度人物、中国青年创业奖获得者、全国农村青年致富带头人标兵、"西部计划"优秀志愿者等优秀青年代表，表示热烈的祝贺！向各行各业的先进青年典型，表示由衷的敬意！

我们同青年朋友们到航天城来，就是要实地感受载人航天精神，激励包括广大青年在内的全国各族人民为实现中华民族伟大复兴的中国梦而奋斗。

刚才，不同领域的优秀青年代表作了很好的发言。在你们身上，充分体现了当代青年报效祖国的远大志向、朝气蓬勃的精神风貌、自强不息的意志品格、甘于奉献的思想境界，也充分体现了广大青年对中国特色社会主义的坚定信念、对实现中华民族伟大复兴的必胜信心。

青年最富有朝气、最富有梦想。近代以来，我国青年不懈追求的美好梦想，始终与振兴中华的历史进程紧密相联。在革命战争年代，广大青年满怀革命理想，为争取民族独立、人民解放冲锋陷阵、抛洒热血。在社会主义革命和建设时期，广大青年响应党的号召，向困难进军，向荒原进军，保卫祖国，建设祖国，在新中国的广阔天地忘我劳动、艰苦创业。在改革开放历史新时期，广大青年发出团结起来、振兴中华的时代强音，为祖国繁荣富强开拓奋进、锐意创新。在最近的芦山抗震救灾中，大批青年临危不惧、顽强拼搏，广大青年心系灾区、无私奉献，为抗震救灾作出了重要贡献。

历史和现实都告诉我们，青年一代有理想、有担当，国家就有前途，民族就有希望，实现我们的发展目标就有源源不断的强大力量。

党的十八大描绘了全面建成小康社会、加快推进社会主义现代化的宏伟蓝图，发出了向实现"两个一百年"奋斗目标进军的时代号召。根据党的十八大精神，我们明确提出要实现中华民族伟大复兴的中国梦。现在，大家都在谈论中国梦，都在思考中国梦与自己的关系、自己为实现中国梦应尽的责任。

——中国梦是历史的、现实的，也是未来的。中国梦凝结着无数仁人志士的不懈努力，承载着全体中华儿女的共同向往，昭示着国家富强、民族振兴、人民幸福的美好前景。

——中国梦是国家的、民族的，也是每一个中国人的。国家好、民族好，大家才会好。只有每个人都为美好梦想而奋斗，才能汇聚起实现中国梦的磅礴力量。

——中国梦是我们的，更是你们青年一代的。中华民族伟大复兴终将在广大青年的接力奋斗中变为现实。

在革命、建设、改革各个历史时期，中国共产党始终高度重视青年、关怀青年、信任青年，对青年一代寄予殷切期望。中国共产党从来都把青年看作是祖国的未来、民族的希望，从来都把青年作为党和人民事业发展的生力军，从来都支持青年在人民的伟大奋斗中实现自己的人生理想。

现在，我们比历史上任何时期都更接近实现中华民族伟大复兴的目标，比历史上任何时期都更有信心、更有能力实现这个目标。行百里者半九十。距离实现中华民族伟大复兴的目标越近，我们越不能懈怠，越要加倍努力，越要动员广大青年为之奋斗。

展望未来，我国青年一代必将大有可为，也必将大有作为。这是"长江后浪推前浪"的历史规律，也是"一代更比一代强"的青春责任。广大青年要勇敢肩负起时代赋予的重任，志存高远，脚踏实地，努力在实现中华民族伟大复兴的中国梦的生动实践中放飞青春梦想。

第一，广大青年一定要坚定理想信念。"功崇惟志，业广惟勤。"理想指引人生方向，信念决定事业成败。没有理想信念，就会导致精神上"缺钙"。中国梦是全国各族人民的共同理想，也是青年一代应该牢固树立的远大理想。中国特色社会主义是我们党带领人民历经千辛万苦找到的实现中国梦的正确道路，也是广大青年应该牢固确立的人生信念。

广大青年要坚持用邓小平理论、"三个代表"重要思想、科学发展观武装头脑，把理想信念建立在对科学理论的理性认同上，建立在对历史规律的正确认识上，建立在对基本国情的准确把握上，不断增强道路自信、理论自信、制度自信，增强对坚持党的领导的信念，永远紧跟党高高举起中国特色社会主义伟大旗帜。

第二，广大青年一定要练就过硬本领。学习是成长进步的阶梯，实践是提高本领的途径。青年的素质和本领直接影响着实现中国梦的进程。古人说："学如弓弩，才如箭镞。"说的是学问的根基好比弓弩，才能好比箭头，只要依靠厚实的见识来引导，就可以让才能很好发挥作用。青年人正处于学习的黄金时期，应该把学习作为首要任务，作为一种责任、一种精神追求、一种生活方式，树立梦想从学习开始、事业靠本领成就的观念，让勤奋学习成为青春远航的动力，让增长本领成为青春搏击的能量。

广大青年要坚持面向现代化、面向世界、面向未来，增强知识更新的紧迫感，如饥似渴学习，既扎实打牢基础知识又及时更新知识，既刻苦钻研理论又积极掌握技能，不断提高与时代发展和事业要求相适应的素质和能力。要坚持学以致用，深入基层、深入群众，在改革开放和社会主义现代化建设的大熔炉中，在社会的大学校里，掌握真才实学，增益其所不能，努力成为可堪大用、能担重任的栋梁之材。

第三，广大青年一定要勇于创新创造。创新是民族进步的灵魂，是一个国家兴旺发达的不竭源泉，也是中华民族最深沉的民族禀赋，正所谓"苟日新，日日新，又日新"。生活从不眷顾因循守旧、满足现状者，从不等待不思进取、坐享其成者，而是将更多机遇留给善于和勇于创新的人们。青年是社会上最富活力、最具创造性的群体，理应走在创新创造前列。

广大青年要有敢为人先的锐气，勇于解放思想、与时俱进，敢于上下求索、开拓进取，树立在继承前人的基础上超越前人的雄心壮志，"以青春之我……，创建青春之国家，青春之民族"。要有逢山开路、遇河架桥的意志，为了创新创造而百折不挠、勇往直前。要有探索真知、求真务实的态度，在立足本职的创新创造中不断积累经验、取得成果。

第四，广大青年一定要矢志艰苦奋斗。"宝剑锋从磨砺出，梅花香自苦寒来。"人类的美好理想，都不可能唾手可得，都离不开筚路蓝缕、手胼足胝的艰苦奋斗。我们的国家，我们的民族，从积贫积弱一步一步走到今天的发展繁荣，靠的就是一代又一代人的顽强拼搏，靠的就是中华民族自强不息的奋斗精神。当前，我们既面临着重要发展机遇，也面临着前所未有的困难和挑战。梦在前方,路在脚下。自胜者强,自强者胜。实现我们的发展目标,需要广大青年锲而不舍、驰而不息的奋斗。

广大青年要牢记"空谈误国、实干兴邦",立足本职、埋头苦干,从自身做起,从点滴做起,用勤劳的双手、一流的业绩成就属于自己的人生精彩。要不怕困难、攻坚克难,勇于到条件艰苦的基层、国家建设的一线、项目攻关的前沿,经受锻炼,增长才干。要勇于创业、敢闯敢干,努力在改革开放中闯新路、创新业,不断开辟事业发展新天地。

第五,广大青年一定要锤炼高尚品格。中国特色社会主义是物质文明和精神文明全面发展的社会主义。一个没有精神力量的民族难以自立自强,一项没有文化支撑的事业难以持续长久。青年是引风气之先的社会力量。一个民族的文明素养很大程度上体现在青年一代的道德水准和精神风貌上。

广大青年要把正确的道德认知、自觉的道德养成、积极的道德实践紧密结合起来,自觉树立和践行社会主义核心价值观,带头倡导良好社会风气。要加强思想道德修养,自觉弘扬爱国主义、集体主义、社会主义思想,积极倡导社会公德、职业道德、家庭美德。要牢记"从善如登,从恶如崩"的道理,始终保持积极的人生态度、良好的道德品质、健康的生活情趣。要倡导社会文明新风,带头学雷锋,积极参加志愿服务,主动承担社会责任,热诚关爱他人,多做扶贫济困、扶弱助残的实事好事,以实际行动促进社会进步。

为实现中华民族伟大复兴的中国梦而奋斗,是中国青年运动的时代主题。共青团要在广大青少年中深入开展"我的中国梦"主题教育实践活动,为每个青少年播种梦想、点燃梦想,让更多青少年敢于有梦、勇于追梦、勤于圆梦,让每个青少年都为实现中国梦增添强大青春能量。要用中国梦打牢广大青少年的共同思想基础,教育和帮助青少年树立正确的世界观、人生观、价值观,永远热爱我们伟大的祖国,永远热爱我们伟大的人民,永远热爱我们伟大的中华民族,坚定跟着党走中国道路。要用中国梦激发广大青少年的历史责任感,发扬"党有号召、团有行动"的光荣传统,在党和国家工作大局中找准自身工作的切入点和结合点,组织动员广大青少年支持改革、促进发展、维护稳定。要积极为广大青少年实现梦想提供服务,切实改进作风,深入基层、走进青年,想青年之所想,急青年之所急,代表和维护青少年普遍性利益诉求,努力为广大青少年成长成才创造良好环境。

青年模范人物是广大青少年学习的榜样,肩负着更多社会责任和公众期望,在青少年中乃至全社会都有着很强的示范带动作用。希望青年模范们再接再厉、严于律己、锐意进取,用自身的成长历程、精神追求、模范行动为广大青少年作好表率。

青年兴则国家兴,青年强则国家强。我们党自成立之日起,就始终代表广大青年、赢得广大青年、依靠广大青年。各级党委和政府要充分信任青年、热情关心青年、严格要求青年,为青年驰骋思想打开更浩瀚的天空,为青年实践创新搭建更广阔的舞台,为青年塑造人生提供更丰富的机会,为青年建功立业创造更有利的条件。各级领导干部要关注青年愿望、帮助青年发展、支持青年创业,做青年朋友的知心人,做青年工作的热心人。

青年朋友们,人的一生只有一次青春。现在,青春是用来奋斗的;将来,青春是用来回忆的。人生之路,有坦途也有陡坡,有平川也有险滩,有直道也有弯路。青年面临的选择很多,关键是要以正确的世界观、人生观、价值观来指导自己的选择。无数人生成功的事实表明,青年时代,选择吃苦也就选择了收获,选择奉献也就选择了高尚。青年时期多经历一点摔打、挫折、考验,有利于走好一生的路。要历练宠辱不惊的心理素质,坚定百折不挠的进取意志,保持乐观向上的精神状态,变挫折为动力,用从挫折中吸取的教训启迪人生,使人生获得升华和超越。总之,只有进行了激情奋斗的青春,只有进行了顽强拼搏的青春,只有为人民作出了奉献的青春,才会留下充实、温暖、持久、无悔的青春回忆。

青年朋友们,我坚信,在党的领导下,只要全国各族人民紧密团结,脚踏实地、开拓进取,到本世纪中叶,我们必将建成富强民主文明和谐的社会主义现代化国家,我国广大青年必将同全国各族人民一道共同见证、共同享有中国梦的实现!

第三篇 胸怀祖国

作者简介

李靖,法学博士,安徽师范大学政治学院教师,主要从事思想政治教育、中国传统伦理思想研究。在《哲学动态》《思想理论教育》《道德与文明》等刊物发表论文多篇,参与编写《让青春不再纠结——思想咨商的示例与理路》《大学生思想道德修养》等著作,主持安徽省高校人文社科重点研究基地项目1项,参与国家、教育部等人文社科项目2项。

"五星红旗迎风飘扬,胜利歌声多么响亮;歌唱我们亲爱的祖国,从今走向繁荣富强……"当这首《歌唱祖国》在北京奥运会的开幕式上被童声稚嫩却真切地演绎时,有一股强大的力量在我们每个人的胸怀中蓬勃激荡,这就是深深的爱国之情。改革开放以来,我们用自己的双眼见证着我们的祖国日新月异,用自己的双手创造着这个国家的美好未来,用自己的头脑思考着这个国家的漫漫征途。这个时代是80后90后群体逐渐成为中国社会青年主体的时代,他们一步步进入社会的中心。面对着"爱国"这一问题,有的人一腔热血,却可能不得其法;有的人满面质疑,还沉浸在"外国的月亮更圆"的幻想中;还有的人懵懂困惑,纠结自己应该如何选择。"爱国",简单的两个字却蕴含着丰富的内容,世界上每一个民族都有自己的爱国主义传统。列宁曾说,爱国主义就是千百年来固定下来的对自己祖国的一种最深厚的感情。中华民族更是富有爱国主义光荣传统的伟大民族,《国语·鲁语上》曰:"重莫如国,栋莫如德。"

　　但我们也看到,很多青年大学生并不知道什么才是真正的爱国,常常是把对祖国的深爱幻化成激情的冲动。一面是听不得些微损害国家利益的言语,一面是不能严格要求自己,甚至感到自己作为学生在爱国方面无能为力。在新的历史时期,大学生该如何表达爱国情怀呢?

访谈实录

1. 什么是爱国主义

李老师您好,我从上学的第一天起,就熟记《小学生守则》上的第一条:热爱祖国,热爱人民,热爱中国共产党。每当看到高年级的同学戴着鲜艳的红领巾在升旗仪式上行少先队队礼,当时还是一年级学生的我,心里会痒痒的。现在,我接受了更多的爱国主义教育,但是对于"爱国主义"却始终没有一个清晰的认知,您能先给我讲讲什么是爱国主义吗?

爱国主义有主客观两方面的不同要求,从主体精神状态看,它是爱国情感、爱国思想和爱国行为的统一。爱国情感是爱国主义的感性基础,其表现形式十分丰富,有赞美、自豪、自信、自尊、忠诚和责任等许多美好的感情,并且在不同历史时期,爱国情感的表达也有着不同的内容指向。封建社会时,一般是爱天子所封的"邦"或"国","忠君"与"爱国"是并提的。例如,许多经典的爱国诗篇所表达的情怀:"烽火连三月,家书抵万金"(杜甫《春望》);"王师北定中原日,家祭无忘告乃翁"(陆游《示儿》);"先天下之忧而忧,后天下之乐而乐"(范仲淹《岳阳楼记》);"苟利国家生死以,岂因祸福避趋之"(林则徐《赴戌登程口占示家人·其二》)。而近现代的中国,爱国情感的表达更是集中而激烈,反帝反封建的爱国主义情感是同反抗外国侵略、救亡图存、建设新中国的社会实践结合在一起的。我们看到一批批革命志士抱着"愿以我血献后土,换得神州永太平"的坚定信念,怀抱着"天地有正气""沛乎塞苍冥"的美好希望,期盼着"海晏河清、大同一家"的幸福生活,面对凶险,无所畏惧;面对残暴,始终微笑;面对生死,凛然大义。

爱国思想是爱国主义的理想升华,是在热爱祖国的基础上产生的对祖国的历史、现状和未来,以及个人与祖国关系的一种理性认识,它常常以某种观念、思想、理论的形式表现出来。爱国思想可以帮助人们从本质上理解问题,避免片面性,进而从世界观、人生观的高度确立爱国主义信念,并自觉地将之转化为报效祖国的爱国行为。爱国行为是爱国主义的具体实践,是人们身体力行,以报效祖国的实际行动来抒发爱国情感、实践爱国思想和完成爱国志向,为祖国的繁荣昌盛多作贡献。只有将爱国情感、爱国思想、爱国行为三者统一的人,才是真正的爱国主义者,才不会沦为夸夸其谈的口头爱国者或鲁莽激愤的民族主义者。

除了主体精神状态,从客观内容方面看,爱国主义是爱国土、爱国民、爱传统和爱国家的统一。

关于爱国土,俗语说"禾苗离土即死,国家无土难存",领土和疆域是一个国家存在的实质表现。中国几千年的历史长河中,疆域范围在不断变化,历朝历代守土开疆,慢慢形成了今天的版图、格局。为了这些拼尽热血和生命的前人,我们必须要坚守每一寸领土、领海、领空。

爱国民。我们要热爱"生于斯长于斯"的骨肉同胞。"民为邦本",没有人民的土地,无论怎样富饶美丽,也不过是未经开垦的原始之地。历史证明,所有的爱国者都热爱自己的骨肉同胞,热爱自己的人民。封建时代也强调民重君轻。敬民爱民,则国家兴盛;轻民贱民,则国家衰败。我国自古就有许多"先天下之忧而忧,后天下之乐而乐"的爱国志士,后来更有"为人民服务"的人民公仆。摆正个人与人民的位置,增强民族的凝聚力和向心力,才能实现经济社会的快速发展。

爱传统。世界古文明发源地——古埃及、古巴比伦、古印度、古希腊等,其文化或夭折、或转易,唯中华文化绵延至今,文化辐射四周,影响广泛。正是因为有了丰富的中华文化传统,才使中国成为一个富有实际内容和生命力的有机体。

爱国家。国家和祖国是两个不能完全等同的概念,"祖国"更突出民族性和自然性,"国家"更强调政治性和阶级性。

首先,大家要明白,没有政权,就没有国家。韦伯在《经济与社会》中认为,国家是一种制度性的权力运作机构。还有学者认为,国家是超越血缘关系的基础上而建立起来的社会政权。政权的建立是这个国家存在的现实逻辑基础,对它的热爱是爱国主义不可缺少的重要的政治内容,是爱国主义必须具有的现实载体。

其次,当代中国爱国主义的鲜明主题是实现中华民族伟大复兴的中国梦。只有坚持爱国和爱党、爱社会主义相统一,爱国主义才是鲜活的、真实的,这是当代中国爱国主义精神最重要的体现。学过中国近代史的人都知道,近代中国积贫积弱,社会心态普遍麻木,没有民族自豪感和国家认同感。为了改变这种备受屈辱和奴役的命运,我们做了多种尝试,直到中华人民共和国成立,才真正把国家从苦难中拯救出来,以充满自尊自信自强的新形象"自立于世界民族之林"。

2. 为什么要进行爱国主义教育

李老师,您刚才提到"爱国"首先是一种情感,同时也具有政治性。我恰好听过同学中的这两种观点:其一,爱不爱国是"我"自己的感情选择,不爱国也没什么好指责的;其二,爱国主义就是一种政治宣传方式,是一种洗脑行为,被洗脑的都是没有主见的人。对此,您怎么看呢?

确实如你所说,现实生活中有些人觉得爱国纯粹是个人的情感选择,他们认为作为自己的情感选择,不需要受到他人干涉,爱国是一种情感,它是自发的,既然它是自发的,那么他人乃至集体是无法左右自己的情感的。真的如此吗?爱国,什么是"爱"呢?首先,爱是感性的,但也应该包含理性因素。其次,爱涵盖认同和接纳的意义,即对你爱的对象,你认同他(她)的某些观点、行为;对于你不认同的部分,你觉得你可以宽容接纳,你们的关系不因为意见的分歧而导致破裂。最后,爱的重要内容是依恋关系。这种依恋最明显地表现在个体期盼团体给他们提供安全感,安全感又是在具体的事物上被激活、承载的。所以,我们谈爱国主义,总是以一种具象化的方式来进行。

马克思主义哲学早已明确指出,人是社会的动物,人的本质属性是其社会性。个人情感也要符合社会规范,而社会规范是为了谋取群体利益而产生的。因为个人脱离社会难以生存,既然享受社会生活带来的利益,就应当接受社会生活带来的约束。不仅爱国，就连爱某个人、爱某个环境这种情感，都不是个人情感可以任意支配的。社会力量可以通过舆论、媒体、文艺作品、制度等来宣扬爱国情感。

此外，请大家注意，自国家产生以来，任何一个国家都十分重视对本国国民特别是青少年进行爱国主义教育。譬如，日本各地的学校会组织学生到东京参观国会，到众议院、参议院的议员会馆与来自家乡的议员见面，从而润物细无声地进行"乡土教育"。美国以法律形式明文规定，各级各类学校都必须开设美国历史课程，要求学生背诵"忠于这个国家，保卫这个国家"，"愿上帝保佑这个国家"等誓词，激发学生的爱国热情，以强化"美国精神"为公民教育的重点。韩国的爱国主义教育以政府为主导，推崇"身土不二"，大力扶持韩国国内产业，国民积极购买国货，培育"韩国精神"。德国的爱国教育注重普及宪法，学生到了一定年龄不仅要认真学习德国基本法（德国的宪法），还要研读德国在各个时期的宪法，了解宪法的发展历程，增强对宪法的理解，树立遵守宪法的意识。

说到这里大家可以看出，爱国主义不是僵化的、条条框框的规范要求，而是融汇在我们日常生活中的点点滴滴，是我们的衣食住行，是我们的读写听说。近两年有两部很热门的纪录片，一部是《舌尖上的中国》，以美食的力量唤起我们对国家的热爱，通过美食，我们可以有滋有味地认知这个古老的东方国度。中国人在饮食中积累的丰富经验、千差万别的饮食习惯和独特的味觉审美，以及上升到生存智慧层面的东方生活价值观，无不体现着我们对家的深深眷恋以及对国的骄傲与自豪。很多年轻的观众在看完后还打趣说："为了这些美食，也要坚守我们的每一寸土地、海洋和空间，感恩来自于我们国土上的自然的馈赠和民众的智慧。"

还有一部是《我在故宫修文物》，通过对文物修复领域"庙堂"与"江湖"互动，展现传统中国四大阶层"士农工商"中唯一传承有序的"工"的阶层的传承密码，以及他们的信仰与变革。这种"工匠精神"正是当下社会所急需的，它被解读为"从容独立、踏实务实，摒弃浮躁、宁静致远，精致精细，执着专一"。我们要认真领悟"工匠精神"，为中国腾飞作出自己应有的贡献。

我觉得这两部纪录片就是非常生动的爱国主义教育,且正是因为我们大学生是有思想、有主见的人,才更能够品味出这些纪录片背后的深意。基于人性和民族性的天然存在,我们和祖国必须站在一起。

3. 什么是真正的爱国主义

李老师,如您所说,"我和我的祖国必须要站在一起",但是如果祖国或政府出现了错误,伤害了人民,我还要和她站在一起吗?还有一些热血澎湃的青年,为了表现自己的"爱国之心"而作出盲目冲动的行为,您认为是否应该去制止呢?

你提的这个问题很好,这涉及"什么是真正的爱国主义"的问题。我们常说国之未来在于青年,青年人能否正确理解爱国主义并付诸行动,是十分重要的。正确的理解和行动,会给我们提供强大的发展动力;同样,偏激、错误的理解和行动,也会给我们带来混乱和伤害。

爱国主义可以分为盲目的爱国主义和建设性的爱国主义两种。这两者的主要差别在于是否接纳对国家的批评。前者强调对国家坚定不移的忠诚。他们的理念是"不管我的国家是对是错,我都会支持它"。而后者尽管同样积极支持国家,但建立在批判的基础上——"我反对国家的一些政策,因为我关心我的国家并且希望改善它。"这两类爱国主义都表现出对国家的热爱和认同(盲目的爱国主义者甚至还要更强烈一些),但两者在涉及政治的认识和行为上却有着较大的差别。盲目爱国主义者更加认可符号化和情感性的爱国行为,建设性的爱国主义则表现出更加积极的政治参与度。可以说,对内是绝对服从还是保留批评,对外是敌对抵抗还是接纳沟通,是这两类爱国主义的明显区别。

我在这里和大家所讨论的一直是建设性的爱国主义,也就是理性爱国主义。我们都知道,在国家利益受到威胁、民族尊严受到挑衅之时,任何一个中国人都不会无动于衷,都想充分表达自己爱国的热情。这种热情,是爱国主义最为具体的表现,也是一个国家和民族弥足珍贵的精神财富。但我们也要思考,爱国的热情如何才更有力量。法国社会心理学家古斯塔夫·勒庞在他的《乌合之众——大众心理研究》一书中写道:"当人们聚集成一个群体时,一种降低他们智力的机制就会发生作用"[①];"群体不善推理,却急于采取行动"[②];"群体情绪的简单和夸张所造成的结果是,它全然不知怀疑和不确定性为何物"[③];"群体只知道简单而极端的感情;提供给他们的各种意见、想法和信念,他们或者全盘接受,或者一概拒绝;将其视为绝对真理或绝对谬论"[④]。所以大家看到,像在钓鱼岛事件中,部分民众打着"钓鱼岛是中国的""日本滚出钓鱼岛"等横幅游行示威,并用打砸日系产品的行为来显示自己的"爱国心",这种集会示威只是民族情绪的狂热发泄,我们不能以爱国为理由放纵自己的情绪,更不能在爱国的名义下做违法的行为。

爱国情感往往是朴素的、自发的、非理性的,既有平稳状态,也有起伏状态,它是对地缘、血缘关系的自然留恋,是一种主观感性的理解,它只提供动力,不提供方向,它可以像战马一样背负着我们冲向战场,也可能带我们离开正道,去向危险的地方。所以,我们要为爱国的情感套上一个理性的边框,要从本质上理解问题,避免感觉的片面性。爱国不需要理由,但理智表达爱国情感却是一种对民族负责的态度,更是一种强大的精神力量。正确的爱国情感表达必须要经过理性的升华,上升为一种爱国的觉悟。

因此,我们不宣扬那种毫无原则地对祖国的维护,真正的爱国主义就是要让国家走向民主,就是要让国民走向自由,就是要勇于支持正义行为,就是要敢于反对贪官权贵,就是要能够接受合理的批评并进行反思。

---

① [法]古斯塔夫·勒庞,《乌合之众——大众心理研究》,冯克利译,中央编译出版社2005年版,第135页。

② [法]古斯塔夫·勒庞,《乌合之众——大众心理研究》,冯克利译,中央编译出版社2005年版,第4页。

③ [法]古斯塔夫·勒庞,《乌合之众——大众心理研究》,冯克利译,中央编译出版社2005年版,第24页。

④ [法]古斯塔夫·勒庞,《乌合之众——大众心理研究》,冯克利译,中央编译出版社2005年版,第26页。

总之,爱国需要保持理智。

4. 如何看待网络上关于爱国的负面言论

李老师,现在绝大部分青年学生都是网络族群了,而网络上信息非常庞杂,很多网络的知名写手或者"大V人士",他们的粉丝数、关注度都非常高,他们发表的一些观点、见解因其"剑走偏锋""特立独行"很吸引我们。当然,我也感觉到网上存在很多负面言论,我们青年学生应该怎么做呢?

互联网环境下的爱国主义确实有它的独特性和困难之处,信息的爆炸式涌现,让我们往往会迷失在这些资讯的传输中。很多人关注的是,能否更早地知道所谓的"内幕消息",能否快人一步地拿到"独家头条",能否有更吸引别人目光的论点出现,能否更大范围地扩散自己的影响。所以,越来越少的人去判断这些信息的真假,去审视这些资讯的价值。

大学生要理性爱国,首先就要理性思考,不能轻言妄动,要有分析能力和批判精神。当我们面临复杂多变的新情况、新问题时,必须要沉着冷静,不能盲目地下结论,更不能冲动地采取措施,而要时刻保持清醒的头脑,冷静地思考、理性地分析、慎重地下结论,不给别有用心的人可乘之机,同时也要时刻对自己的行为进行反思,学会换位思考,从不同的角度和立场看问题、思考问题,这样才能避免盲目性和冲动,采取的行动才能更加客观,才能够达到理性爱国的目的。

有一位知名的网络作家周小平先生,在他的《热爱是一种力量》这篇文章中特别谈到了理性爱国问题,我觉得谈得很深刻,这里引述给大家。"懂热爱的人并非看不见世界的阴暗面,但心中的热爱可以令他坦然面对。懂热爱的人并非不知晓人性的弱点,但心中的热爱可以让他淡然处之。在这样的人身边你会感觉到阳光、温暖和安心。而反之,如果一个人心中若是没有了热爱,只剩下灰暗的话,那么他的眼睛就断然看不见光明。人性的弱点成了他口中鄙夷自己同胞的借口,社会的阴暗面成为了他们诅咒这个国家崩溃的理由。在这样的人身边你会感到越来越绝望,越来越压抑,越来越暴躁。绝望使人颓废荒废,希望使人充满斗志。因此热爱未必使你成功,但要成为一个成功的人,首先你就必须是个充满希望和热爱的人。"

个别人因为网络平台的自由与宽松,所以在互联网的上尤其显得活跃,他们有着上百万甚至上千万的粉丝,往往他们的一次转发就会使得一条微博迅速火起来,有人说这些教授、专家、大V、记者其实已经是半个媒体——他们时时引导着互联网上的言论和话题,成天在用"热爱美国"和"唱衰中国"的角度去解读世间的一切,使得有些人对这个国家失去了认同感,对这个民族失去了热爱。

今天的中国互联网上确实存在一些负面言论,他们并非出于维护国家的目的而善意地指出其错误,而是恶意地鸡蛋里挑骨头,顾左右而言他,混淆视听来试图用无知去掩盖真相。爱国和批评不矛盾,爱国和批判不矛盾,但爱国和侮辱、诋毁、漫骂、造谣天然矛盾。

我们中国的历史人物和英雄人物近年来在互联网上饱受污蔑和攻击。例如,对于影响了几代中国人的先进典型——雷锋,一段时间里不断有人发难,对其真实性提出"质疑",更有甚者,无中生有,极力抹黑以至丑化雷锋形象。那么究竟是哪些人在抹黑雷锋呢?

《解放军报》高级编辑李庚辰曾特地分析说,抹黑雷锋的"一是妄图对中国'西化''分化'、阴谋对我国'和平演变'的西方敌对势力。这股势力有十分明确的战略指向,不知不觉地改变人们的价值观念,并迫使他们相信一种经过偷换的价值观念。二是某些抱持根深蒂固意识形态偏见的西方媒体。他们戴着有色眼镜看中国,看雷锋,以怀疑和敌视的惯性,排斥和批判的积习,否定中国意识形态,贬损中国英雄模范。对雷锋正当性的质疑潜含着掏空国家意识形态正当性的预设。三是拾人牙慧,甘当西方敌对势力应声虫、'颜色革命'马前卒的人。他们既不了解历史,也不熟谙现实,既不识大局,也不顾大体,又无社会责任感,貌似特立独行,实缺独立思考,唯以西方马首是瞻。四是打着学术研究幌子、实际鼓吹历史虚无主义的所谓'意见领袖'。他们打着'学术研究'的幌子和'理论创新'的招牌,片面引用和剪裁史料,随意歪曲历史,精心设置一个个'历史陷阱',具有很大的欺骗性、迷惑性和渗透性。五是道德素养低下、思想境界卑微、误将崇高当异端的人。这些人不一定有什么政治图谋,只是本身自私自利,笃信'人不为己,天诛地灭''拔一毛而利天下,不为也',因而不相信世界上真的有舍己为人、助人为乐的人。六是迷离混沌、是非不分、人云亦云、不知利害的人。这种人,缺乏政治见识,喜欢小道消息,听邪信谣,捕风捉影,进而为了显摆自己见多识广而长舌广告,四处传谣"。

习近平主席在2014年文艺工作者座谈会上,专门强调说:"一些丑化人民群众,丑化中国,丑化英雄人物的现象,是在毁坏我们的信仰根基,是历史虚无主义,其危害是巨大的。文艺工作者,应该积极弘扬正能量。"

所以,当你再看到"中国怎么怎么,人家外国怎么怎么"类似评论的时候,不妨先停下来思考片刻,究竟这是中国特色,还是世界通病? 觉得中国不如先进国家从而进行反思是好的,但盲目的反思却危害巨大,因为它会诱骗我们背弃自己的历史,背弃自己的文化,背弃自己的希望,背弃自己的民族,背弃自己的信仰,最终导致我们变成一个自暴自弃的民族。我们要站在一个更全面、更客观、更理智的角度去看我们所处的时代和国家。

也许有人认为,那些政府说什么就信什么的人特别可悲、可怜。那你想想,盲目相信"人生导师""成功人士""异见人士"的人和盲目相信领导的人又有什么区别呢?

作为青年人,要想不被庞杂的网络信息所蛊惑、所洗脑,除了要有敢于质疑的精神外,还需要一定知识的累积。知识是人生最重要的防火墙,但知识绝对不在各种段子里。有条件的话,各位同学可以看看《资治通鉴》文白对照版,以及《欧洲史》《欧洲战争简史》《亚洲战争简史》《联邦论》等著作。

大量的事实证明,当你真正地放眼了解世界,你才会自觉地认识到自己民族的长处和短处,并对自己民族跻身世界民族之林的前途和命运抱有高度的历史责任感。当你开阔了眼界,你才能在更公允的立场上去判断我们的国家所处的境地。任何狭隘的、盲目的民族主义，或者狂妄自大地向外侵略、扩张，或者把自己封闭起来，最终伤害的还是自己民族的根本利益。

5. 怎样在现实中实践爱国主义

李老师，最后我还想请教您，毕竟我们还是学生，还没有真正走入社会，在我们力量还很有限的情况下，以学生的身份应该如何去实践爱国主义呢？

爱国主义情感绝不是一种抽象的理念，总会通过具体事物来激活依恋系统，将爱国变得更具可操作性。我觉得，爱国就是爱这个国家的历史和文化，因为它决定国家精神层面的面貌；爱这个国家的制度和规则，因为它决定国家中各群体的关系、社会的运行模式和当下的国家是什么样的；爱这个国家的信仰和理想，因为它决定了国家前进的方向和大多数人的行为本能和未来的国家是什么样的。

如果落在具体的个人生活中，可以说爱国者无不爱至亲骨肉，对骨肉爱之愈切，对祖国爱之弥坚。在家庭关系中，一个人如果能够上孝父母，友爱兄妹，长大以后自然能够在社会上尊重别人，进而能够奉献社会。相反，一个在家庭中骄横自私的人，将来在社会上也必然以"骄子"自居，更谈不上爱祖国、爱人民了。血肉之爱是一个人爱国主义感情体系中的源头活水。

此外，所有的人对于祖国的认识都是从他脚下的土地，从他周围的人群开始的。浪迹天涯的游子，最怕触动的是心底里的乡愁；匍匐在大地上的农民，最眷恋的是家乡的黄土地。对于我们大学生来说，安徽师范大学是我们生活、学习的地方，这就是我们脚下的土地，就是我们存在的空间。大家对师大有多少认知呢？能说出几位聚在菱湖之畔、镜湖之滨的名人大家？可了解建校至今经历了多少风雨飘摇？谁知道"潜岳苍苍，江淮汤汤。夏商肇启，雍容汉唐"是我们的校歌？所以，对于学生而言，爱国不必高声宣扬，爱国不必舍近求远，从我们身边人、身边事、身边景爱起；

第三篇 胸怀祖国

爱我们的学校,爱我们的专业,爱我们的师长、同学。

当然,只把爱国主义停留在口头上,空谈爱国情感、爱国觉悟和爱国志向而不付诸实践的人,只能称作口头爱国者。所以,大学生必须掌握报国本领,在自己的工作、学习和生活中用实际行动来体现爱国主义,只有将爱国之情、爱国之心、报国之志化作效国之行,做到言行一致,才能成为一个真正的爱国主义者。

最后,借用梁启超先生在《少年中国说》中的一段话,与大家共勉:"故今日之责任,不在他人,而全在我少年。少年智则国智,少年富则国富,少年强则国强,少年独立则国独立,少年自由则国自由,少年进步则国进步,少年胜于欧洲则国胜于欧洲,少年雄于地球则国雄于地球。红日初升,其道大光;河出伏流,一泻汪洋。潜龙腾渊,鳞爪飞扬;乳虎啸谷,百兽震惶;鹰隼试翼,风尘吸张。奇花初胎,矞矞皇皇;干将发硎,有作其芒。天戴其苍,地履其黄。纵有千古,横有八荒。前途似海,来日方长。美哉我少年中国,与天不老;壮哉我中国少年,与国无疆。"(《饮冰室合集·文集之五》)

相关链接

可爱的中国*

朋友!中国是生育我们的母亲。你们觉得这位母亲可爱吗?我想你们是和我一样的见解,都觉得这位母亲是蛮可爱蛮可爱的。以言气候,中国处于温带,不十分热,也不十分冷,好像我们母亲的体温,不高不低,最适宜于孩儿们的偎依。以言国土,中国土地广大,纵横万数千里,好像我们的母亲是一个身体魁大、胸宽背阔的妇人,不像日本姑娘那样苗条瘦小。中国许多有名的崇山大岭,长江巨河,以及大小湖泊,岂不象征着我们母亲丰满坚实的肌肤上之健美的肉纹和肉窝?中国土地的生产力是无限的;地底蕴藏着未开发的宝藏也是无限的;废置而未曾利用起来的天然

---

* 摘自方志敏:《可爱的中国:方志敏烈士狱中遗著》,国家行政学院出版社2004年版,第13页。

力,更是无限的,这又岂不象征着我们的母亲,保有着无穷的乳汁,无穷的力量,以养育她四万万七千万的孩儿?我想世界上再没有比她养得更多的孩子的母亲吧。至于说到中国天然风景的美丽,我可以说,不但是雄巍的峨嵋,妩媚的西湖,幽雅的雁荡,与夫"秀丽甲天下"的桂林山水,可以傲睨一世,令人称美。其实中国是无地不美,到处皆景,自城市以至乡村,一山一水,一丘一壑,只要稍加修饰和培植,都可以成流连难舍的胜景;这好像我们的母亲,她是一个天姿玉质的美人,她的身体的每一部份,都有令人爱慕之美。中国海岸线之长而且弯曲,照现代艺术家说来,这象征我们母亲富有曲线美吧。咳!母亲!美丽的母亲,可爱的母亲,只因你受着人家的压榨和剥削,弄成贫穷已极;不但不能买一件新的好看的衣服,把你自己装饰起来;甚至不能买块香皂将你全身洗擦洗擦,以致现出怪难看的一种憔悴褴褛和污秽不洁的形容来!啊!我们的母亲太可怜了,一个天生的丽人,现在却变成叫化的婆子!站在欧洲、美洲各位华贵的太太面前,固然是深愧不如,就是站在那日本小姑娘面前,也自惭形秽得很呢!

听着!朋友!母亲躲到一边去哭泣了,哭得伤心得很呀!她似乎在骂着:"难道我四万万的孩子,都是白生了吗?难道他们真像着了魔的狮子,一天到晚的睡着不醒吗?难道他们不知道自己的伟大的团结力量,去与残害母亲、剥削母亲的敌人斗争吗?难道他们不想将母亲从敌人手里救出来,把母亲也装饰起来,成为世界上一个最出色、最美丽、最令人尊敬的母亲吗?"朋友,听到没有母亲哀痛的哭骂?是的,是的,母亲骂得对,十分对!我们不能怪母亲好哭,只怪得我们之中出了败类,自己压制自己,眼睁睁的望着我们这位慈祥美丽的母亲,受着许多无谓的屈辱,和残暴的蹂躏!这真是我们做孩子们的不是了,简直连一位母亲都爱护不住了!

朋友,看呀!看呀!那名叫"帝国主义"的恶魔的面貌是多么难看呀!在中国许多神怪小说上,也寻不出一个妖精鬼怪的面貌,会有这些恶魔那样的狰恶可怕!满脸满身都是毛,好像他们并不是人,而是人类中会吃人的猩猩!他们的血口,张开起来,好似无底的深洞,几千几万几千万的人类,都会被它吞下去!他们的牙齿,尤其是那伸出口外的獠牙,十分锐利，发出可怕的白光！他们的手，不，不是手呀，而是僵硬硬的铁爪！那么难看的恶魔，那么狰狞可怕的恶魔！一，二，三，四，五，朋友，五个可怕的恶魔，正在包围着我们的母亲呀！朋友，看呀，看到了没有？呸！那些恶魔将母亲搂住呢！用他们的血口，去亲她的嘴，她的脸，用他们的铁爪，去抓破她的乳头，她的可爱的肥肤！呀，看呀！那个戴着粉白的假面具的恶魔，在做什么？他弯身伏在母亲的胸前，用一支锐利的金管子，刺进，呀！刺进母亲的心口，他的血口，套到这金管子上，拼命的吸母亲的血液！母亲多么痛呵，痛得嘴唇都成白色了。噫，其他的恶魔也照样做吗？看！他们都拿出各种金的、铁的或橡皮的管子，套住在母亲身上被他们铁爪抓破流血的地方，都拼命吸起血液来了！母亲，你有多少血液，不要一下子就被他们吸干了吗？

嘎！那矮矮的恶魔，拿出一把屠刀来了！做什么？呸！恶魔！你敢割我们母亲的肉？你想杀死她？咳哟！不好了！一刀！拍的一刀！好大胆的恶魔，居然向我们母亲的左肩上砍下去！母亲的左壁，连着耳朵到颈，直到胸膛，都被砍下来了！砍下了身体的那么一大块——五分之一的那么一大块！母亲的血在涌流出来，她不能哭出声来，她的嘴唇只是在那里一张一张的动，她的眼泪和血在竟着涌流！朋友们！兄弟们！救救母亲呀！母亲快要死去了！

啊！那矮的恶魔怎么那样凶恶，竟将母亲那么一大块身体，就一口生吞下去，还在那里眈眈地望着，像一只饿虎向着驯羊一样的望着！恶魔！你还想砍，还想割，还想把我们的母亲整个吞下去?！兄弟们，无论如何不能与它干休！它砍下而且生吞下去母亲的那么一大块身体！母亲现在还像一个人吗，缺了五分之一的身体？美丽的母亲，变成一个血迹模糊肢体残缺的人了。兄弟们，无论如何，不能与它干休，大家冲上去，捉住那只恶魔，用铁拳痛痛的捶它，捶得它张开口来，吐出那块被生吞下去的母亲身体，才算，决不能让它在恶魔的肚子里消化了去，成了它的滋养料！我们一定要回来一个完整的母亲，绝对不能让她的肢体残缺呀！

呸！那是什么人？他们也是中国人，也是母亲的孩子？那么为什么去帮助恶魔来杀害自己的母亲呢？你们看！他们在恶魔持刀向母亲身上砍的时候，很快地就把砍下来的那块身体，双手捧到恶魔血口中去！他们用手拍拍恶魔的喉咙，使它快吞下去；现在又用手去摸摸恶魔的肚皮，增进它的胃之消化力，好让快点消化下去。他们都是所谓高贵的华人，怎样会那么恭顺的秉承恶魔的意旨行事？委曲求欢，丑态百出！可耻，可耻！傀儡，卖国贼！狗彘不食的东西！狗彘不食的东西！你们帮助恶魔来杀害自己的母亲，来杀害自己的兄弟，到底会得到什么好处？！我想你们这些无耻的人们呵！你们当傀儡、当汉奸、当走狗的代价，至多只能伏在恶魔的肛门边或小便上，去吸取它把母亲的肉，母亲的血消化完了排泄出来的一点粪渣和尿滴！那是多么可鄙弃的人生呵！

朋友，看！其余的恶魔，也都拔出刀来，馋涎欲滴地望着母亲的身体，难道也像矮的恶魔一样来分割母亲吗？啊！不得了，他们如果都来操刀而割，母亲还能活命吗？她还不会立即死去吗？那时，我们不要变成了无母亲的孩子吗？咳！亡了母亲的孩子，不是到处更受人欺负和侮辱吗？朋友们，兄弟们，赶快起来，救救母亲呀！无论如何，不能让母亲死亡的呵！

朋友，你们以为我在说梦呓吗？不是的，不是的，我在呼喊着大家去救母亲呵！再迟些时候，她就要死去了。

朋友，从崩溃毁灭中，救出中国来，从帝国主义恶魔生吞活剥下，救出我们垂死的母亲来，这是刻不容缓的了。但是，到底怎样去救呢？是不是由我们同胞中，选出几个最会做文章的人，写上一篇十分娓娓动听的文告或书信，去劝告那些恶魔停止侵略呢？还是挑选几个最会演说、最长于外交辞令的人，去向他们游说，说动他们的良心，自动的放下屠刀不再宰割中国呢？抑或挑选一些顶善哭泣的人，组成哭泣团，到他们面前去，长跪不起，哭个七日七夜，哭动他们的慈心，从中国撒手回去呢？再或者……我想不讲了，这些都不会丝毫有效的。哀求帝国主义不侵略和灭亡中国，那岂不等于哀求老虎不吃肉？那是再可笑也没有了。我想，欲求中国民族的独立解放，决不是哀告、跪求哭泣所能济事，而是唤起全国民众起来斗争,都手执武器,去与帝国主义进行神圣的民族革命战争,将他们打出中国去,这才是中国唯一的出路,也是我们救母亲的唯一方法,朋友,你们说对不对呢?

中国真是无力自救吗?我绝不是那样想的,我认为中国是有自救的力量的。最近十几年来,中国民族,不是表示过它的斗争力量之不可侮吗?弥漫全国的"五卅"运动,是着实的教训了帝国主义,中国人也是人,不是猪和狗,不是可以随便屠杀的。省港罢工,在当时革命政权扶助之下,使香港变成了臭港,就是最老牌的帝国主义,也要屈服下来。以后北伐军到了湖北和江西,汉口和九江的租界,不是由我们自动收回了吗?在那时帝国主义在中国的威权,不是一落千丈吗?

朋友,不幸得很,从此以后,中国又走上了厄运,环境又一天天的恶劣起来了。经过"五三"的济南惨案,直到"九一八",日本帝国主义公然出兵占领了中国东北四省,就是我在上面所说那矮的恶魔,一刀砍下并生吞下我们母亲五分之一的身体。这是由于中国民族革命运动,受了挫折,对于日本进攻中国采取了"不抵抗主义",没有积极唤起国人自救所致!但是,朋友,接着这一不幸的事件而起的,却来了全国汹涌的抗日救国运动,东北四省前仆后继的义勇军的抗战,以及"一二八"有名的上海战争。这些是给了骄横一世的日本军阀一个严重的教训,并在全世界人类面前宣告,中国的人民和兵士,是有爱国心的,是能够战斗的,能够为保卫中国而牺牲的。谁要想将有四千年历史与四万万七千万人口的中国民族吞噬下去,我们是会与他们拼命战斗到最后的一人!

朋友,虽然在我们之中,有汉奸,有傀儡,有卖国贼,他们认仇作父,为虎作伥;但他们那班可耻的人,终究是少数,他们已经受到国人的抨击和唾弃,而渐趋于可鄙的结局。大多数的中国人,有良心有民族热情的中国人,仍然是热心爱护自己的国家的。现在不是有成千成万的人在那里决死战斗吗?他们决不让中国被帝国主义所灭亡,决不让自己和子孙们做亡国奴。朋友,我相信中国民族必能从战斗中获救,这岂是我们的自欺自誉吗?

不错,目前的中国,固然是江山破碎,国弊民穷,但谁能断言,中国没有一个光明的前途呢?不,决不会的,我们相信,中国一定有个可赞美的光明前途。中国民族在很早以前,就造起了一座万里长城和开凿了几千里的运河,这就证明中国民族伟大无比的创造力?中国在战斗之中一旦斩去了帝国主义的锁链,肃清自己阵线内的汉奸卖国贼,得到了自由与解放,这种创造力,将会无限的发挥出来。到那时,中国的面貌将会被我们改造一新。所有贫穷和灾荒,混乱和仇杀,饥饿和寒冷,疾病和瘟疫,迷信和愚昧,以及那慢性的杀灭中国民族的鸦片毒物,这些等等都是帝国主义带给我们可憎的赠品,将来也要随着帝国主义的赶走而离去中国了。朋友,我相信,到那时,到处都是活跃跃的创造,到处都是日新月异的进步,欢歌将代替了悲叹,笑脸将代替了哭脸,富裕将代替了贫穷,康健将代替了疾苦,智慧将代替了愚昧,友爱将代替了仇杀,生之快乐将代替了死之悲哀,明媚的花园,将代替了凄凉的荒地!这时,我们民族就可以无愧色地立在人类的面前,而生育我们的母亲,也会最美丽地装饰起来,与世界上各位母亲平等的携手了。

这么光荣的一天,决不在遥远的将来,而在很近的将来,我们可以这样相信的,朋友!

朋友,我的话说得太噜苏厌听了吧!好,我只说下面几句了。我老实的告诉你们,我爱护中国之热诚,还是如小学生时代一样的真诚无伪;我要打倒帝国主义为中国民族解放之心还是火一般的炽烈。不过,现在我是一个待决之囚呀!我没有机会为中国民族尽力了,我今日写这封信,是我为民族热情所感,用文字来作一次为垂危的中国的呼喊,虽然我的呼喊,声音十分微弱,有如一只将死之鸟的哀鸣。

啊!我虽然不能实际的为中国奋斗,为中国民族奋斗,但我的心总是日夜祷祝着中国民族在帝国主义羁绊之下解放出来之早日成功!假如我还能生存,那我生存一天就要为中国呼喊一天;假如我不能生存——死了,我流血的地方,或者我瘗骨的地方,或许会长出一朵可爱的花来,这朵花你们就看做是我的精诚的寄托吧!在微风的吹拂中,如果那朵花是上下点头，那就可视为我对于为中国民族解放奋斗的爱国志士们在致以热诚的敬礼；如果那朵花是左右摇摆，那就可视为我在提劲儿唱着革命之歌，鼓励战士们前进啦！

亲爱的朋友们，不要悲观，不要畏馁，要奋斗！要持久地艰苦的奋斗！把各人所有的智慧才能，都提供于民族的拯救吧！无论如何，我们决不能让伟大的可爱的中国，灭亡于帝国主义的肮脏的手里！

第四篇 感悟人生（上）

——谈人生

作者简介

　　陈绪林，法学硕士，安徽机电职业技术学院副教授，中国人民大学访问学者，曾在清华大学、美国加州州立大学长滩分校进修学习。主要从事思想政治教育理论与实践研究。在《中国高教研究》《高校辅导员学刊》等刊物发表论文10余篇，出版专著1部。主持安徽省高等教育振兴计划思想政治教育综合改革计划弘扬核心价值观名师工作室之"形势与政策"课名师工作室项目、省人文社科重点项目各1项，省级一般项目3项。曾获安徽省教学成果三等奖2项。

有人说，人生就是不断地解决问题的过程。确实，生活中我们会遇到很多问题，有的是十分具体的，通过沟通交流总能够得到比较好的解决。有的问题却不那么简单，会让人"百思不得其解"。尤其是当人们从少年步入青年时期，开始从对自我的关注到对社会的关注，再从对社会的关注中反观自身，人们发现，有很多问题不是一两句话就可以说清楚的。比如，人为什么那么自私？我们现在考上了大学，而那些没有考上大学的人会有什么样的人生？大学对于一个人的价值是什么呢？人们在对人的价值进行判断的时候，难道非要用一个学历的凭证作依据吗？同在一所大学里，有的人衣食无忧，生活得自在潇洒，玩游戏、逛街、网购；而有的人却要为学费到处奔劳，申请贷款、到校外打临工、争取奖学金等。同样是学生，差别为什么这么大？

人越是年长，看到的世事越多，心中的疑问就自然多起来。不同的人会选择不同的解决方式。有的人走向宗教，祈求神灵的护佑；有的人走向奋斗，在实践中求解；有的人走进知识的殿堂，希望知识能够破解人生之谜。在所有的途径中，有一种方式一定奏效，那就是——心灵的交流，必会为我们打开一扇窗。

访谈实录

1. 人的本质是自私的吗

陈老师,因为专业的关系,我们同学之间经常讨论一个话题,人到底是什么? 有时候人为什么那么自私,只考虑自己。您怎么看这个问题?

人到底是什么? 什么是人的本质? 人为什么会有自私心理? 这些问题集中起来就是探讨人的本质究竟是什么,这是东西方哲学重点关注的问题。人之初,性本善还是性本恶? 这个问题争论了几千年,并会长期争论下去。

持人性善者认为,人的自然本性是善的或向善的,只要唤醒所有人的良知,依靠人的善的本性而无须健全的社会制度,就可以建立一个理想的社会。

从古到今,持人性恶论者则认为,人的自然本性是自利,国家应设计出严格的制度防范人为获取私利而危害他人。但也有人认为,既然人的本质是自利,那么作为特定阶级和集团代言人的国家本质上也是自利者,他们在行使权力时亦会制定出有利于自己特定利益的政策和法规,以强迫别人执行。因此,人剥削人、人压迫人的社会制度天然合理、万古长存。这实质是想把弱肉强食的丛林法则引入人类社会并固化。

亚当·斯密的理论假设人就是理性的经济人,也就是说人的本质都是自私的、利己的。从这一说法推导出去,人类社会现存的一切丑恶现象,就都成为"合理"行为甚至"英雄"行为了。例如,近几百年来,西方殖民者把应当由全人类共同所有的自然资源说成是"无主财产",鼓吹"谁先到谁先得",在这一强盗逻辑指引下,企图杀光印第安人并占领其领土,美其名曰"发现新大陆";几个国家在地图上画几条直线就瓜分了美洲和非洲,分赃不均就挑动世界大战,企图重新划分殖民地;20世纪初,强盗联军在中国大肆屠杀掠夺,而这一切强盗行径都是打着民主、自由、平等的旗号。

在正义者看来,这些丑恶行径是对人类和平、文明的无情践踏;而站在自私者的角度来看,你落后就得挨打,你打败了就得掏钱赔偿子弹钱,这就是自私者的逻辑。

人性的善恶,属于道德范畴。毛泽东早在 1943 年就指出:"道德是人们经济生活与其他社会生活的要求的反映,不同阶级有不同的道德观,这就是我们的善恶论";"当作人的特点、特性、特征,只是一个人的社会性——人是社会的动物,自然性、动物性等等不是人的特性。人是动物,不是植物、矿物,这是无疑的、无问题的。人是一种什么动物,这就成为问题,几十万年直至资产阶级的费尔巴哈还解答得不正确,只待马克思才正确地答复了这个问题。即说人,它只有一种基本特性——社会性,不应说它有两种基本特性:一是动物性,一是社会性,这样说就不好了,就是二元论,实际就是唯心论";"自从人脱离猴子那一天起,一切都是社会的,体质、聪明、本能一概是社会的";"人的五官、百体、聪明、能力本于遗传,人们往往把这叫作先天,以便与出生后的社会熏陶相区别。但人的一切遗传都是社会的,是在几十万年社会生产的结果,不指明这点就要堕入唯心论"①。这就告诉我们,无论善还是恶,都是当时人们经济生活与其他社会生活的要求的反映。迄今为止的考古发现证明,人类的历史至少已有几百万年,人的一些生理特征则是这几百万年间基因遗传的结果,这都是人的现实社会性或历史社会性的反映。

在人类社会历史的长河中,从来就没有抽象的人性和社会性,而只有具体的人性和社会性;在阶级或有阶级的社会里,人性和人的社会性又往往具有阶级性。历史上马克思之前的思想家们关于人性和人的本质是什么的看法和观点,基本上是沿着人性的善恶性质和人性异于其他动物的特点来思考的。马克思主义提出人的本质在其现实性上是一切社会关系的总和的观点,把人的本质放在一定的社会中来考察,从而指明了正确的思考路径。

人有善恶之分,甚至在一个人的身上既有善又有恶的表现。但这都

①《毛泽东文集》第 3 卷,人民出版社 1996 年版,第 83 页。

不是人的本质或天性，而是一定的社会关系的反映或体现。所以，我们既不主张人性本恶，也不主张人性本善。在原始共产主义社会里，人们之间本质上是一种相互协作的关系，这是由当时的生产关系的总和所决定的。

人们的自私心理是随着原始共产主义社会解体、奴隶社会——人类历史上第一个私有制社会的诞生而诞生的。这一观念的诞生，在人类社会的相当长的时段内，具有进步性一面，但随着历史的发展和进步，它的局限性和腐朽性便逐渐显现出来。它不是人类历史上从来就有的，因而也不会是永恒的。随着人类社会的进步，公有制的最终全面的确立，人们的自私心理在人类历史的长河中，必然会被消除，这就是在更高层次上的否定之否定。现代生物学并没有找到被公认的充分证据，证明人性是天生自私的，就如同人的皮肤色素是遗传而不可改变一样。观察动物界不难发现，不是所有的动物在任何时候、任何情况下都表现为自私的，恰恰相反，许多动物有很强的群体性和利他性。比如，森林中的蚂蚁群遇到火灾时会迅速集结成球，滚过火区，集结在球体表面的蚂蚁都会"壮烈"牺牲。小小的动物蚂蚁尚且如此，我们人类更能如此。

我个人认为，人至少可以分为三种。第一种人很自私，"一事当前，先替自己打算"。第二种人可能常怀公心，经常考虑国家、人民、民族的命运，但在公私发生冲突之时，有时又可能把个人利益放在第一位。第三种人就是具有共产主义品格的人，特别是那些优秀的共产党员，这样的人并不是没有个人利益，但当公与私发生矛盾时，"公"永远是第一位的。从这种意义上讲，他们是大公无私的。我们那么多先烈为了党和人民的事业献出了自己的生命，你能说这些人的本质都是自私的吗？

"人的本质是自私的"这一观点，实质是私有制观念的产物，同时也是维护私有制的理论基础。我们决不赞成这一观点。如果这种观点成立，至少你无法解释伟大的母爱，也根本无法理解我们几千万先烈为了自己的理想和我们的今天幸福生活而进行的英勇奋斗。决不要小看"人的本质是自私的"观点，它正在强烈地腐蚀一些人，特别是那些为了个人私利肆无忌惮地捞取公共利益的人，他们把"人的本质是自私的"作为自己追逐一己私利的幌子。我们知道,在传统经济体制下,在强调集体利益和国家利益的同时,确实有忽略个人利益的现象。但我们在建立社会主义市场经济的过程中,决不能重蹈西方极端个人主义、享乐主义和拜金主义的覆辙。大学生在认识到"人的本质是自私的"观点之危害时,更应该时刻提醒自己,在现实生活中,努力将自己放在集体中来思考个人的得失。

2. 人怎样活得更有意义

陈老师,人从出生到死亡,有的人长命百岁,有的人还未出生就夭折。常听别人说某某空活了一把年纪,如何活才是有意义地活? 为利益,为爱情,还是为活着而活着?

首先我要感谢这位同学的提问,因为你的提问,也让我一下子想起来自己的十八岁。那时我和你们一样青春年少,一样在思考各种未知的问题。我从十八岁就开始认真思考:人生,要怎样活才有意义? 才不枉到世间来一回? 青春,又要怎样过才不后悔?

结果是,当我三十多岁时,发现自己还都未想清楚,但青春已经逝去了。说实话,我很沮丧,但又安慰自己"如果你为错过太阳而哭泣,那么又要错过群星"。于是我放弃了对青春的探究,开始更加认真地去思考人生的活法。其实,"人怎样活得更有意义"这个问题是没有标准答案的,因为任何一种有利于个人和社会持续健康发展的生活方式都是有意义的。但是从总体目标上考虑,一般可以分为三个方面:

一是选择自我实现。美国著名人本主义心理学家马斯洛的"需求层次理论"认为,自我实现是人的最高需求。假如你是苹果,你的自我实现就是做这个世界上最好的苹果之一;假如你是梨子,你就去做这个世界上最好的梨子之一。如果你想自我实现但是又不清楚自己到底是什么——这通常是绝大多数人的现状——你就得先找到自己的天赋所在,然后再去实现它。

二是选择认真负责地过自己的人生。认真走过的人生没有弯路。无论你做什么,只要你尽职守责,这种认真负责的态度就会成就你,使你的人生对自己和他人都充满意义。不论是选择自我实现，还是认真过自己的人生，有一点是需要大家共同遵守的，那就是要有利于他人和社会，这一点很多同学讨论时也都提到过，归结起来就是，如果我们想让自己的生命有意义，我们就要为这个世界贡献意义。我们想要发现生活的美好，我们就要为这个世界奉献美好。马克思说，人的本质属性是社会性。只有处理好自己与他人、社会和自然的关系，人生价值才能实现，人生的意义才有可能实现。

三是从方法和过程上看，如果我们想要让自己的生活有意义，还要学习充分体验此时此刻的存在，并且尽可能地去发现和体验此时此刻的美好。从这一方面说，人生的意义在于体验过程而不在于结果。不懂得在过程中体验奋斗的美好、自我实现的意义或生活的丰富性和人生的价值，就如同囫囵吞枣，是有经历而没有体验的生活。每个人都面临无数种可能性，每个人把握这种可能性的能力都与他们对自己了解的程度成正比。个体对自己的了解越深刻、科学、全面，他的人生越丰满、充实，他的舞台才会越大，他的世界才会越宽广，他的地平线也才会越辽阔。"我是谁？我从哪里来？我将往何处去？"不论我们上一代人曾多么合理而又完美地解决了这个问题，下一代人仍将不可避免地要面对它。让我们共同努力，来找出属于我们自己的答案。

亲爱的同学，我不知道你同不同意我的观点，但是我想我们每一个人都要为死亡做最充足的准备，不是去准备一个盛大的葬礼，而是去准备值得一活的人生。我们不是活给别人看的，我们是为自己而活的。时间在马不停蹄地向终点飞奔，我们到底要做什么才算没有浪费生命？动物通过本能，不断觅食以维持生命，从生到死，从不停歇。作为一种更高级的生物，我们人类可以选择创造自己的生活，我们不应该因为生命的无常就放弃追求，相反的，我们更需要用追求来充实自己的人生。人，不管他做了多么惊天动地的事情，不管他活多少岁，也不管他甘不甘心，总是会在某一天死去，但是，我们注重的奋斗的过程，将会因为我们的努力而充满意义。

3. 人生苦短当如何

陈老师,书上说反对享乐主义,但为什么还有很多人本着"人生苦短,及时行乐"的原则生活呢?

世人常叹"人生苦短",是苦于人生太短,这是一个倒装句,"苦"在此并非形容词。和"去日苦多"一样,并不是说过去的时间苦日子多,而是苦于过去的时间太短了,没有好好珍惜时间。

对于"人生苦短"一词,在现实的生活实践中,不同的人有不同的感悟和认识。有人以为,人生又苦又短,得意之时应该尽情发挥,以免时运过去之后只剩下痛苦,连回忆都没有留下。也有人认为,人生似蜉蝣,"譬如朝露,去日苦多""哀吾生之须臾,羡长江之无穷",人的生命在茫茫宇宙无异于一颗流星,无论你是千古流芳的名人巨擘还是平平凡凡的百姓,终有一天都将消失。那么,人究竟该怎么样去活?怎么样才是有意义的人生呢?我认为,人的一生是丰富多彩的,当自己回首往事时慨叹不要太多。在领悟生活、净化心灵的时候,有一种力量一直在鼓舞着我们向前,那就是"奋斗",奋斗会使你的人生更加美好。

生活中,我们应正确对待自己人生旅途上的对与错、成与败。崇高的理想,坚强的意志,只会在奋斗中形成;美好的愿望,甜蜜的憧憬,只能在追求里实现。没有奋斗,生命之树怎么会长青?人的价值就是为了别人、为了社会,其实说到底,人生最大的意义在于创造有价值的人生。

一个人如果没有奋斗目标,那么他不会成功,美好的人生将离他远去。奋斗是意志的坚实脚步,所有成功者的足迹都洒满了勤奋的血汗。聪明的人,信心再大,意志再坚强,若没有实际行动,一切都是空谈。奋斗是长期的艰苦劳动,奋斗是我们青年求知的优良品德和习惯,那种见异思迁、畏缩不前的人,永远尝不到因勤奋而收获的甘甜。

4. 如何看待"人人生而平等"

陈老师,有的人出身贫寒,有的人出身富贵,他们在社会上的起点和发展机遇相差甚大,那么,我们如何看待"人人生而平等"呢?

对于出身不同,在社会上的起点和发展机遇相差甚大这个问题,我们可以从事物发展的内外因来看。我们知道,事物的发展是内外因共同作用的结果,内因是事物变化发展的根据,外因是事物变化发展的条件,外因通过内因而起作用。这就要求我们在观察事物、分析问题时,既要看到内因,又要看到外因,坚持内外因相结合的观点,既反对忽视外因对事物变化发展的影响,也反对否认内因对事物变化发展起决定作用的错误观点。家庭出身对我们在社会上的起步和发展确实有一定影响,家庭富裕一点的,可以为我们的发展提供物质帮助,也可能给我们创造更好的发展机会,但我们要看到它仅仅是我们发展的外因,只是提供发展机遇,能否抓住机遇还得靠我们自己,因为外因是不能决定事物发展方向的,它要通过内因才能起作用。俗话说得好,机遇是给有准备的人准备的。现实中家庭贫困的学生通过自己努力成功成才的例子比比皆是,富家子弟事业发展一无是处的例子也是屡见不鲜。因此,我们既不能忽视家庭经济情况对一个人的影响,因为它是我们每个人都必须面对的外部环境,是客观存在的,同时也不能过于强调它对我们成长成才的影响,不能将发展成功与不成功完全归因于家庭条件如何,否则就是本末倒置了。因此,对家庭条件与社会起点和发展机遇的关系问题,我们应客观公正地对待它。

人人生而平等的问题,我认为这个"平等",不是家庭出身的平等,不是机遇多一次少一次的平等,而是法律确认和保护公民在享有权利和承担义务时处于平等的地位,不允许任何人有超越法律之上的特权。法律面前人人平等表示的是任何人不论其身份地位如何,在法律面前皆平等,任何人不会因为其身份地位而获有差别待遇。地位平等就是不管家庭经济情况如何,大家的社会地位是一样的,不会因为家庭贫穷就低人一等,就应遭到别人歧视;也不会因为家庭富裕就高人一等,就应受别人尊敬。

权利平等即我国公民在享有权利方面，不分民族、种族、性别、职业、家庭出身、宗教信仰、教育程度、财产状况、居住期限等的限制，它是由宪法和法律明确规定的，并受宪法和法律的保护。

现实中，家庭经济情况确实对我们在社会上的发展会有一定影响，但这个影响的作用是有限的，我们不能将这种作用扩大，更不能让它限制我们的发展。当然，我们不能因为家庭条件对我们在某个方面的影响就简单地将其与人的平等问题联系起来，或因为某一次机会或机遇的不平等从而怀疑人与人是否平等，不能狭隘地理解平等，某一次机遇的不平等不代表地位不平等，不代表享有权利不平等。我们应该深信：法律面前人人平等。只要我们努力，不断让自己强大起来，我们就能更好地抓住机遇，获得更好的发展，怨天尤人，无济于事。总的来说，我们不否认人与人之间确实存在家庭出身、社会发展等方面的差异，但是我们不能因此为个人发展中存在差距找理由，因为对于每个人来说，机会是均等的，只有准备好了，才能更好发展。

5. 如何正确看待死亡

陈老师，人之一生，无非生死。我们看到很多关于人生的讨论，多少能获得一些启发。"人固有一死，或重如泰山，或轻如鸿毛。"您觉得我们应如何正确看待死亡呢？

对待死亡，不同的人有不同的看法。而一个人对待死亡的看法，同时也可以折射其对人生的态度，映照其生命的价值和意义。

如何正确看待死亡，这其实提出了一个人生观的问题。我们应该有怎样的人生观？看到这个问题后的第一时间，我就想到了关于人生观的最经典的那个回答，这就是奥斯特洛夫斯基20世纪30年代在《钢铁是怎样炼成的》中说的那一段话："人最宝贵的东西是生命，生命属于人只有一次。人的一生应该是这样度过的：当他回首往事的时候，他不会因为虚度年华而悔恨，也不会因为碌碌无为而羞耻；这样，在临死的时候，他就能够说：'我的整个生命和全部精力，都已经献给世界上最壮丽的事业——为人类的解放而斗争。'"①这就是共产主义人生观。

周恩来对待死亡的态度非常理性,也非常超脱。他认为,死亡是人生的自然法则,有生必有死,有始必有终,一个人应当不怕死。如果打起仗来,要死就死在战场上,同敌人拼到底,中弹身亡,就是死得其所。如果没有战争,就要努力进取,拼命工作,鞠躬尽瘁,死而后已。与众不同的是,周恩来在嘱咐自己的后事时,要求将自己的骨灰撒到江河大地,认为这也是为人民服务,活着为人民服务,死后也要为人民服务,其精神不能不令人肃然起敬。周恩来彻底回到了他的本真状态,但他留下了一种精神,一种人格,一种永不消失的道德力量!

周恩来之所以不惧怕死亡,是因为他已经将自己的全部生命交给了党和国家,将自己的所有挚爱奉献给了他所深爱着的一方土地和人民。这是对生命意义的超脱,这是全心全意为人民服务伟大精神和崇高品质的写照,这也是无数为国家兴亡、人民幸福抛头颅、洒热血的老一辈无产阶级革命家所共同具有的价值观、生命观、死亡观。

周恩来的死亡观启示我们,看淡死亡、不惧怕死亡,并不意味着就可以碌碌无为、浑浑噩噩。相反,应该更加努力地让生命绽放光彩,使自己活得更有价值、更有意义、更有尊严。哪怕真的死了,也要死得其所,死得壮烈。要像刘胡兰一样,"生的伟大,死的光荣"。要像雷锋一样,"把有限的生命投入到无限的为人民服务之中去"。

一个人无法逃避死亡,但是可以选择如何生存,换句话说,一个人应该有自己的精神追求和信仰。作为党和国家领导人,周恩来等老一辈无产阶级革命家,用自己的全部生命诠释了共产党人应该具有的崇高品质和精神风范,为后人所敬仰和歌颂,成为了历史的丰碑。

但是,令人遗憾的是,有些人,包括我们党内的一些党员领导干部,不能正确看待死亡,为了贪图享受,自甘堕落、晚节不保。战争时期,有的人为了保全生命和荣华富贵,背信弃义、忘恩负义,变节投降当了叛徒;建设

---

① [苏联]尼·奥斯特洛夫斯基,《钢铁是怎样炼成的》,梅益译,人民文学出版社2008年版,第189页。

阶段,有的人为了一己私利、一时之享,贪赃枉法、贪污受贿,成了贪官。当然,善有善报,恶有恶报。那些辱没气节、丧失道德之人,也将难逃历史的审判。

思想是行动的先导,信念是前进的动力。周恩来的"死亡观"见证了老一辈无产阶级革命家坚定的政治信仰和崇高的理想信念。这是中国共产党不断取得一个又一个胜利,不断走向完善、步向辉煌的精神动力和精神武器。

同学们,有了坚定正确的人生观,我们就会有正确的方向、远大的志向、广阔的胸襟,就能勇于解放思想,敢于担当历史的责任,激发改造世界的激情,为着国家、民族的前途和命运勇于接受各种困难的磨砺和挑战;就会真正做到自尊、自爱、自信、自强、自立,苦学多思、深入实践、扎实苦干、坚韧不拔、顽强拼搏、勇于创造,而不是一曝十寒、知难而退、得过且过;就会有社会正义与良知,而不是做一个漠视者、旁观者或简单的批评者;就会有更加乐观积极的人生态度,把理想主义、现实主义和英雄主义结合起来,聆听和接受别人的意见,不断调整和改进自己的实践方向,而不是怨天尤人、自我怜悯、悲观消极、无所事事;就会增强互助合作精神和集体意识,与同学互帮互学、相互交流、共同探讨,不断激发起心中新的求知欲望,并走近群众,触摸时代的脉搏,倾听人民的呼唤,而不是封闭温室、沉默寡言、孤陋寡闻或孤芳自赏;就可能经受住各种风浪的考验,使自己成长为党、国家和民族的有用之材。

═══6. 如何树立正确的义利观═══════════════

陈老师,我们经常听到"人为财死,鸟为食亡"这句话,它到底对不对? 在面对利益和道德时,为什么还是有人选择利益?

"人为财死,鸟为食亡"出自古训《增广贤文》。虽是旧时俗语,但处于现代社会的我们确实经常听到,从字面上理解,这句话的意思是"人为了追求金钱,连生命都可以不要;鸟为了争夺食物,宁可失去生命"。这句俗语有一个典故,故事是这样的:

很久以前，有两个贪婪的家伙合伙上山烧木炭，挖炭窑时，挖出了一坛子财宝，他们十分得意。中午，其中一个说："你回去带中饭来，我在这里守着，挖到财宝的事不要跟任何人说。"那个人爽快地答应了，于是下山去拿午饭。回去的人要半个多时辰才能回来，于是，守在窑边的人就寻思起来，这坛宝贝要是属于我一个人的该有多好啊，可还要分走一半，心有不甘啊！于是，他心生歹念，决定独吞这坛财宝。拿定主意后，守窑人就专等着送饭人来。那个下山取饭的人，也打着独吞财宝的主意，寻思在饭里放些毒药，自己独享财宝。中饭终于送过来了，却不曾想守窑人一锄头就结束了送饭者的小命，接着守窑人得意地享受美餐，可没吃几口，人就倒地一命呜呼了！饭撒了一地，几只小鸟飞过，停下啄了几口饭，也死了。一位神仙路过，看到此景此情，叹息道：人为财死，鸟为食亡啊！

这则故事可以帮助我们从以下两个层面来理解这句话的意思。

首先，它描述了人在基本生存上对财产（比如粮食、衣物、住所等）的依赖。马克思曾经说过，物质资料的生产和人类自身的繁衍是人类社会的两大生产，特别是人类社会的第一个历史活动就是生产自己所需要的物质资料。就物质资料的生产而言，它主要包含两个方面的内容：其一，是满足最基本生活资料的生产，这是人作为一个自然的存在物为了维持生命活动所必需的；其二，是在由最基本的生存需要的满足而引起的新的需要的基础上进行生产。正是这种生产，才使人与动物区别开来，人才能确证自己全面的人的本质。这也说明了个体生命不但在其发生上需要物质基础，在其维持和发展上也同样需要物质基础。从这一层面上讲，人活着必须依赖一定的"财"即物质资料。但"君子爱财、取之有道"，若要获得财富，我们必须通过正确的、合法的、合乎道德的方式。但是在现实中，我们却看到了有些人背离道德，并且为了获得个人利益而作出违法的事情。例如，媒体曾曝光的三鹿奶粉事件，"毒奶粉"使得很多幼儿被疾病所困，甚至出现死亡。这一事件直接导致国人对国产奶粉失去信心，使乳品行业受到重挫。后来的瘦肉精、地沟油、染色牛肉等食品安全事件不断挑战我们的道德底线和法律权威，那么，社会主义市场经济条件下，难道不再需要道德了吗?

道德作为一种特殊的社会意识形式对社会经济关系的反映不是消极被动的,而是以能动的方式来把握世界,引导和规范人们的社会实践活动,人们也是通过对道德的把握来确定自身生存发展与社会和自然的关系,并形成自己关于责任和义务的观念。实践证明,在我国发展社会主义市场经济,有利于解放和发展社会主义生产力,有利于改善人民生活水平,有利于增强人们的自立、竞争、效率、民主法制意识,但市场的趋利性、自发性等也会诱发拜金主义、享乐主义以及极端个人主义,这又会干扰社会主义道德的建设,阻碍社会主义市场经济的健康发展。这就要求我们要自觉地把获取个人合法权益与承担社会责任结合起来;正确处理竞争与协作的关系,树立正确的义利观;坚决反对极端个人主义、造假欺诈、见利忘义、损人利己的歪风邪气,争做道德的维护者和建设者。

其次,它描述了财产与人生目的的关系。按照马斯洛的需求层次理论,人类的需求按层次从低级到高级分为五种,分别是生理需求、安全需求、社交需求、尊重需求和自我实现需求。当人的最低的生理需求得到满足后,人们会有更高一层的需求,比如安全、社交、尊重的需求,要想满足这些需求,方式有很多种,但如果人们企图通过占有财产的丰厚来体现自己的社会地位,体现自己值得他人尊重的程度,"财"就出现了异化。有的人就错误地把占有财富作为自己追求的最终目标,现在有不少人头脑中就有这样一种观点,认为有"财"就可以获得一切。这种观点使人们在金钱面前迷失了自己,导致人被物所奴役,造成现代社会拜金主义盛行。持有这种观点的人往往将财产与生命等同起来,把财产与人生的终极价值等同起来,"人为财死"成了他们的座右铭和人生价值皈依。从这一层面上理解"人为财死,鸟为食亡",就会造成人生目的的偏离。

最后,这就是我们通常讲的人生观的问题。人应该追求高尚的人生目的,因为人生目的决定了人生活动的大方向,对人们所从事的具体活动起着导向的作用。同时,人生目的还是人生行为的动力源泉,它决定着我们的人生态度。不同的人生目的会使我们采取不同的人生态度。正确的人生目的可以使我们无所畏惧,积极进取,乐观向上。错误的人生目的则往往会使人铤而走险,违法犯罪,或在虚度人生和游戏人生中一无所获。高尚的人生目的使得人们更懂得人生价值在于奉献,从而能够在服务人民和贡献社会的实践中找到生命的意义和快乐的源泉。

一个人能够自觉地追求自己认定的人生目的时,是因为他对自己选择的生活做了肯定的价值判断,认为这样的生活具有或者能够创造价值。你问题中所说的,有些人在面对利益和道德时会选择利益,是因为在面对利益和道德问题时掺杂了自己的价值判断,这个问题又涉及价值观的问题。

作为一种社会意识,价值观集中反映一定社会的经济、政治、文化,代表了人们对现实生活的总体认识、基本理念和理想追求。人生的意义需要从人生价值的角度进行审视和评价,人是社会的人,这意味着个体的人生活动不仅具有满足自我需要的价值属性,还意味着个体物质和精神的需要必须在社会中才能得到满足,就是我们所说的社会价值。一个人在面对利益时不能仅仅从个人出发,更应该从社会价值层面出发,使我们的人生价值目标与社会主义核心价值观的要求相一致。同时,我们还要积极地践行社会主义核心价值观,只有这样,我们才能正确辨识社会现象中的是非、善恶和美丑,不断提升自身的能力,增强实现人生价值的本领。

7. 大专生一定比本科生差吗

陈老师,为什么大专生和本科生毕业后在社会上差距那么大,同样都是大学生,而且大专生还有很强的动手能力,为什么大家都认为本科生一定比大专生好?

我试着回答这个问题:就近年来就业市场的数据统计看,专科生、本科生、研究生的就业率依次呈现出由高到低的现象,这意味着专科生的就业率高于本科生和研究生。

之所以专科生就业率高于本科生甚至研究生,而社会上却认为本科学历好于专科学历,这可能与我们对于学历认知出现的偏差有关。复旦大学在读博士李开学累死在课桌前的新闻,看完之后除了让我们深感震惊之外,更多的是对这件事情的思考。现代社会是一个人才激烈竞争的社会,大家对高学历都有强烈的渴望,高学历就证明高素质、高修养、高文化,有了高学历就有了很高的社会地位。这种对高学历病态追求的心理,造成了现代人对高学历的狂热追求。教育是一个民族、一个国家的希望所在,未来的建设人才都需要接受教育。教育制度从根本上影响着人才的质量,中国数千年的教育制度一直都在改变和进步。现代社会,应试教育往往给人的一般认知就是盲目追求"高学历",只有取得高学历才能成为国家人才。在很多人心里,高学历的重要性远远超过其他追求。真正的知识只有运用在社会实践中去才是有价值的。马克思曾经说过,检验理论知识的唯一方法是把知识应用到实践中去。

我们需要反思的是:学历到底是什么,它究竟能给我们带来什么? 是财富,是尊严还是社会地位? 很多人把学历作为自己唯一的价值追求,学历似乎就是人生全部的意义,一张博士毕业证书到底能不能说明你就是人才,这确实是一个值得认真思考的问题。有些成功者其实没有高学历,但是这些人之所以成功,就是因为他们在社会实践中不断提升自我,并把所学知识应用在了社会实践之中。相反,有些拥有高学历的人往往眼高手低,不能把知识应用在社会实践之中。没有实践的理论只能是纸上谈兵,高学历有时候的确很重要,也是辛苦得来的,但社会和国家真正需要的人才不是只拥有一张高学历文凭,而是能用知识和创新真正推动社会发展的人。

8. 如何看待留学热

陈老师,上高中的时候就有同学出去留学了,到了大学更了解到,国内很多人都想选择出国留学,有的家长甚至把小学生送出国读书,难道中国的教育培养不出人才吗?

留学热已经风靡了很长时间,送孩子出国对于国内很多家长来说已经不算什么稀奇事。然而为什么现在这么多大学生会选择出国发展? 很多家长会说自己的孩子不适合国内的教育体制,出国就不用面对千军万马过"独木桥"的残酷竞争了,而且出国接受教育的投资高,回报率就肯定比国内大学高。现实的情况则是关于这三个前提的认识都有很大的误区。我最近偶然得知在山东临沂,某所当地名校明年将有第一届"国际班"学生毕业。我不知道,有多少学生和他们的家庭是带着上述假定的前提选择出国的,但是这些年我认识的想要出国的学生、家长好几百人,坦白来讲,这中间至少有三分之一家庭的孩子是不适合国外教育体制或者没有必要出国接受教育的。

第一,关于适合何种教育的问题。没有调查研究就没有发言权,不能断定一个不适合国内教育体制的学生就一定适应国外教育体制。"国外学生都不用死学,都很自由,选择很多,校园生活丰富多彩。"这种观点误导了很多人,其实很多世界一流大学的学生学习异常刻苦。

第二,关于选择国外教育是否肯定不需要面对千军万马过独木桥的残酷竞争。理论上的确如此,但又不全是,为什么这么说? 高考的确是通过一次考试决定了学生的所有努力和选择,但是千军万马过独木桥主要还是指进入著名高校,一般来说,读大学现在已经不是太难的事情。国外大学申请乍看似乎并非千军万马挤独木桥,很多名气很大的学校的录取率都在30%左右。但是一个基本事实就是,在美国,本州学生的申请相比较于其他州特别是国际生是有明显优势的。

第三,关于教育投资回报率的问题。其实,作为一名教育者,我认为,这是现代教育面临的一个共同问题,它涉及教育的根本目的。如果说只是把教育当作投资理财中的一种,那么也未免太过悲凉了。说到回报率、起点高,目前来讲,能够出国学习、在海外优质大学接受国际教育,从人一生和未来的发展来看,的确是一个更高的起点。但无论在国内还是国外学习,只有充分利用好教育资源,不断努力并善于抓住机会的人才可能有更高的起点,才能把资源的优势化为自己的核心竞争力,而这一切不再取决于是否有个"海外留学"的金字招牌。

那么,为什么国内学生还是争先恐后地要去出国留学呢? 大多数人都抱着下面的想法：

第一，体验文化，能做到中西结合，未来人生多一个视角。"能和世界上最聪明最厉害的一群人掰一掰手腕"对学生人格的培养和阅历的丰富大有好处。进入世界级名校，和世界上所谓的天之骄子们一决高下，在学业、工作和研究上全方位较量一番，获得一个证明自己的机会。

第二，挑战自我，想在一个陌生的环境下了解自己的潜力。世界名校的读书压力大，对个人学习能力是个挑战，亲身体验可以锻炼能力。

第三，本科出国的同学可能考虑到国内考研竞争压力相对较大。一方面，考研考试一年只举办一次，机会并不是很容易把握；另一方面，很多学校的热门专业研究生考试竞争十分激烈，因此，申请出国留学相对容易些。出国留学过程中有奖学金甚至助研、助教机会的帮助，这将客观地减少了家庭经济压力，加上近几年人民币币值变动，出国留学的成本也在降低。

出国上大学只是教育的一种选择，如何选择应该是建立在理性思考及深入研究之后。要知道，这是人生道路的选择，是一种生活方式的转变，需要在调查研究、理性判断之后作出恰当的选择。

当然，"出国热"也倒逼着我们要思考，如何结合国情对我们的教育体制进行改革才能培养出创新人才，才能留住人才。

9. 游戏有那么好玩吗

陈老师，我很困惑：我们在大学都是住集体宿舍，有些同学尤其是男同学非常喜欢打游戏，虽然学校会定时熄灯，但仍然会有人通宵达旦地玩游戏，这不仅影响了自己的身体健康还影响了别人休息，造成宿舍关系紧张，甚至有的宿舍开始只有一个人玩游戏，后来很多人都跟着玩，以至课都不去上，玩游戏真的好吗？

首先可以肯定的是，你刚才所说的这种玩游戏的方式是不好的。

游戏作为一种娱乐和消遣从古至今一直存在，只是表现方式不同而已。你们所说的游戏大多指的是现在流行的网络游戏和手机应用中的一些小游戏,游戏作为一种娱乐方式本身是没有好坏之分的。

一部分学生只是在学习之余把游戏作为调节情绪的方式,偶尔玩一下,紧张的精神得以放松,那么这种玩游戏对个人来讲就有积极意义。还有一部分学生之所以玩游戏是因为高考重压后的他们失去了目标,而玩游戏被认为是打发时间的好办法,他们没有意识到沉浸在虚拟世界里会让大好的青春白白虚度。还有一部分同学是因为现实社交中得不到认同而选择了玩游戏,虚拟的世界会让他们获得内心的满足感,但虚拟的游戏世界并不能改变他们在现实中所面临的问题。

当然,玩游戏的原因千差万别,而那些沉迷于游戏之中的同学,其根本原因就是没有目标,没有理想。

时代呼唤英才,同学们应当立志高远,为自己确立一个成才的目标,这对每一位同学来说都意义重大。人生有了目标就犹如在海中航行的船只,虽然会经历暴风骤雨,但最终会到达航行的终点。同学们可以根据自己的兴趣、性格、专业和个人能力为自己做一份职业规划和人生规划,让自己大学生活充实有趣的同时,也为未来走向社会和职场做准备。比如,大家可以积极参加学校组织的英语、计算机等级考试;了解与自己专业相关的职业需要哪些证书,争取在毕业时拿到"双证"(学历证书和职业资格证书);对于职业技术院校的学生来说,最好能够及时申报并获取不同级别的职业技能证书,为自己就业增加竞争力。

同学们在规划个人目标和理想的同时,还要积极地把个人理想融入社会理想之中,并在为实现社会理想而奋斗的过程中实现个人理想,这是每个大学生成才成长的根本途径。

除了游戏,同学们可以选择更加有意义的生活方式、消遣方式和减压方式,比如,多参加体育运动,在遇到问题时多跟父母和同学交流等,用积极乐观的心态来面对自己碰到的困难。

陈老师,现代工业和科技革命的快速发展,常常是以牺牲生态环境为代价。人们一方面享受着科技进步带来的便利,另一方面不得不面对日渐严重的环境问题。我们不得不思考:加快科技发展与保护生态环境哪个更重要?

你的问题让我想起去年有一次在新闻上看到大专学生辩论会的论题:生态环境与科技发展。正反双方唇枪舌剑,一方深信科技发展必定破坏生态环境,另一方坚持科技发展会补救生态的失衡。

1962年美国海洋生物学家雷切尔·卡森出版了《寂静的春天》,集中关注一个特定问题——化学杀虫剂毒害地球。她在书中痛斥人类应用科学和技术毁坏自然和威胁生命,包括人类的生命。这本书以约翰·基茨的《冷酷的美丽如人》这首诗"湖中的蓑草已经枯萎,这儿已没有鸟儿的歌声"作为开头,形象地反映了环境被破坏后的凄凉景象。美国学者皮特·布鲁克·史密斯在他的著作《未来的灾难》中,列举更多的事例说明随着人类的科技、现代工业的发展和人们对现代消费的追求,大自然受到粗暴的侵害,生态环境遭到了严重的破坏。事实证明,科技越发展,生态环境越是遭到严重的破坏。

但是我们不应当这般悲观,不应当这样片面地夸大科技的负面效应。因为这样必然会走到否定人类利益和需要的极端,从而妨碍社会的进步和发展。康德说:"如果没有人类,整个世界将会变成一个单纯的荒野。"由于人类的实践活动才启动了维系自然生态稳定的新机制。相反,没有人类参与的所谓纯粹的自然过程是充满了灾难和变动的。

当今世界各国各地区的人们,都非常重视生态环境保护问题,都在努力利用先进的科技进行环境保护工作,而且取得了一定的成效。1992年6月,在里约热内卢召开了联合国环境与发展大会,这标志着世界环境保护工作又开始了新的征程,即探求环境与人类社会发展的协调方法。在我国,1970年周恩来总理就提出:要消灭废水、废气对城市的危害并使其

名师访谈录

变为有利的东西。接着我国召开了多次专门会议,制定了有关环保的法令法规。1992年8月,在联合国环境与发展大会不久,党中央、国务院又批准了我国环境与发展的十大对策,接着又制定了《中国21世纪议程》,将环境保护工作的范畴从环境污染防治、生态系统恢复等领域,扩展到经济发展、社会进步等更广泛的范围。

现在人们正在大力植树造林,扩大绿化,保持水土;正在限制其至取缔有公害的企业生产,大力提倡消费绿色产品,减少人与自然环境的矛盾。其实,科技发展会不会破坏生态环境与科技会不会补救被破坏的环境应该是两个问题。从历史上看,生态环境已经因为科技的发展而遭到了严重的破坏;而现在和将来,在人们已经重视保护环境后,新发展的科技就都不会破坏环境了吗? 要知道人类行为对自然的影响有时是要到很久以后才会显现出来的,就如人们发明杀虫剂的时候怎么会知道将来要因此而付出惨重的代价。因此我们只能说:当人类对环保意义有了足够的认识之后,人类在发明创造时会自觉地考虑到环保因素,并且在可能的范围内将对环境的负面影响降到最低的限度。

随着科学的不断发展,人们对事物认识的广度和深度也相应发展,对自己的发明创造可能产生的效果的预见性也必然加强,这就保证了减少负面影响的可能性。同时,环境保护科学也随之发展,环保力度进一步加强,那么生态环境将达到新的平衡,世界环境将进一步改善。而在这个过程中,首要的因素是全人类都要提高对生态环境的保护意识,都要重视环保知识的普及,都要身体力行地保护我们的生存空间。我国自2015年1月1日起开始实施新的环境保护法,就是为了保护和改善环境,防治污染和其他公害,保障公众健康,推进生态文明建设,促进经济、社会可持续发展。只有每个人都把保护环境当作自己应尽的义务,以强烈的社会责任感来维护生态平衡,我们才能乐观地说,科技发展、人类的理性行为可以做到不破坏生态环境,而达到与环境协调发展的境界。

相关链接

为人民服务*

（一九四四年九月八日）

毛泽东

我们的共产党和共产党所领导的八路军、新四军，是革命的队伍。我们这个队伍完全是为着解放人民的，是彻底地为人民的利益工作的。张思德同志就是我们这个队伍中的一个同志。

人总是要死的，但死的意义有不同。中国古时候有个文学家叫做司马迁的说过："人固有一死，或重于泰山，或轻于鸿毛。"为人民利益而死，就比泰山还重；替法西斯卖力，替剥削人民和压迫人民的人去死，就比鸿毛还轻。张思德同志是为人民利益而死的，他的死是比泰山还要重的。

因为我们是为人民服务的，所以，我们如果有缺点，就不怕别人批评指出。不管是什么人，谁向我们指出都行。只要你说得对，我们就改正。你说的办法对人民有好处，我们就照你的办。"精兵简政"这一条意见，就是党外人士李鼎铭先生提出来的；他提得好，对人民有好处，我们就采用了。只要我们为人民的利益坚持好的，为人民的利益改正错的，我们这个队伍就一定会兴旺起来。

我们都是来自五湖四海，为了一个共同的革命目标，走到一起来了。我们还要和全国大多数人民走这一条路。我们今天已经领导着有九千一百万人口的根据地，但是还不够，还要更大些，才能取得全民族的解放。我们的同志在困难的时候，要看到成绩，要看到光明，要提高我们的勇气。中国人民正在受难，我们有责任解救他们，我们要努力奋斗。要奋斗就会有牺牲，死人的事是经常发生的。但是我们想到人民的利益，想到大多数人民的痛苦，我们为人民而死，就是死得其所。不过，我们应当尽量

---

*摘自《毛泽东选集》第3卷，人民出版社1991年版，第1004—1005页。

第四篇 感悟人生（上）——谈人生

地减少那些不必要的牺牲。我们的干部要关心每一个战士,一切革命队伍的人都要互相关心,互相爱护,互相帮助。

今后我们的队伍里,不管死了谁,不管是炊事员,是战士,只要他是做过一些有益的工作的,我们都要给他送葬,开追悼会。这要成为一个制度。这个方法也要介绍到老百姓那里去。村上的人死了,开个追悼会。用这样的方法,寄托我们的哀思,使整个人民团结起来。

第五篇 感悟人生（下）

——谈交往

作者简介

　　戴家芳，在读法学博士生，安徽师范大学政治学院副教授，硕士生导师。主要从事青少年思想政治教育理论与实践研究。在《思想理论教育导刊》《马克思主义理论学科研究》等刊物发表论文20余篇，参与出版《思想道德修养与法律基础课大学讲演录》著作1部。主持安徽省人文社科重点课题1项，厅级项目5项，校级课题5项。曾荣获安徽省教育厅"师范生教学技能竞赛优秀指导教师"称号。获安徽省教学成果三等奖，全国高校"思想道德修养与法律基础"课教学研究百题征文三等奖。

我们每个人都希望追求幸福的生活，那么，在人的一生中，什么是生活幸福的首要条件呢？是金钱，还是事业？是名誉，还是地位？同学们肯定有不同的回答。就这个问题，心理学家克林格对法国公众做了一个广泛的调查，当人们被问到"什么使你的生活富有意义"的时候，有超过70%的人都回答：亲密的人际关系是最首要的。是啊，亲密的人际关系可以使我们的生活有意义、有价值。可是意义是什么？价值又是什么呢？意义是自己对生命、生活的感受和体验；价值就是超越自我，它是在关系中得到体现的。这个关系包括三大关系：人与自然的关系，人与他人、社会的关系，人与自我的关系。

　　其中，人际关系是我们创造和实现人生价值的一个重要条件。价值属于关系范畴，我们的人生价值是在关系当中得到体现的，没有人与人之间的交往、人与人之间的关系，价值就很难实现。意义是个体的主观感受，而价值是他人的评价，二者都必须在关系中予以实现。

访谈实录

1. 什么是人际关系

戴老师您好,从小到大无论爸爸妈妈还是老师都会叮嘱我们要学会和他人相处。但是我们对于"人际交往"却始终没有一个清晰的认知,您能先给我们讲讲什么是人际交往吗? 人际交往的本质到底是什么?

人际交往是指人与人之间通过一定方式进行接触,从而在心理上和行为上发生相互影响的过程。人际关系是人们在交往中心理上的直接关系或距离,它反映了个人寻求满足其社会需求的心理状态。人们彼此间的接触是交往实现的前提条件。人际交往又是一切人际关系实现的根本前提,因为人际关系就是人们借助于各种媒介,通过个体交往形成的信息和情感、能量和物质交流的有机渠道。任何性质、任何类型的人际关系,作为现实的、相对稳定的人与人之间情感联系状态,都是以往人际交往的产物;人际关系发展和变化同样也是人际交往的结果,交往的状况与人际关系发展程度成正比。如果信息和情感交流的渠道畅通无阻,就表现为良好的人际关系状态;交往的渠道渐趋堵塞或交往功能减退,就反映为恶化的人际关系;交往渠道如果完全堵塞以及交往功能完全丧失,结果就是人际关系的中断。所以,人际交往是人际关系建立、发展、变化的动态过程,正是人与人之间不同性质、不同形式、不同层次的交往,制约与影响着人际关系。

而人际关系本质上是社会关系尤其是社会利益关系的表现形式。如何来理解这句话呢? 比如我问你一个问题:你有好朋友吗? 你为什么要和这个朋友交往? 请你回答我一下。

2. 为什么要进行人际交往

> 我有好朋友。我之所以要和这个朋友交往,是想结交人生挚友,是我和她有共同的兴趣爱好,很谈得来,想交流情感,还有她身上有许多让我欣赏、值得我学习的地方。

很好,你之所以要和你的朋友交往,是想交好朋友,是想交流情感等。"想"是什么?"想"是一种需要,人际关系形成与发展的原动力正是人的需要。每个人参与交往,都存在一定的交往需要,也就是交往动机。人际交往最基本的动机,是希望能从交往对象那里得到自己需求的满足。很自然,如果发现对方不能满足我们的交往需求,我们就不会产生与之交往的需求。

在实际交往的过程中,每个人的需求是有所不同的。有的为了生活点缀而交往,有的为了攀附名利而交往,有的为了排解寂寞而交往。大多数人的交往动机处于较高的社会意义水平上,如结交挚友、交流信息、沟通情感、寻求爱情、开阔思路、陶冶情操、增进技能、了解社会……这里的任何一种动机,都能促进个人去寻找使交往需要能得以满足的交往对象。所以,一个人的择友倾向能反映交往动机。

有的人交友是为担负起社会责任、完成救国救民的宏愿,通过广交志同道合的朋友,共同奋斗。毛泽东青年时期痛感国家多难,生灵涂炭。他胸怀济世救国之志,发出一个"征友启事",希望与爱国青年交往,为国为民、改造社会,并在这一崇高理想下团结了一大批朋友。有的人择友是为求得"知音""知己",通过交往,别人能了解自己,理解自己。有的人交往是为了相互促进,增进学识技能。古人云:"独学而无友,则孤陋寡闻",而找到在学业上、事业上共同探讨、互相学习的伙伴,可以帮助自己广开思路,获得新知。

因此,人际关系的本质是社会关系尤其是社会利益关系的表现形式。

第五篇 感悟人生(下)——谈交往

3. 人际关系真的那么重要吗

戴老师,人际关系真的那么重要吗?我身边有些同学说,人与人之间相处太麻烦了,比如你真心和他人进行交往,可总有一些人不真诚面对世人,而是戴着一副假面具示人。您怎么看这种现象呢?

人际交往对于我们的重要性,我想从三个方面和你交流。

首先,我们每个个体正是通过与他人之间的关系以及相互的角色定位证明自己的存在。一个人如果不知道自己与他人的关系,不清楚自己的角色定位,就会不知道自己的存在。我们正是通过诸多角色的认知、认同才知道"我是谁",比如我是父母的孩子、孩子的母亲、朋友的朋友、学生的老师等。如此才有了"我"。如果没有这些社会关系中的定位与角色,哪有"我"呢?真实的"我"是由这些关系构成的,主体的存在正是在关系中得到确认的。马克思在《费尔巴哈提纲》中提出的著名论断"人的本质在其现实性上是一切社会关系的总和",表达的也有这个意思。

其实,交往和交往中形成的社会关系不但是帮助自己完成自我确认,它还是人的发展的基本条件。人的本质在于其社会性,社会的存在是人的本质存在。人的发展当然也只有在社会中,在与他人和社会的交往中才能实现。马克思恩格斯在《神圣家族》中曾说过:"既然人天生就是社会的生物,那他就只有在社会中才能发展自己的真正的天性。"[1]人在交往中得以和他人比较,以他人为参照,才能认识自己发展的差距,从而产生发展的动力。人只有在交往中才能获得发展所需要的知识、信息、检测评价等条件。

其次,人与人之间的交往又是心理和情感的需要。在文明社会里,交往不仅是人类生存的基础,也是现代人的需要之一。美国心理学家马斯洛提出需要层次理论,把人对社交、归属和爱等需要归为五大基本需要。人际交往的过程,是交往双方实现着各种信息和情感的交流以及行为上的互动的过程,尤其是情感需求,是我们在交往中最期望的。人生需要友

---

[1]《马克思恩格斯全集》第2卷,人民出版社1957年版,第167页。

谊,需要爱与被爱,一旦这些要求得不到满足,就会产生孤独感、边缘感。理解、尊严、信任、关心、友爱、和谐的人际关系,会使人从心理上感受到温暖、幸福、喜悦与安全,体会到生活的美好。

对我们大学生来说,尤其要懂得"正是在交往中我们的心理和情感需要得到满足"的道理。我们正处在人生的重要阶段——青春期阶段,这个阶段是心理矛盾、冲突和需要最多、最剧烈的阶段,如孤独感、自卑感、归属感、尊严感、认同感等。要保护心理健康,满足心理、情感需要,就必须不断调整心理矛盾和冲突,发展和谐的人际关系,而良好的人际交往、和谐的人际关系正是大学生心理健康的重要条件。在良好的交往中,大学生可以从中获得他人的信任、尊重、理解和认同,建立真诚的友谊和爱情,从而减少或消除孤独感。通过交往与他人建立起平等、融洽的人际关系,才能使大学生进一步认识自我,完善个性,健全人格,从而获得一种精神上的升华,体会到人生的快乐和幸福。

再次,人与人之间的交往又是行为协作的需要。人生价值的创造和实现不是孤立的自我奋斗,总是需要与他人发生一定的联系,尤其是协作(当然也包括竞争,没有竞争就没有活力)。协作是以交往为前提的。交往产生协作,协作产生新的力量。马克思把这一新的力量称为集体力。集体力在时间上的集中使用和空间范围上的扩大,都是个人的力量所不及的。交往和交往基础上的协作实际上使个人的力量得到增长、延伸和聚变。因而,没有协作就没有整体力量,就没有超越孤立个人的有限力量。人与人之间的合作超越了有限个体,这是价值实现的一个非常重要的条件。

最后,交往是使人的发展得以丰富的一种渠道。人除了通过学习人类文化使自己的发展超出个体经验的局限以外,人还可以通过交往实现和丰富自身的发展。人在与他人(尤其是多个他人)的交往中,会将他人发展的多样性、差异性吸收到自身发展之中,比如吸收他人的思想观念、价值取向、思维方式、行为方式等,从而使自己的内心世界得以丰富、开放、灵活、多样,避免由于孤立生活而造成自身发展的狭隘性和封闭性。

马克思认为，人通过交往得以丰富，是人区别于动物的一个显著特征："同类而不同品种的动物的特性的天生差别比人的禀赋和活动的差别显著得多。但是因为动物不能从事交换，所以同类而不同品种的动物所具有的不同特性，不能给任何动物个体带来任何好处。动物不能把同类的不同特性汇集起来；它们不能为同类的共同利益和方便作出任何贡献。人则不同，各种各样的才能和活动方式可以相互利用。"[①]实际上，人的一切身心素质的形成和发展，均会通过观察、模仿、从众等交往性的方式，受到他人的影响。说到这里，我建议大学生要学会与异性交往，不要被传统的"男女授受不亲"观念所束缚。我上课的时候经常在大学生中间提倡异性交往，因为异性之间互补性非常强，思维方式、眼光、看问题的角度等都有很大的不同，两者之间的交往利于自己的成长。所以，我们的同学一定要学会交异性朋友，向异性学习，同异性合作。

综上所述，每个人在社会生活中都要与他人打交道，与他人结成各种各样的关系。个人与他人的关系是每个人都必须面对的问题。明确个人在与他人关系中的定位，处理好个人与他人的关系，才能为人生价值的实现创造良好的人际环境。所以，人与人之间的交往不是像某些同学理解的那样可有可无，它在我们创造人生幸福中扮演了极其重要的角色。

4. 如何看待人际交往中竞争与合作的关系

戴老师，您刚才谈到人际交往必要性时说，人与人之间的交往又是行为协作的需要。这使我想起不少同学在生活中都存在这样的困惑：在处理同学之间竞争与合作的关系时，往往感到很难恰当地处理好，感叹"鱼与熊掌难以兼得"，您怎么看？

这是一个特别值得我们思考的问题。确实如此，现代社会无论是在哪一个方面都充满了激烈的竞争，而交朋友、讲合作又是个人不可或缺的。竞争对合作、朋友关系又是一种挑战，处理得当，合作关系、朋友关系可以继续保持或者更加亲密；处理不当，关系就有可能破裂，因而出现这

[①]《马克思恩格斯全集》第42卷，人民出版社1972年版，147页。

样的困惑也不足为奇。但毕竟同窗几载,竞争与合作、竞争与友谊会时常伴随左右,因而如何正确对待竞争与友谊也是大学生处理人际关系的一个重要方面。我有以下几点建议供大学生朋友们参考。

首先,我认为要以健康的心态正确认识竞争、面对竞争,培养自己的竞争意识。古人云:"并逐曰竞,对辩曰争。"竞争是个人或团体间力图胜过或压倒对方的心理状态和行为活动。竞争可以克服惰性,促进社会的进步和发展,可以让人满怀希望、朝气蓬勃,这是一种健康的心理。但是,竞争也容易使人在长期的紧张中产生焦虑,出现心理失衡、情绪紊乱等问题。作为当代青年大学生,在与同学交往中应树立拼搏精神和竞争意识,就是说,在学习科学文化知识中要不甘落后,敢于脱颖而出;在人生道路上,要敢于冒尖,争当"出头鸟"。即使竞争有时会显得不近人情,甚至可能要付出巨大的努力和一定的代价,但只要竞争的手段是正当的,它就有利于调动人的主动性、创造性,更好地为社会、集体或个人的发展服务,我们就要勇于参与竞争。不难想象,一个缺乏竞争意识,学习成绩平平,工作不积极的人是很难赢得同学的尊重和好感的。

其次,要采取正确的竞争态度和方式。当下,大学生面临的竞争非常激烈。面对竞争,应调整心态,勇敢地参与,要摒弃一切陈旧观念,明确竞争意识和追名逐利或虚荣的思想有着质的区别,否则就有可能落后于时代。同时,大学生也应该采取正确的竞争方式。有竞争就会有胜负。面对胜负,应保持胜不骄、败不馁的心态。当处于劣势时,应改变思路和方法,提高自己,以赶超别人,而不能采取贬低或破坏的手段来获得自己的优势,更不能心生嫉妒,或采取不正当的手段。处于优势时,应当保持虚心,不骄傲,不能看到同学落后于自己而幸灾乐祸。成功了固然可喜,失败了也问心无愧,如果从中悟出了一番道理,或者在竞争中学到了知识,增长了才干,那么即使失败也是有价值的,谁能说它不是明天成功的起始呢?

最后,要在竞争中发展合作、发展友谊,在合作、友谊中促进竞争。竞争与合作、竞争与友谊是并行不悖的。竞争标志着奋发进取、积极向上,是前进的动力,并使大学生活充满生机。你追我赶,最能促使学业及其他各方面的不断进步。合作、友谊是一种特殊的人际关系,是我们人生价值实现的重要条件,是联结人心灵的纽带,是人的情感生活的重要组成部分。通过合作和友谊,能促使大学生在学业上互相切磋,品德上互相激励,思想上互相启迪,更有利于大家的健康成长。所以竞争与合作、竞争与友谊在本质上是没有冲突的。当然,假如你把竞争建立在个人主义的基础上,这种竞争就有可能破坏合作、葬送友谊。因而在竞争时也应积极发展合作和友谊。竞争者应伸出合作和友谊之手,彼此激励,共同进步,形成一个友好和互励的好氛围。

总之,要正确认识和处理竞争和合作、竞争与友谊的关系。要懂得竞争与合作是促进个人进步、社会发展的两股力量。竞争中有合作,合作中有竞争,两者是统一的,是相互渗透、相辅相成的。竞争的基础在于合作。没有合作的竞争,是孤单的竞争,孤单的竞争是没有力量的。合作是为了更好地竞争,合作愈好,力量就会愈强,成功的可能性就会愈大。有人不是说过吗,优秀的竞争者往往是理想的合作者。无论是竞争还是合作,都是为了最大限度地发展自己,更好地实现自己的人生价值。我们同学之间既要互相竞争,又要在竞争中消除嫉妒心理,讲求协作精神,培养积极向上的竞争意识。

5. 如何看待人际交往中人与人之间的差异

戴老师,在现实生活中,人与人之间差异真的很大,尤其是有些同学思想观念、做人做事的方式有时让人无法理解,甚至给我们的交往、合作带来了一定的障碍。在人际交往中,我们应如何看待人与人之间的这种差异?

差异是个哲学术语,属于表征事物相互区别和自身区别的哲学范畴,又称差别。首先我们得承认一个现实,生活中我们每个人都是具有独立意识的个体,差异是种常态,没有差异反而是非常态。差异带来了矛盾的同时也带来世界的丰富性。这种无限多样性和差异性早已被哲学家、科学家们所认知，德国哲学家莱布尼茨早在几个世纪前就已经认识到"世界上没有两片完全相同的树叶"，即世界上没有绝对相同的东西。"人"作为物质世界的一种具体形态必然也是如此，世界上没有两个绝对相同的人。所以，对我们同学来说，首先得认识到存在差异是正常的。

其次，我们要平等待人，尊重他人，尊重这种差异。我们讲人与人之间的和谐交往，要遵守一些基本的原则，首要的原则就是平等。平等待人是促进个人与他人和谐的前提。平等待人应做到一视同仁，切忌嫌贫爱富，就是要学会将心比心，学会换位思考，不能因为家境的贫富、智力的差异、父母职位地位的不同以及容貌、经历、特长、能力、思想观念等方面的不同而对人差别对待。同时，平等通常是和尊重紧密相连的，平等意味着尊重。平等待人要求把自尊和尊重他人有机地结合起来。每个人都希望在交往过程中得到别人的尊重，但只有尊重他人才能赢得他人的尊重，才能换取别人对自己的平等相待。尊重与平等是人与人之间建立感情的基础。尊重又包括自尊和尊重他人。自尊就是在各种场合自重自爱，维护自己的人格；尊重他人就是尊重他人的人格尊严，尊重他人的兴趣爱好。爱其所同，敬其所异。不能想着抹杀差异，这是不现实的绝对平均主义；也不能强调差异，这是歧视他人的不平等态度。承认差异，但不以这种差异否定人格的平等，这是平等待人、尊重他人的表现。

总之，承认人与人之间的差异是我们尊重规律、尊重人、平等待人、取长补短的现实基础。自己的某些优势，不是自傲的资本；自己的某些劣势，也不是自卑的理由。增强平等意识，平等对待他人，互相取长补短，要在差异中互相学习，提升自己，这是人生价值实现的条件。

6. 怎样看待大学宿舍是矛盾的"多发场所"

戴老师，近年来，高校频频发生"同室操戈"的事件，让人感受到几分悲凉的同时，也让我们对大学同学、室友之间关系的处理感到几分担忧。到底是什么原因导致大学宿舍成为矛盾的"多发场所"？

这个问题的确很值得深思。有许多同学，在宿舍以外，拥有不错的人缘，但在宿舍里，却和室友总有这样那样的冲突。我遇到的许多90后大学生们都会有这样一些感受。一位女生曾经对我感慨"宿舍太复杂，伤不起"，她其实很希望宿舍同学之间有良好的关系，但宿舍让她很受伤。到底是什么原因导致大学宿舍成为矛盾的"多发场所"？

同学之间生活习惯不同，成为最主要的矛盾起因。东南大学的学生做过调查，发现最影响宿舍人际关系的因素是生活习惯上的差异，一半以上的矛盾产生于此，特别是卫生习惯差异，很容易导致冲突。有学生曾经向我抱怨："有室友总在大家睡觉的时候无所顾忌地吹头发。"还有晚起与早起的不协调。比如你还在美梦中，突然一声响，吵得人很烦躁，可早起那人，却觉得自己已经轻手轻脚，你还这么挑剔。我曾经带过的一个学生还遇到了特别勤劳的室友：总在6点起来打扫寝室卫生，多年养成的习惯，一时难改。这位学生说："她是好意，我们不好意思说，可却实实在在影响了我们休息。"后来，她和其他室友想了一个办法。当晚，三人一起打扫卫生，干净得不留死角。当那位室友回来时，就告诉她说，卫生已经打扫干净，她明天不用再辛苦打扫。以后，大家一起晚上打扫，她早起可以去晨跑，锻炼身体。其实，这些现象的背后，均是"习惯"与"个性"在作祟。

我还遇到一个学生，向我诉说了这样一件事。他是北方人，一天，上完体育课，口很渴，他冲进宿舍，发现同学水杯里有凉开水，随口就喝了。结果让他没想到的是，同学很不高兴，反复地清洗杯子。这让这位北方来的学生感觉很不舒服。其实在北方，特别是农村，杯子是可以轮着喝的，这表示双方的关系很铁。这就是地域的不同所带来的个性差异。

以前还遇到过这样的案例。有一个同学，同宿舍的几个人都是名副其实的"学霸"，平常各自都忙着自己的学业，相处倒也融洽。平常大家一般都泡在图书馆、自习室，回宿舍也就睡个觉，偶尔扯几句，相互没什么了解也没什么摩擦。但让这个同学惊异的是，自从大三下学期保研竞争开始，同宿舍的几个人就几乎不说话了。这个同学不了解原因，后来才明白原来是大家都在相互提防着。因为几个人成绩、表现都差不多，所以竞争很激烈。关键在于,每个人都在绞尽脑汁地想:如何才能再给自己多争取点优势,而一旦交流,各自都免不了"暴露实力",所以索性相互不搭理。后来,这位同学和另一位室友保研成功,另外两个室友也都找到了不错的工作。过了几年后再回想这件事,这位同学说有点啼笑皆非,觉得挺没意思的。这位同学和她室友这样的情况虽然很极端,但大学生因学业、荣誉的竞争而产生间隙却也常见,特别是面临考研、就业等实际问题的时候。

总之,大学校园如同一个小社会,大学生也存在各种利益矛盾,往往关系越密切,矛盾越复杂,寝室往往成为大学生矛盾的"多发场所",而寝室矛盾的缘起主要是因为习惯、观念、性格等方面存在差异。

7. 如何为自己营造良好的人际环境

戴老师,从理性认识或者从客观实际来说,宿舍里发生一些矛盾是青年人交往过程中难以避免的。那么,在宿舍出现了矛盾后,我们该如何解决,为自己营造良好的人际环境?

一般遇到矛盾,大多数学生会有两种处理方式:一种是选择回避、逃避。在宿舍里不开心,就一天到晚泡在图书馆,减少和室友的联系。一种是以牙还牙,晚上你弄电脑很吵,我早上起床就发出很大的声音回击你,这样就可能会导致矛盾扩大,上升到冲突。

有个男生曾分享过一个经验,就是鼓励争执。有一段时间,一个宿舍里的一位男生,天天都要给女朋友打电话,一打就是一两个小时,声音非常大,而且内容全是谈情说爱的。宿舍的同学跟他吵了起来,这时打电话的这位男生才恍然大悟:自己影响到别人了。后来,他接电话都到门外,同学之间也和好了。那么这个同学为什么打电话会无所顾忌呢?主要还是没有考虑到别人的感受。有问题不怕,怕的是大家都不说,这样,问题就会在冷漠的情绪中发酵,还有可能升级矛盾冲突,还不如说出来让大家了解,反而促进矛盾解决。

有郁闷就说出来,说出来后还有可能发现是误会。宿舍关系其实就

第五篇 感悟人生(下)——谈交往

是近距离关系，对大学生来讲，由独处到集体生活，不喜欢也要面对。有问题，找到一个倾诉对象很重要。一些学生会把负面的情绪压在心里，表面却与室友很和谐。其实，这样容易产生"情绪债务"，积累到一定程度总有爆发的一天。如果心里很不舒服，可以到心理咨询中心寻求帮助，在与老师的倾诉中释放压力。有时候说出来，他们反而会意识到，以前觉得别人是成心针对自己，其实并不是这样，反而是自己主观误解了别人的行为。其实，很多事情是要看自己怎样去平衡，怎么去看待。

其次，可以制订室规，经常交流沟通。有的宿舍一开始就制订室规，晚上几点睡觉，卫生值日时值日生要承担哪些职责等。其实很多人不是想要引起别人的反感，而是不知道该怎样去做，而规则可以维护底线，只要大家共同遵守，就会有一个好的环境。

此外，发生什么问题，不要藏着掖着。同一个宿舍可以经常交流沟通，大家把存在的问题摊到桌面上来解决，辅导员也可以介入。另外，每个人在生活中都会有负面情绪，但不要把负面情绪带回宿舍。如有时宿舍矛盾是因为个人问题、家庭问题，要有边界意识，要尊重别人的习惯、隐私，不要把宿舍里的事出去乱说、乱评价。

再次，特别要提醒的是，特别冲动的时候恰恰是最需要冷静的时候。尤其是想动手时，心里要逼迫自己停一秒。校园悲剧的发生，很多只是一时的冲动，而这样的极端悲剧，其实是有避免的可能的。即便怒火心中烧，也要果断离开现场。一语不合，引发的肢体冲突最容易造成极端后果。大学生大多都是血气方刚的年轻人，容易冲动，有些还喜欢用拳头说话。三句话没说好，有的男生就会暴粗口，甚至动手。一动手，就无法想象后果了。心理学上有个行为训练的方法。就是你想动手时，你要在内心问问自己"停一秒钟可不可以？"还有一种处理方式，你处于怒火中，这时可以离开现场，这种"逃离现场法"往往能使人先冷静下来，再想办法处理。在处理人际关系时更要注意冷静思考、理性决策，千万不能因一时的冲动而追悔莫及。

当然要想很好地解决宿舍的矛盾问题，最重要的是同学之间都要努力遵守基本的相处之道。第一是平等待人。这是促进个人与他人和谐的前提。生活中和同学相处，要做到一视同仁，切忌嫌贫爱富，要学会将心比心、换位思考，不能因为家庭、经历、特长、能力等方面的原因而对同学差别看待。同时，平等待人要求把自尊和尊重他人有机地结合起来。每个人都希望在交往过程中得到别人的尊重，但只有尊重他人才能赢得他人的尊重，才能换取别人对自己的平等相待。第二是诚信。要求彼此抱着心诚意善的动机和态度来进行交往，重信用、守信义。一个不真诚又不信守承诺的人，没有人愿意和他交往。第三是宽容。宽容就是心胸宽广，大度容人，对非原则性的问题不斤斤计较。在与他人交往中，由于性格、经历、文化和修养等差异的存在，因误会、不解和意见分歧而产生人际矛盾是不可避免的，这时就要求遵循宽容的原则，严以律己，宽以待人，求同存异，相互包容。宽容有助于扩大交往空间，也有助于消除人际间的紧张和矛盾。第四是互助。在交往中，我们了解他人的困难，要主动帮助别人，助人为乐、雪中送炭。为他人排忧解难，是交往关系中一个重要的原则。只有学会帮助别人，才能在自己需要的时候得到别人的帮助。

最后，我想强调的是，我们的同学不要把大学生活过于理想化。其实，室友之间矛盾是难免的，亲人之间也会有矛盾。不过，一般情况下，矛盾都是可以化解的，并不会产生大问题。只要我们每个人能秉承做人做事的原则，在寝室学会与室友互相尊重、求同存异，有了矛盾要懂得善解人意、及时化解，平日生活中能有意识地主动关心帮助同学，就一定能处理好个人与他人的关系。我们要珍惜与大学室友的友情，要与室友一起成长，共同发展。

总的来说，学会交往最直接有效的方式就是在交往中学会交往，千万不要把自己关在房间里，与无生命的电脑、手机为伴。来到大学之后，人际交往环境的变化对大家来说可能是一个不小的挑战，但也是一个难得的学习和锻炼的机会。要努力提高自己与人交往的能力，因为它是我们人生的助力器，是我们人生幸福的保证。

名师访谈录

相关链接

积极人生：人际关系是幸福的根本*

人际关系好的人更幸福，而幸福的人有更好的人际关系。

有人曾问彼得森："能不能用三个词把积极心理学说清楚一点儿？"

彼得森回答说："别人很重要。"（Other people matter.）

他在给我们上课时，讲过一个故事。

彼得森曾经在西点军校讲积极心理学，他让军官们做了性格优势的测试。显然，他们的优势各不相同。他让我们猜猜看，哪个优势是军官们最常见的优势。

我们纷纷猜："勇敢！""领导力！""情商！""正直！""毅力！""公平！"

彼得森微笑着等我们全部猜完，然后揭开谜底："都猜错了。西点军校的军官们，最常见的优点是——爱！"

大家一片哗然。他接着说："是的，是的，我当时也感到惊讶，但一个军官反问我，'先生，《兄弟连》您看不懂吗？'"

彼得森在《积极心理学入门》（A Primer in Positive Psychology）一书中，专门花了一章讲"积极人际关系"。他指出，进化给了人类爱与被爱的本能："婴儿柔弱无助，因而要求父母天生就要有爱心，这样婴儿才能生存。我们的祖先不仅需要吸引配偶来繁衍后代，而且需要建立起爱的纽带，保护和抚养孩子……爬行动物在刚孵出来的时候，都静悄悄的一声不吭，而哺乳动物刚生出来的时候，都会大哭大叫。从进化的角度看，这是因为如果幼小的爬行动物动静太大，父母也许会把它当食物吃了。但一只哭叫的哺乳动物——小猫、小狗、婴儿，却是在告诉父母：我需要你们的爱！这是哺乳动物和爬行动物的巨大区别。"

显然，爱不仅存在于父母、夫妻之间，广义的爱——积极的人际关系，

*摘自赵昱鲲：《消极时代的积极人生》，浙江人民出版社2012年版，第168—170页。

深深地根植在每个人的心中。除了家人之爱外,还有朋友之间的友情、乡邻之间的乡情,乃至陌生人之间的同情。这里的每一种感情,都有着强大的进化原因。换句话说,人之所以进化出爱情、亲情、友情、乡情、同情,就是因为它们能够给我们的祖先带来巨大的生存和繁衍优势。爱的基因传递到今天的每一个人身上,让我们天生就拥有渴望爱、渴望被爱的本能。

当这种本能被满足时,我们就会感到幸福。塞利格曼和"幸福博士"迪纳一起调查了一批大学生,想要弄明白幸福的人究竟是什么样的。他们的结论是:"很幸福的人有很好的人际关系。与其他人相比,他们的爱情和各种人际关系都更好。"很幸福的人在人际关系的各个方面——友情、亲情、爱情方面的得分都更高,别人对他们的人际关系的评价更好,他们也更乐于与别人在一起。

两年后,塞利格曼和迪纳总结了更多的研究,肯定了人际关系与幸福的相辅相成:人际关系好的人更幸福,而幸福的人有更好的人际关系。比如乐于助人的人更幸福,同时,如果一个人处在更幸福的状态时,他也更乐于助人。

反过来,糟糕的人际关系会使人更不幸福,甚至导致精神疾病。比如,有大量研究表明,朋友越少,心理问题越多;一个闺蜜也没有的女人不会开心;没有社交圈子的人有更多的消极情绪;还有心理学家认为,人际问题是抑郁的根本原因之一。

因此,人际关系对幸福至关重要。但是,在现代社会里,人们却越来越忽略人际关系。这一方面是因为现代社会里人的流动性越来越大,很多人都离开家乡,到远方工作,大大削弱了与家人的亲情,与故人的乡情。在平时生活中,我们也不是像祖先那样,与部落里固定的那几十个人打交道,而是要不停地应付各种不同的人,这也使我们很难维持人际关系。

但更重要的原因是,当我们忽然面对现代社会里喷涌而来的快乐机会、成就诱惑时,不由自主地就会栽进快乐和成就的陷阱,从而忽略了比幸福更重要的人际关系。也许你觉得该给父母打个电话,但今晚的电视剧实在太难以割舍；也许你的孩子很希望你能陪他去逛动物园，但你最近有个项目要忙；也许你有个老朋友需要帮助，但你想了想，觉得他对你的升官发财没什么帮助；也许你看到那些受灾的人也曾恻然心动，但你又觉得有这钱还是买个蛋糕吃吧……

就像食物中的纤维素，提供的热量虽然不多，但是对胃肠蠕动和消化系统至关重要，如果饮食中缺少蔬菜、水果，就可能会引发便秘、中风、发育不良、心脏病等多种疾病。

从进化的角度说，我们的身体离不开纤维素，正是因为在远古时期，蔬菜、水果，乃至类似的树叶、嫩草等富含纤维素的食物相对充裕，所以进化从来没担心过人类会不摄入纤维素。进化更担心的是脂肪、糖、蛋白质等高能量食物，它们往往一份能抵好几份纤维素，所以我们进化出爱甜、爱香的口味，闻见肉类、甜食就口水直流，但对于蔬菜，那就抱歉了，没兴趣。也许有些素食者出于道德、健康的考虑，更喜欢吃蔬菜，但你见过哪个孩子会置麦当劳、肯德基于不顾，直扑青菜、萝卜的？这是因为，孩子身上仍然保留着基因里的偏食天性。

这个偏食天性在远古时期运转良好。人虽然不喜欢吃蔬菜，但肉不常能吃到，那只好猛吃蔬菜来填饱肚子，这正好达到进化所期望的平衡。可到了现代社会，从肉、鱼、蛋到甜食、糖精，到处都是我们喜欢吃的东西，那蔬菜自然就被丢在一旁了。哪怕我们明知道蔬菜对健康的重要性，却还是会忍不住舍蔬菜而取鱼肉，结果就得了各种“富贵病”。所以，为了身体健康，我们就算不喜欢，也要吃一定量的蔬菜。

同样，现代人也必须从快乐和成就的陷阱中爬出来，建设积极的人际关系。幸运的是，人际关系要比纤维素“好吃”得多，并且可以促进快乐和成就。当你和家人在一起时，那是天伦之乐；当你和朋友一起投入到共同的爱好中时，你能体验到心流；而当人们都喜欢你时，你的成就会大得多。

第六篇 品味道德

作者简介

　　刘桂荣,法学博士,安徽师范大学马克思主义学院副教授,硕士生导师。主要从事思想政治教育与中国哲学的研究,在《齐鲁学刊》《江淮论坛》《安徽师范大学学报》等刊物发表学术论文10多篇,主持或参与国家社科、教育部人文社科、教育厅等项目共10项。

德国著名哲学家康德曾经说过：世界上唯有两样东西能让我们的内心受到深深的震撼，一是我们头顶浩瀚灿烂的星空，一是我们心中崇高的道德法则。康德之所以对道德如此崇拜，是因为它是维系人类共同生活的需要，是维护人类共同存在和发展的纽带，对社会的存在和人类发展有着非常重要的意义。

世人皆知，中国是礼仪之邦，讲道德几乎是中国的代名词之一。可是，近年来，特别是社会主义市场经济建设以来，人们一头扎进经济的大潮中，仿佛把中华民族文化传统中讲了几千年的道德给抛到了脑后。经济大潮的冲击深刻影响着人们的社会生活。道德滑坡、道德失范一时成为人们关注的焦点。事实上，回过头来想一想，人们才发现，我们说了几千年的道德，却并不是人人都知道道德究竟是怎么回事。对于生长在经济条件大为改善的新时期的大学生来说，出现道德意识淡薄、道德情感冷漠等现象就不足为奇了。甚至有一些同学认为，法治社会还需要道德吗？道德有用吗？当今社会竞争那么激烈，讲道德能帮我找到好工作吗？是啊，道德不能包打天下，那么道德到底有什么作用呢？

访谈实录

1. 法治社会需要道德吗

刘老师,我国正在推进法制建设,在法治社会里,道德扮演的角色是不是越来越不重要了,或者确切地说道德会不会在法治社会里退场?

道德在法治社会不可能退场。"所有的法律都是判断善恶的标准和依据,法律的规定都具有道德的意义。"①在法治社会里我们要加强道德建设,因为道德与法律都是调节人们思想行为、协调人际关系、维护社会秩序的重要手段。道德和法律虽然在调节领域、调节方式、调节目标等方面发挥的作用和方式存在很大不同,但是二者作为社会上层建筑的重要组成部分,共同服务于经济社会健康有序的发展。

目前,我国思想道德建设集中体现着精神文明建设的性质和方向,对经济社会的发展具有巨大的能动作用,为社会主义法律提供了价值准则和道义基础。为什么这样说呢?

第一,我国思想道德的价值标准是我国法律正义性与合法性的基础,为我国法律的制定提供了价值准则。第二,我国思想道德中的自由、平等、民主、公正、和谐、诚信、友善等价值观念,对于社会主义法律的制定和实施有着重要的推动作用。第三,道德能够促进人们自觉守法、维护法律权威和严格实施法律,弥补法律不健全时留下的空白,弥补法律在调整社会关系方面的不足,与社会主义法律共同促进良好社会秩序的形成。

同时,我国法律的实施为社会主义思想道德建设提供了制度保障,主要体现在:

第一,我国法律是实现国家政治、经济、文化管理及其他社会管理职能的重要手段。第二,法律的公布和实施,有力地传播和实施了社会主义思想道德。第三,当国家把社会主义思想道德的核心内容吸收在法律中

①罗国杰、宋希仁:《西方伦理思想史》(下卷),中国人民大学出版社1988年版,第94页。

转化为法律原则和法律规范的时候,实际是确认了社会主义思想道德在国家生活和社会生活中的主流地位。

对个体来说,思想道德素质和法律素质是人的基本素质,体现着人们协调各种关系、处理各种问题时所表现出的是非善恶判断能力和行为选择能力,是政治素养、道德品格和法律意识的综合体,决定着人们在日常生活中的行动目的和方向。

思想道德素质主要包括思想政治素质和道德素质。思想政治素质是人们在为实现本阶级利益而进行的精神活动和实践活动中表现出来的素养和能力。在人的各种素质中,思想政治素质是最重要的素质。道德素质是人们的道德认识和道德行为水平的综合反映,包含着一个人的道德修养和道德情操,体现着一个人的道德水平和道德风貌。法律素质是指人们学法、尊法、守法和用法的素养和能力。

总而言之,在法治社会中,道德不仅不会退场,反而为法治建设提供了有力的支撑:"一方面,对于法治社会的追求并不排斥道德调控机制作用的发挥,因为法治社会并非是简单片面地追求'依律而行'以及'依法而治',如果制定的法律因为缺乏基本的道德内涵以及人文关怀,那么社会大众必然会缺乏对之遵行的基本动力。另一方面,道德也不可能全然处于次要的位置,法律调控的有限性必然使得道德的调整以及伦理约束在人类生活的各个领域广泛而客观地存在。"①

2. 什么是道德

刘老师,道德既然在法治社会里不会退场,在现实生活中,道德也如同氧气一样,几乎无处不在,那道德到底是什么?

从词源学来看,在西方古代文化中,"道德"一词最早来源于拉丁语的"moralis",本意是风俗习惯、性格,后逐步引申为原则规范、行为品质、善恶评价等方面的意思;在中国古代文化中,道德的语义学解析:"道"即道路,引申规律或社会行为的准则、规矩、规范。"德"的本义和"获得"相同,

① 钱颖萍:《论道德对法治文化的支撑作用》,《求索》,2015年第1期。

许慎说:"德,外得于人,内得于己也。""道德"二字最早是由荀子提出的,"故学至乎礼而止矣,夫是之谓道德之极"(《荀子·劝学》)。

今天我们所说的道德是属于上层建筑的范畴,是一种特殊的社会意识形式,它是以善恶为评价方式,主要依靠社会舆论、传统习俗和人们的内心信念,是发挥作用的行为规范的总和。仔细分析一下,我们可以看出,道德的含义中包含这样几点内容:

第一,道德的本质特征是经济基础决定的特殊的社会意识形态。这就是说,经济基础对道德有决定作用,具体表现在:社会经济关系的性质直接决定各种道德体系的性质,有什么样的社会生产关系,就有什么样的社会道德;社会经济关系所表现出来的物质利益,直接决定着道德的基本原则和规范;在阶级社会中,人们在同一经济结构中的不同的地位和利益,也决定着各种道德体系的阶级属性、社会地位和彼此之间的矛盾斗争;社会经济关系的变化和发展,决定道德的变化和发展。但道德不是任由经济基础的宰割,而是以能动的方式来把握世界,引导和规范人们的社会实践活动。道德对经济基础的反作用体现在:道德能够促进或延缓经济基础的巩固和发展,道德能够保护或破坏一定阶级的政治统治,道德能够促进或阻碍社会生产力的发展。

第二,道德的作用形式是社会舆论、传统习俗、内心信念。人的内心信念也就是人的良心是道德作用的主要形式。比如,一个人偷了别人的东西,常常会受到自己良心的拷问,这就是内心信念在起作用。法国的思想家卢梭曾经说:"良心啊良心,你是圣洁的本能,永不消逝的天国的声音。是你在妥妥当当地引导一个虽然是蒙昧无知,然而却聪明和自由的人,是你在不差不错地判断善恶,使人形同上帝! 是你使人的天性善良和行为合乎道德。没有你,我就感觉不到我身上有任何优于禽兽的地方;没有你,我就只能按我没有条理的见解和没有准则的理智可悲地做一桩又一桩错事。"①另外,社会舆论和传统习俗也是道德发挥作用的重要形式。当然,道德绝不是万能的,它的作用范围有限。比如,某人杀人劫财,如果

---

① [法]卢梭:《爱弥儿》,李平沤译,商务印书馆2003年版,第417页。

不靠法律的强制手段加以制裁,仅仅凭借道德舆论的压力,让其承受良心的谴责,不仅起不到惩戒预防作用,甚至可能放纵犯罪,导致混乱。

第三,道德的作用方式是对人们进行善恶评价。善恶评价不仅是道德自省的过程,也是不同道德观念的对话和协商的过程。它引导人们认识正当的、合理的行为应该是什么样,通过评价活动达成基本一致的道德规范。道德评价是改造旧的道德规范的认识依据和动力,它对新的道德规范的构建有重要的意义和价值。在评价活动中,道德评价主体不仅是借助于评价标准评价、检验对象,同时也会验证所用评价标准是否具有准确性与合理性。道德的善恶评价使道德具有调节功能,表现为通过评价、命令、指导、激励、惩罚等方式来调节、规范人们的行为,调节社会关系。对于我们同学们来说,道德调节功能主要运用于同学关系处理上。例如,同住一个寝室的同学,兴趣爱好、生活习惯差异往往很大,相互之间产生矛盾在所难免,如果大家具有较高的道德境界,能够相互体谅,相互尊重,矛盾冲突就会减少;如果大家道德意识淡漠,斤斤计较,就会矛盾重重,关系难以融洽。

第四,道德的存在形式是心理意识、原则规范、行为活动。道德作为一种社会意识,它不仅是行为规范,更是人类的实践精神,是人类把握世界的一种特殊方式。道德作为一种心理意识,它包括道德认知、道德情感和道德意识。道德意识规约着人们的道德行为。恩格斯曾经说:"使人们行动起来的一切,都必然要经过他们的头脑。"[1]

===3. 我们的道德与西方道德有什么不同===

刘老师,您刚才说"道德的本质特征是经济基础决定的特殊的社会意识形态",那我们为什么还要继承和弘扬传统的道德呢? 再说我们传统的道德核心是培养谦谦君子,而西方的道德培养的是进取精神,在这充满竞争的社会里,谦谦君子已经不能适应社会的发展了,所以,我们要弘扬的话,也应该是西方道德。

---

[1]《马克思恩格斯选集》第4卷,人民出版社1995年版,第249页。

我并不否认一个国家或民族的文化发展和道德进步,离不开对其他民族优秀文明成果的吸收。一种文化与异质文化的交流和碰撞、冲突和融合,是保持其生命力、实现自我更新和发展的重要方式,西方历代思想家对道德教育和修养等方面进行的有益探讨,为我们今天的道德建设与人们的道德修养提供了有益的借鉴。但在对待其他民族或国家的道德文明成果的问题上,要坚持马克思主义的立场、观点和方法,坚持"以我为主、为我所用",既要反对全盘西化、机械照搬,又要反对全盘否定、盲目排外,在批判的基础上加以借鉴、吸收。为什么要这样做呢?

就民族自身发展来看,一个民族要想发展,必须要保持该民族自己的特色。每个民族都有区别于其他民族的个性特征,这包括许多方面,诸如民族的精神、心理、感情、气质、性格、语言、习惯、风俗、理想、传统以及生活方式等。

就中西道德教育来看,我们的道德教育与西方道德教育差异性非常大,我们的道德教育更符合人类社会发展要求,我为什么这么说呢? 我的理由有:

第一,中国道德教育目的是培养理想人格,西方道德教育是培养公民意识。由于道德教育的目的不同,道德教育的方式也不同。中国道德教育强调德性至上,在道德素质培养和知识能力培养问题上,中国强调德教为先。在衡量人才的标准上,道德素质是决定性指标。而西方道德教育则注重知识对于道德的促进作用,他们不仅将自然科学知识的教育纳入道德教育体系中,更把对自然科学知识的学习看作道德养成的一种重要手段,希望通过智育促进德育。这种以智育促进德育的教育模式,其结果可能会造成德育教育边缘化,以及智育教育至上性的危险。

第二,中国道德教育原则强调整体利益、国家利益和民族利益至上,强调个人对社会、民族、国家的责任意识和奉献精神。公私之辨是中国传统道德发展的一条主线,在公私之辨中,"公义胜私欲"是道德的根本原则和主导性观念,"公义"即克己奉公被视为最高的道德标准。这种道德观念在历史典籍中很多。早在两千年前的《诗经》中就提出了"夙夜在公"的道德要求,认为日夜为公家办事是一种高尚的道德品格。《尚书》中提出了"以公灭私,民其允怀"的思想,认为为官者只有除去灭掉自己的私欲,才能赢得民心。还有像汉代贾谊所说的"国而忘家,公而忘私",宋代范仲淹提出的"先天下之忧而忧,后天下之乐而乐"等,都表达了在"义""利"冲突时,要"义以为上""先义后利""见利思义""义然后取",极力反对"重利轻义""见利忘义"。这些思想在我们民族的历史发展过程中曾经发挥了积极而重要的作用。今天我们再来看这些道德观念,它对于当前提高我国公民尤其是国家公务人员的道德水平,仍有非常重要的意义。

西方的道德教育遵循功利主义的道德原则,强调个人利益的实现是道德教育的基础,作为理性的人在自由竞争中应完善个人的人格。因此,西方人特别推崇"知识就是力量",认为对知识的追求和获取是最高尚、最具有道德价值的活动,人最伟大的莫过于发现新的技术、新的才能和以改善人类生活为目的的物品。

第三,中西道德发展方向不同。我国道德建设的核心和方向是为人民服务,并根据不同的利益群体和不同觉悟的人,将为人民服务做了多个层次的要求。毫不利己、专门利人、无私奉献是为人民服务;顾全大局、先公后私、爱岗敬业、办事公道是为人民服务;相互关心、相互爱护、相互帮助是为人民服务;热心公益、助人为乐、见义勇为、帮残助残是为人民服务;遵纪守法、诚实劳动并获取正当的个人利益,也是为人民服务。这就是说,我们在社会道德生活中,不管从事什么职业、处于何种岗位,也不论能力大小、职位高低,都要符合为人民服务这一道德发展方向。

西方道德教育遵循功利主义原则,其价值取向是以追求个人私利为目的,这势必会造成对人的社会属性的漠视。当然,西方的道德教育的确有它的优点。例如,对科学的追求锻造了人们坚毅、拼搏、进取的精神,也就是你刚才说的进取精神,它不仅展现了个人独立性,还能激发个体去思考、关心与专业有关的道德伦理问题,通过这种主动的探求去接受社会的价值观念。但以功利主义为道德原则的道德教育负面影响也是非常大的,功利主义将道德与幸福混淆不分,又把幸福的实现建立在主观感觉快乐的基础上,其视角非常狭隘,极易走向享乐主义;功利主义把个人的主观快乐作为实现幸福的评判依据和手段,忽视道德自身的客观存在性及崇高理想性。尽管功利主义也提倡追求最大多数人的最大幸福,却没有对其作出明确的解释,这导致了社会分配不公等问题的发生,从而加剧了功利与社会公平的矛盾与冲突。所以总体来看,功利主义加大了对社会的负面效应。

在经济全球化背景下,社会主义道德建设,只有通过继承和弘扬民族的优良道德传统,提高文化自信,才能增强民族责任感和自豪感。也只有这样,才能丰富道德体系的内容,更新道德建设的形式,彰显道德建设的民族特色和魅力,最终坚守住我们的文化阵地,使道德建设扎根历史,适应时代,贴近国情,深入人心。

4. 我们为什么要批判继承传统道德

刘老师,我们传统道德既然那么好,回到传统不是很好吗,为什么还批判地继承呢?

我们民族的传统道德是一个矛盾体,它常常是精华与糟粕并存、瑕玉并现、积极与消极共在的复合体系。张岱年曾经说过:"文化传统具有两个方面的意义和作用,一方面它是一种精神财富,是继续前进的基础;一方面它是一种沉重的包袱,是前进的障碍。这就要进行分析。必须注意的情况是:传统文化中积极的贡献常常是难以理解、不易掌握,而易于丧失、忘却;传统文化中消极的阻碍进步的东西却不易克服、不易摆脱。优秀传统不易保持,而沉重的包袱却难以甩掉。如果不区分精华与糟粕,对于传统文化全盘否定,其结果是精华被否定了,而糟粕却依然如旧,或且变本加厉。"[①]因此,学习借鉴传统道德,必须坚持以历史唯物主义为指导,辩证地分析,批判地继承,取其精华,去其糟粕。"批判继承"是一个总的原则,即强调继承是在历史唯物主义的理论指导下,有批判、有选择、有目的地继承。如忠孝,古代的忠孝是为帝王服务的,统治者提倡为国尽忠。普

---

① 张岱年:《文化与哲学》,中国人民大学出版社2006年版,第312页。

天之下，莫非王土，报国尽忠就是忠于君王。今天，我们应当去除"君让臣死，臣不得不死；父叫子亡，子不得不亡"的愚忠愚孝思想，同时要鼓励和提倡忠于祖国、报效祖国的崇高志向和孝敬父母、尊敬师长的传统美德。

正确对待中华民族传统道德，首先要反对两种错误观点，即要反对历史虚无主义和全盘复古论两种错误思潮。文化复古主义者认为，中国目前之所以出现"道德滑坡"现象，是因为传统文化特别是儒家文化传统的失落。所以，道德建设的最终目标就是要恢复我国"固有文化"，形成以传统文化为主体的道德体系，并通过这种传统道德的复兴，中止和取代近代以来的科学发展模式和民主社会制度。历史虚无主义者认为，中国传统道德从整体上来说在今天已经失去了价值和意义，不能满足我国现代化建设的需要，必须从整体上予以全盘否定。这两种思潮都是要不得的，因为它们都割裂了人类道德传承与创新辩证统一的关系，违背了马克思主义的历史唯物主义原则，对继承和弘扬中华传统道德文明和当前中国的社会主义道德建设都具有严重的消极影响。文化复古论对传统道德中的精华和糟粕缺乏科学甄别，刻意拔高传统道德尤其是儒家传统道德。文化虚无论对传统道德不加分析地全盘否定，带有"全盘西化"的企图。因此，这两种观点我们都应当旗帜鲜明地抵制和反对。

其次，对待传统文化要坚持"四个"有利于的标准。"四个"有利于的标准，即是否有利于推动中国特色社会主义事业，是否有利于建设和形成有中国特色社会主义的道德体系，是否有利于维护广大人民群众的根本利益，是否有利于培养社会主义"四有"新人的标准。坚持"四个"有利于标准是对传统文化做好取舍和创造性转化工作的关键。

5. 经济繁荣与道德进步在市场经济中可以两全吗

刘老师，您说我国道德教育优越于西方，可您知道"三鹿奶粉""地沟油""染色馒头"等事件吧，这是不是可以说明经济繁荣与道德进步在市场经济中不可以两全？

近几年来，在我国经济发展的同时，泥沙俱下，社会上也出现了不少悖德现象，"三鹿奶粉""地沟油""染色馒头"等生产经营者诚信缺失、唯利是图；周永康、徐才厚等为政不廉、贪污腐化、受贿堕落；一些公德领域见义不为、见死不救、行为失范；还有社会上享乐主义、拜金主义日益滋长，传媒低俗媚俗之风日益盛行，甚至还有卖淫、嫖娼、吸毒、赌博等沉渣泛起。面对种种悖德现象，许多人不禁忧叹"世风日下，人心不古"，感叹"经济发展了，道德下来了"，甚至惊叹"我们的道德崩溃了"。

的确，消极道德现象的出现是社会转型带来的阵痛，早在一个世纪前法国著名的社会学家涂尔干也说过："道德……正在经历着骇人听闻的危机和磨难。……转眼之间，我们的社会结构竟然发生了如此深刻的变化。……其速度之快、比例之大在历史上也是绝无仅有的。与这种社会类型相适应的道德逐渐丧失了自己的影响力，而新的道德还没有迅速成长起来，我们的意识最终留下了一片空白，我们的信仰也陷入了混乱状态。"①我们的道德也是如此吗？

违背经济必然性要求的道德是不合时宜的道德，只是简单地适应经济基础的道德也未必是社会主义所要求的道德。作为社会主义道德，除了肯定经济行为的合理性外，还要对经济领域给人们带来的冲突和问题进行批判和矫正。用发展的眼光来考量，我们发现经济的发展与道德的进步是并行不悖的。随着改革开放的逐渐深入，我们的经济增长突飞猛进，我们的道德也发生了很大变化，与封建社会的道德相比，我们在人格上赢得了自由、平等和独立，人的价值得以实现；从理性和纵深层面来审视我国的道德现状，并非真如某些人担忧的那样混乱不堪、漆黑一片，似乎濒临崩溃的边缘。因此，我们不能简单地认为道德滑坡了，更不能说社会主义市场经济抑制道德的发展，或者说崇尚道德就不能搞市场经济。

---

① [法]埃米尔·涂尔干：《社会分工论》，渠东译，生活·读书·新知三联书店2000年版，第366页。

刘老师,这些年我们常听到一些关于道德滑坡的案例,让人感到市场经济的发展与道德进步格格不入。我想请教您,我国的社会主义市场经济与道德进步到底有什么关系?

社会主义市场经济发展与社会主义道德建设是同步进行的,它们之间存在紧密的关系:

第一,社会主义市场经济的发展涵盖着社会主义道德的进步。社会主义市场经济是一种法制经济,它的法律规范是保证其健康发展的重要手段;社会主义市场经济还是一种道德经济,它需要有道德规范,只有以道德作为基石,才能真正地保证其健康发展。我们无法想象,在社会主义市场经济条件下,如果没有一定的道德观念和道德准则规范人际关系和经济关系,其结果是怎样的。

社会主义市场经济是社会主义条件下的市场经济。作为市场经济,它本身同资本主义条件下的市场经济在运行规则和模式上有相通之处,现代市场经济的共同属性和一般规律,是我国社会主义市场经济必须遵循的。考察一下市场经济的发展历程,我们会发现萌芽时期的资本主义市场经济与当代发达的资本主义市场经济的道德水平差距非常大。早期市场经济的骗人伎俩和欺诈手段,进入现代的大市场后自然被淘汰。当代市场经济的道德要求主要表现在以下四个方面:自由平等公平竞争的原则、诚信经营的原则、利己与利他统一的原则和勇于创新的精神。市场经济的核心机制是竞争,通过竞争来实现优胜劣汰,从而最终实现资源的优化配置。但这种竞争不是无序的,而是有规则、有道德要求的。它是一种自由平等和公平的竞争,也就是说,每一个人都可以参与市场竞争,并且地位是平等的,正如马克思所说:"商品是天生的平等派。"因为商品使人们摆脱了小农经济、地域、血缘和行政命令的束缚,从而极大地调动了人们的积极性。

随着社会主义市场经济的不断发展,我们的道德也在不断进步,主要

第六篇 品味道德

表现在:道德对于促进社会和谐与人的全面发展的作用越来越大;道德调控的范围越来越广;道德调控的手段或方式不断丰富、完善;道德的发展和进步成为衡量社会文明程度的重要尺度。社会主义和共产主义道德,作为人类道德发展的必然产物和最高成就,对人类社会的发展进步发挥着重要的导向作用。

我国的社会主义市场经济对社会主义道德建设提出了更高的要求,它需要坚持公民承担社会责任与社会尊重个人合法权益相一致,先进性要求和广泛性要求相结合。目前,我国处在社会主义初级阶段,我国的经济制度是以公有制为主体、多种所有制经济共同发展,我们的社会主义道德建设必须建立在基本的经济制度上,并要反映基本经济制度的要求,为坚持和完善这一基本经济制度服务。这意味着实行社会主义市场经济体制,以市场为配置资源的基本性手段的经济运行机制,对社会主义道德建设提出了新要求,那就是社会主义道德既要充分地促进市场经济的正面作用,又能抑制它的负面作用,为社会主义市场经济体制的建立和完善提供道德价值导向的重要功能。

第二,社会主义道德进步促进了社会主义市场经济的发展。实践证明,发展社会主义市场经济有利于解放和发展社会主义社会的生产力,增强社会主义国家的综合实力,提高人民的生活水平,也有利于增强人民的自立意识、竞争意识、效益意识、民主法制意识和开拓创新意识,调动人民的积极性和创造性,推动社会的道德进步。而社会主义市场经济的发展离不开社会主义先进文化和社会主义道德体系。加快社会主义道德文化建设,有利于保证市场经济沿着社会主义轨道有序健康地发展。将社会主义市场经济同社会主义基本制度和社会主义精神文明建设结合在一起,着力培育与社会主义市场经济相适应的道德观念,为社会主义市场经济的发展提供良好的道德环境和有力的道义支撑。

要想处理好社会道德进步与社会主义市场经济之间的关系,必须要正确处理竞争与协作、自主与监督、效率与公平、先富与共富、经济效益与社会效益等关系。既要勇于竞争,又要有序竞争;既要反对平均主义,又要防止收入悬殊；既要注重经济效益，又要重视社会效益。要正确认识和运用物质利益原则，树立正确的义利观。既要鼓励人们通过诚实劳动、合法经营去获得正当的个人利益，又要大张旗鼓地褒扬见利思义、见德思义的言行，形成把国家和人民利益放在首位，而又充分尊重公民个人合法利益的社会主义义利观。要正确发挥社会主义道德对市场经济的价值导向作用，形成和完善与社会主义市场经济相适应的道德规范，发挥市场经济的积极效应，避免市场经济的消极效应，坚决反对拜金主义、享乐主义、极端个人主义，坚决纠正以权谋私、造假欺诈、见利忘义、损人利己的歪风邪气，促进和保障社会主义市场经济体制健康发展。

总之，"中国社会主义市场经济体制确立的过程也是一个逐步走向开放的过程，不仅仅是空间的开放，而且是精神生活的开放，心态的开放。随着开放的全方位、多层次和宽领域的发展，各种思潮涌入中国，原来建立在计划经济基础上的思想的高度同质化、封闭化的状况不复存在，人们以开放的胸襟接受各种新生事物。"①这就是说，我们一方面以开放的心态接受市场经济，另一方面我们在接受的过程中要保持中国本色，那就是在发展经济的同时，也要关注道德的进步和人们精神境界的提升。其实，经济的发展和道德的进步本身并不矛盾。因为，要想成为竞争激烈的市场赢家，仅靠打价格战是不行的，只有坚持诚实守信和利己与利他相统一的原则，树立良好的企业形象，才能赢得消费者的信赖。在市场竞争中，"金杯银杯不如消费者的口碑"，创新是企业发展的动力，信誉是企业的无形资产。

7. 讲道德能帮我找到好工作吗

刘老师，您说企业要想赢得消费者信赖，必须要讲道德，这我信。可摆在我们面前的一个问题是，讲道德并不能帮我找到好工作。您怎么看？

你说出了许多同学的心声，表面上，你说得很对，我讲两个故事给你听。

---

① 王丽英：《社会主义市场经济完善过程中人文精神的构建》，《学术交流》，2005年第5期。

故事一：一位在德国留学的中国学生，学习非常用功，各科成绩均为A，能力也非常强，照说这是一个求之不得的人才，但求职时却处处受挫。在经历了多次失败后，他非常生气，有一次他怒气冲冲地冲到主持面试的人事部门经理面前，质问他："难道你们跨国公司有种族歧视吗？"经理微笑道："怎么可能呢？"留学生说："那个韩国人是我的同学，他的学业成绩远没有我好，你们都把他录用了，这不是种族歧视还是什么呢？"经理笑着说："你真想知道不被录用的答案吗？"那位留学生毫不客气地说："当然，我希望得到你的解释。"经理认真地说："我们非常欣赏你的学业，我们确实也需要像你这样专业优秀的人员派驻到亚太地区，你的背景和条件是我们无可挑剔的！但是，你四年求学当中，有过两次乘坐地铁逃票的记录，因此我们不能录用你。"那位留学生诧异地问："真就为这点小事你们拒绝我吗？"经理严肃地说："这不是小事，这是一个人的道德素养问题！你不守法则，发现法则当中的漏洞后，你恶意使用法则。你有两次逃票的记录，但我敢断定，你肯定有千百次逃票经历！我们公司为降低派出机构的成本，同时也是为提高效率，尽量不设置监督人员，假如你钻我们的管理纰漏，我们是没办法防止的。因此，我们对人员聘用，首先要考虑的是诚信问题。"

故事二：有一位老锁匠技艺超群，可惜年事已高，为了不让技艺失传，他准备把手艺传给徒弟。甲、乙两人都非常聪明，老锁匠没办法取舍，最后决定用一场考试来决定继承人。考试内容就是让两个徒弟去开两个相同的保险柜，谁用的时间最短很可能得到老锁匠的真传。徒弟甲很快地打开了保险柜，乙也在较短时间内打开了，但似乎略逊于甲。老锁匠没有马上表态，不经意地问两个徒弟："保险柜里面有什么？"徒弟甲十分兴奋地说："里面全是一百元一张的钞票。"徒弟乙支吾了半天，才木讷地说："你只让我开锁，所以没有看里面有什么。"结果，老锁匠让徒弟乙做了继承人。老锁匠说："我收徒弟就是想把他培养成一个超群的锁匠，所以他必须做到心中有锁而无其他，不然心有私念就会起贪心。因为登门入室对锁匠而言易如反掌，如果以此为获利捷径，违法犯罪，最终害人害己。

我们修锁的人,心上要有一把不能打开的锁。"

我想你听了这两个故事后,应该知道讲道德与找工作之间其实也存在着密切的关系。更何况,从个人来看,道德是提高人的精神境界、推动人的自我完善、推动人的全面发展的内在动力。

人不是低等动物,也不是机器,因此,一个人仅仅具有知识和能力是不行的,正如爱因斯坦所批评的那样,一个仅有专业知识的人和一只受过良好训练的狗是没有区别的。道德素质的培养比专业知识的学习更为重要,只有具备了高尚的道德品格,才能提高做人的境界;只有具备了完善成熟的人格,才能担当起对家庭和社会的责任。培育一个人的知性但没有培育他的德性,等于是给社会创造了一个威胁性的存在。因此,道德对提高人的综合素养,促进人自由全面的发展具有重要的作用。

目前,有的大学生就业时急功近利、诚信缺失,这给用人单位带来了一些不良后果,也使得用人单位在招聘时非常关注应聘者的道德水平。职业道德、诚实守信等素养越来越受到社会的广泛关注。诚实即真实无欺,既不自欺,也不欺人;守信就是信守诺言,讲信誉,守信用。诚信的积极意义在于:

第一,诚信是大学生立身处世的根本准则。诚信是大学生人际交往中要坚持的原则,更是大学生品格养成中要坚持的方向。它要求大学生在品格养成的过程中坚持认真求实、言行一致,做到尊规重约、表里如一,杜绝弄虚作假、恶意欺骗。诚实守信对大学生来说,既是一种行为规范,又是一种道德要求,还是一种价值评价的标准。这包含着三层含义:其一,诚信是社会通过制度规范的一种行为要求,是大学生做人做事必须遵守的行为准则。其二,诚信是一种伦理精神和价值取向,它引导大学生追求善的人生态度和美的精神境界,是提高大学生精神境界的内在要求。其三,诚信是评判大学生品行好坏、能否值得信赖的评价标准。在社会交往中,它是衡量个人能否获得认同和持续性交往合作的重要尺度。因此,诚信涵盖着行为规范、伦理精神及人格品质评价等多层次要求。

第二,诚信是大学生树立理想信念的基础。一个没有良好诚信品德的人,不可能有坚定的理想信念。一个平时不讲诚信的人,在关键时刻不可能为崇高的理想信念作出牺牲。大学生只有养成诚实守信的道德品质,才能真正忠诚于国家和民族的事业,牢固确立在中国共产党领导下走中国特色社会主义道路,为实现中华民族伟大复兴终生奋斗的理想信念。诚信是大学生全面发展的前提。大学生只有以诚实守信为基础,加强思想道德修养,讲诚信、讲道德,言必信、行必果,诚心做事、诚实做人,言行一致、表里如一,自觉端正态度,坚守道德规范,才能不断提高思想道德素质,实现全面发展。

第三,诚信是大学生进入社会的"通行证"。以诚信作为品格修养的方向,是大学生完善健康人格和追求高尚道德情操的内在要求,是迈向社会的必要准备,是进入社会的"通行证"。大学生在短暂而宝贵的大学生活中,不仅要汲取知识、掌握技能,更要提升自我和完善人格。这意味着大学生不仅要努力学习知识,而且要学会做人。对大学生进行诚信教育,有利于帮助他们认识社会、走向社会,并能很好地融入、适应社会;对大学生进行诚信教育,有利于帮助他们进一步了解社会、客观公正地评价社会,进而帮助他们准确地规划和设计自己的人生;对大学生进行诚信教育,是社会主义市场经济发展的基本要求,社会主义市场经济正常运行需要每个人诚实守信、遵守契约;对大学生进行诚信教育,是社会主义民主法制建设的需要。社会主义民主发展需要社会成员遵纪守法、相互信任,大学生作为推动社会主义民主发展的后备主力军,他们是否诚实守信,关系到社会主义建设事业的成败。

8. 讲道德能让我成为一个受欢迎的人吗

刘老师,您讲到社会交往问题,我就非常烦恼,我从小都没有知心朋友,我一直想有个知心朋友,也想做一个让人喜欢的人。那讲道德能让我成为一个受欢迎的人吗?

想交知心朋友,这是人类共有的心理倾向。美国著名心理学家马斯洛认为:人是群居动物,人需要归属感,渴望成为群体中的一员;人又是有感情、有理性的高级动物,希望和同事们保持友谊,希望得到信任和友爱。怎样才能得到他人的信任? 我认为诚信是维系良好人际关系的重要纽带,不断地提高个人的道德修养,才能做到让人喜欢、受人欢迎。提高个人修养的基本途径主要有:

一要努力做到知行合一。坚持修养的实践性,力求做到知行合一,是人生修养的真谛之所在。实践是人生修养的现实基础,没有实践,也就无所谓修养的效果。蔡元培曾经说过:"道德不是记熟几句格言,就可以了事,要重在实行。"品格养成需要积极参加实践,脱离实践的修养是盲目的,是徒劳的;实践是人生修养的试金石,离开了实践,任何美妙的修养方法都不可能培养出优秀的品格和高尚的人格。只有说到做到、知行合一,修养才有不断升华的基础。只说不做或者言行不一,本身就是违反道德的行为。

有句话说得好,不经风雨,难成大树;不受百炼,难成好钢。作为当代大学生,要想使自己的品格优秀,意志坚强,更快、更好地实现自己的人生目标和理想,就必须选择一条正确的道路。而这条道路就是投身实践,在实践中锻炼成长。

二要努力做到自律自省。自律是指在无他人现场监督的情况下,通过约束自己一言一行,化被动为主动,自觉地遵守礼仪法度。自律最初是由康德提出的,与他律构成一对伦理范畴。在康德看来,自律是道德主体的一个基本素质和要求,它是由主体的理性和良心,而不是外在的道德权威和道德力量来制定的伦理原则,因此它是为追求道德本身的目的制定的伦理原则。自律需要人的理性、信念等作为行为选择的驱动力和约束力,自律强调尊重人的主体性,强调自主、自治以及自我教育,它具有很强的自主性、自觉性、自教性、内控性等特征。对我们年轻人来说,自律需要道德主体依靠自我良知去自觉、自愿地把握、检验和校正自己,确保自己的言行符合社会道德标准和规范,将外在的道德要求转化为自我内在良好的自主行动,使其符合社会道德标准和规范。将自律作为道德品格修养的途径,意味着我们在履行职责时,会自觉地形成一种对社会和他人强烈的责任意识。在这种责任担当的道德实践中,增强对自我行为和品格进行善恶评价的能力。

自律的核心就是严格要求自己,经常躬身自省。自省是指从思想意识、情感态度、言论行动等方面去深刻认识自己、解剖自己,从而发现和找出自己身心及行为中让人不喜欢的元素,并及时抑制和克服,提高自己遵守道德准则和规范的自觉性。曾子曾经说过:"吾日三省吾身:为人谋而不忠乎? 与朋友交而不信乎? 传不习乎?"(《论语·学而》)也就是说,通过自省反观自身的精神活动,通过自省,深刻反思自己的举止言行、待人接物、为人处世的种种表现,进而作出自我评价,进行自我批评,控制自我行为,达到自我完善。苏霍姆林斯基曾经说,一个人如果能进行自省,且能够面对自己的良心进行自白,这就是精神生活中的最高境界。

三要努力做到慎独慎思。"慎独"作为一种道德修养的方法,强调的是道德主体内心信念的作用,体现了严格要求自己的道德自律的精神。如果说,自省还是通过外在规范来约束个体行为的话,那么,"慎独"则是依靠主体的道德自觉来达到目标。所谓"慎独"是指在独自活动无人监管的情况下,主体凭着高度自觉,按照一定的道德规范和准则行动,而绝不做任何违反道德信念和做人原则的事情。如果说自省是一种自律进取精神的话,那么慎独则是一种理性的自律,是一种崇高的人生境界。

"慎独"的前提是"慎思",我们的品格养成离不开"慎思"。"思"不是胡思乱想,而是要在学习、工作、做事、做人的实践中,经常开动脑筋,勤于思考,慎于思考。在中国传统文化中,"慎独"作为一种修身之法,其要义便是主体自我品格提升的方法,以"慎思"为品格养成要旨。古人说:"诚之者,择善而固执之者也。"(《中庸》)虚心学习,积极思考,辨别善恶,身体力行,才能涵养良好的德性。一般来说,个体道德的培养离不开道德规范的学习,不学习,便不懂得为人的规矩,也就不懂得善恶是非。因而道德学习构成了我们修身的基础。孔子曾经说过:"好仁不好学,其蔽也愚;好知不好学,其蔽也荡;好信不好学,其蔽也贼;好直不好学,其蔽也绞;好勇不好学,其蔽也乱;好刚不好学,其蔽也狂。"(《论语·阳货》)可见道德学习非常重要。不过,光学习不思考是不行的,"学而不思则罔"。在学习道德知识基础上,通过自己的慎思,才能达至"极高明而道中庸"的君子境界。因此,积极有效的道德修养,需要慎独慎思,需要"视思明,听思聪,色思温,貌思恭,言思忠,事思敬,疑思问,忿思难,见得思义"(《论语·季氏》)。

总之,我们大学生正处在一个转型期的五彩斑斓、纷繁复杂的社会环境中,生活方式多样,价值取向多元,各种思潮良莠并存,各种诱惑易侵蚀我们的思想和肌体,在这种背景下,我们要自觉地将道德要求转化为主体道德品质,做一个让社会接纳、受欢迎的人。

■相关链接

名人名言

古之欲明明德于天下者,先治其国;欲治其国者,先齐其家;欲齐其家者,先修其身;欲修其身者,先正其心;欲正其心者,先诚其意;欲诚其意者,先致其知;致知在格物。

——《礼记·大学》

德之不修,学之不讲,闻义不能徙,不善不能改,是吾忧也。

——孔丘

君子之守,修其身而天下平。

——孟子

善气迎人,亲如弟兄;恶气迎人,害于戈兵。

——管仲

夫君子之行,静以修身,俭以养德,非淡泊无以明志,非宁静无以致远。

——诸葛亮

历览前贤国与家,成由勤俭破由奢。

——李商隐

日省其身,有则改之,无则加勉。

——朱熹

谦虚使人进步,骄傲使人落后。我们应当永远记住这个真理。

——毛泽东

不是不能见义,怕的是见义而不勇为。

——谢觉哉

自觉心是进步之母,自贱心是堕落之源,故自觉心不可无,自贱心不可有。

——邹韬奋

说谎话的人所得到的,就是即使说了真话也没有人相信。

——伊索

应该热心地致力于照道德行事,而不要空谈道德。

——德谟克利特

对于事实问题的健全的判断是一切德行的真正基础。

——夸美纽斯

把"德性"教给你们的孩子:使人幸福的是德性而非金钱。这是我的经验之谈。在患难中支持我的是道德,使我不曾自杀的,除了艺术以外也是道德。

——贝多芬

礼貌经常可以替代最高贵的感情。

——梅里美

良心是由人的知识和全部生活方式来决定的。

——马克思

没有伟大的品格,就没有伟大的人,甚至也没有伟大的艺术家,伟大的行动者。

——罗曼·罗兰

人人可以注意到,过着不道德生活的人比旁人更缺少不了使自己昏迷的药物;强盗或小偷,赌徒与妓女没有麻醉品是不能生活的。

——托尔斯泰

在我们的社会中，劳动不仅是经济的范畴，而且是道德的范畴。劳动最大的益处还在于道德和精神上的发展。

——马卡连柯

作为一个人，对父母要尊敬，对子女要慈爱，对穷亲戚要慷慨，对一切人要有礼貌。

——罗素

第六篇　品味道德

第七篇　守望愛情

作者简介

陈绪林,法学硕士,安徽机电职业技术学院副教授,中国人民大学访问学者,曾在清华大学、美国加州州立大学长滩分校进修学习。主要从事思想政治教育理论与实践研究。在《中国高教研究》《高校辅导员学刊》等刊物发表论文10余篇,出版专著1部。主持安徽省高等教育振兴计划思想政治教育综合改革计划弘扬核心价值观名师工作室之"形势与政策"课名师工作室项目、省人文社科重点项目各1项,省级一般项目3项。曾获安徽省教学成果三等奖2项。

培根说:"当人心最软弱的时候,爱情最容易入侵,那就是当人春风得意、忘乎所以和处境窘困孤独凄零的时候,虽然在后一情境中不易得到爱情。人在这样的时候最急于跳入爱情的火焰中。"这或许就是人们总希望在大学时代得到美好爱情的缘故之一吧。青春年少,春风得意,如果还有爱情的陪伴,这是一种多么美好的人生。

　　可事实却是,大学时代的爱情并非都是美好的。大学生在告别单身的同时,还要面对自身的学业、家庭的关怀、身边的议论、就业的压力等问题,没有一个问题可以让他们毫无顾忌地置身于爱情中。爱情故事,开头很容易,过程却不好写。

　　爱情是一个古老而又常新的人生话题,是人生一道亮丽的风景线。从恋爱到缔结婚姻,是人生需要经历的阶段。大学生只有树立正确的恋爱观和婚姻观,遵守相关的道德和法律规范,处理好复杂的感情和人际关系,才有利于自己的健康成长、顺利成才。

访谈实录

1. 男女之间有友谊吗

陈老师,小的时候男孩和女孩交往一点障碍也没有,可长大过后,反而感觉不那么自然了。甚至一和女孩交往,就有人说三道四。难道男女之间不存在友谊吗?

在回答这个问题之前,我们首先要了解什么是友谊和爱情。友谊是人们在交往活动中产生的一种特殊情感,是一种来自双向(或交互)关系的情感,即双方共同凝结的情感,任何单方面的示好,不能称为友谊。爱情则是一对男女基于一定的社会基础和共同的生活理想在各自内心形成的相互倾慕,并渴望对方成为自己终身伴侣的强烈的、纯真的、专一的感情。

通常情况下,大家都对同性朋友关系习以为常。很多人不相信男女之间有真正的友情,是因为这种感情不好把握,一开始的时候往往以朋友相处,但随着交往的深入,有时候就会不由自主地暧昧起来,以至于越界。我们可以从几个不同时期来分析。婚前男女间的友谊很有可能发展为爱情,因为这个时期是极其敏感的时期,男女朋友之间长期相处,会"日久生情"。一般情况下,男性会更容易被女性所吸引,女性也会对志同道合的男性产生好感,结果促就了一对恋人。异性朋友相处的动机也很重要。若当前的恋爱关系令你不满意,而此时你又希望去结交更多的异性朋友,那么你的交友动机一定不纯。婚后的异性朋友关系容易遭到家庭的误解,这个是存在于异性友谊之间最大的障碍。比如,男方有红颜知己,如果对红颜知己过分关心必然会遭到妻子的怀疑,造成不必要的家庭矛盾。这段时期异性友谊是可以存在的,但是一定要注意保持一定的距离和尺寸,否则极易造成家庭破裂等不良后果。

总而言之,男女之间是存在友谊的,没有友谊的人生,是不完整的人生。古人尚且能用"在家靠父母,出门靠朋友"这样的话来形容友谊的重要性,更何况现代人?怎样既能得到友谊,又不伤害身边的人,这就是一个"度"的问题。大部分人都认为异性朋友存在的好处大于负担,但一定要处理好友谊与家庭亲人的关系,维护和谐的家庭生活。

区分友谊与爱情可以从以下五个方面把握。第一,支柱不同。友谊的支柱是理解,爱情的支柱是感情。第二,地位不同。友谊的地位是平等的,爱情的地位是一体化的。第三,体系不同。友谊是开放的,爱情是封闭的。第四,基础不同。友谊的基础是信赖,爱情的基础是两情相悦。第五,心境不同。友谊充满着"充足感",爱情则充满着"欠缺感",如"一日不见,如隔三秋"。

2. 真的有一见钟情吗

陈老师,真的有一见钟情吗?如果有,是否是爱情呢?

首先,为何会产生一见钟情?一见钟情我们常在青春期或心理青春期的状态中体验过,但一见钟情与日久生情不同,一见钟情的"情"是在没有经过爱恋滋养的过程中而产生的。这种触电的感觉使人瞬间进入热恋或单恋的情感频道,体验爱神丘比特之箭的锋利与爱的芬芳。那什么是爱情呢?我认为,爱情是人与人之间强烈的依恋、亲近、向往,以及无私专一并且无所不尽其心的情感。

其次,一见钟情的原因有两个方面:一方面,源于生理发育成熟时的身心饥渴感;另一方面,源自蛰伏在潜意识中积累了大量心理势能的"情感种子组"的释放——在日常的心理问题治疗中,我们通常用心灵剧本或潜伏基因来描述。一是它决定了一见钟情发生的普遍势能,二是它决定了一见钟情的方式甚至情感剧本的演绎方式。可以说它是普遍存在的,并存在着个体性的不同。

一见钟情源于童年的情感压抑。一见钟情并非偶然,这种瞬间被某个人震慑冲击并怦然心动的情感,往往伴随着似曾相识的感觉。家庭能量理论中,将这种冲动概括为情感剧本和角色释放的冲动。一个童年匮

第七篇 守望爱情

· 131 ·

乏母爱的男孩,比如母亲早亡或者与母亲的情感因某种原因被压制甚至遗忘,这样的孩子就很有可能演绎《神雕侠侣》中杨过与小龙女式的爱情剧本——杨过对较自己成熟的小龙女一见钟情并且至死不渝。这里面包含着一个男孩对母亲的救赎与爱恋,也有着男性人格对女性人格的支援。反之,女方也需要解放心中的压抑,与男性彼此相依,这样的一见钟情是幸运且令世人羡慕的。所以,一个人之所以被一见钟情的爱人吸引,常常源于他们已经"深恋已久",这种深恋深植在童年的情感记忆中。

一见钟情源于家族教育的延续。家族的教育方式与个体成长的环境对一见钟情也有着重要影响。比如,《天龙八部》中的段誉、慕容复、王语嫣就是一个鲜明的例子。他们三个人虽都出自大家族,段誉在延续家族使命的同时,更重视返璞归真的情感,慕容复更重视的是如何壮大自己的家族事业,而王语嫣既渴求纯真的爱情,又肩负着延续家族事业的使命,她恰巧能够满足段誉与慕容复对于所缺失情感的补充。因此,段誉与慕容复更容易对王语嫣产生倾慕,迸发一见钟情的感觉。

最后,一见钟情的剧本有很多种,就如同人性的复杂,其中,具有危害性的是一方是以追求一时的情欲为主,而一方则是为了获得永久爱恋。而只有拥有爱和智慧的人,才会最终获得幸福。

3. 婚姻和爱情的本质是什么

陈老师,您好,我进入大学的时间已经不短了,高中的时候对大学有很多憧憬,也包括爱情。本来以为,大学里的爱情是无限自由的,听了老师的讲课,也与一些高年级的同学在一起交流过,发现爱情也不是绝对自由的。您能告诉我,婚姻和爱情的本质到底是什么吗?

关于爱情和婚姻的讨论并没有什么定论,不同的体验者有不同的答案。我的意见也只是一家之言。但我想,综合起来,这些观点应该还是有很多相同之处的。

一般来说,爱情基本上是自由的,你爱谁、不爱谁这是你的权利,但是结了婚之后,就不一样了。如果说,结婚前是在选择你所爱的人,那么结婚后更多的是你得去爱你所选择的这个人。首先给你解释下爱情的本质吧。

爱情的本质在人类历史上产生了不同的见解是由人们不同的爱情观引起的。自然主义者认为爱情具有以性欲为基础的自然属性,它把爱情的全部内容看成性欲的满足,完全抹杀了爱情中的精神因素,看不到爱情中所具有的情感、理智的成分,把高尚的人类爱情降低到动物本能。超性主义者认为性是低级的兽性,爱情是一种丝毫不带有兽性的、不食人间烟火式的精神恋爱法。宗教神化论者把人间的爱情看成是上帝之爱的一部分,人间的人情冷暖为上帝所安排,这就剥夺了人之为人的权利。马克思主义者认为,爱情包含两种基本属性,即自然属性和社会属性。爱情的自然属性是爱情发生和发展的生理条件,也是前提条件,人只有到了一定年龄才会产生对异性的欲求,它是爱情发生的起点和自然基础,对异性的欲求是萌生爱情必不可少的自然条件。决定爱情本质,使人的爱情区别于动物性本能活动的是它的社会属性。即人对异性的追求是在特定的人与人之间,并用特定的方式进行的,受政治、经济、文化的影响极深。

接下来,我觉得爱情和婚姻可能有以下方面的本质区别:

爱情是一对男女基于一定的社会基础和共同的生活理想在各自内心形成的相互倾慕,并渴望对方成为自己终身伴侣的强烈的、纯真的、专一的感情;婚姻则是指法律所确认的男女两性的结合以及由此产生的夫妻关系,其核心是夫妻关系。

恋爱更多的是存在于精神层面,无关抚养、赡养等问题;而婚姻则是存在于现实生活里的,柴米油盐酱醋茶的问题必须每天都面对,经济收入的高低,家务劳动付出的多少,都需要直接面对。所以,我们看到的是恋人更容易和平相处,而夫妻却经常为一点小事争得面红耳赤。

恋爱是美好的,婚姻是真实的。恋爱时,我们都会把最美好的一面展示给恋人,倾其所有、投其所好。婚姻中,我们会逐渐暴露出自己的缺点。如果说恋爱的你是经过"包装"的你,那么婚姻的你就是本质的你。

但凡步入婚姻殿堂的人,都是有一定的感情基础的。一旦离婚,除了精神的分离,还有财产的划分、子女抚养权的归属等一系列问题。如果一旦走进婚姻的红灯区,需要双发理性对待,如果这段婚姻还有缓和的余地,那么可以进行婚姻家庭治疗,双方努力改善婚姻状况;如果确实无法挽回,选择离婚也不是不可以。无论作出怎样的选择,都需要经历一个适应的过程,都需要双方以积极的心态去面对。

4.“一见钟情”与“日久生情”的爱情哪个走得更远

陈老师,我们青年人既羡慕“一见钟情”的浪漫,又向往“日久生情”的稳定与持久,但哪种感情能够走得更远呢?

一见钟情指的是男生和女生一见面就产生了感情,一见钟情的感觉也可以说是一种“来电”的感觉。在《红楼梦》里,当贾宝玉第一次见到林黛玉时,那种“来电”的感觉仿如激情四射。在《白蛇传》里,白娘子与许仙在断桥上相遇,要是没有一见钟情的感觉,也许就没有后来的感人情节了。的确,这种感觉来得是那么喜出望外、魂不守舍,又是那么牵肠挂肚、刻骨铭心。在大多数的时候,一见钟情其实也是一种潜意识的感觉。当你见到心仪的对象时,你的潜意识就会马上作出反应,无法诉诸言语的感觉会充斥全身,这是一种深藏在内心的感觉,也是一种难以描述的美妙感觉。一见钟情是真实的,它不是虚幻的,也不是偶然的,因为一切理性的认识往往都是依赖感性认识的,若是没有感性的基础,就不可能作出理性的判断,所以说,没有“一见”就不会产生“钟情”,也就没有“触电的感觉”。

日久生情与一见钟情不同,两个人相处时间长了,男女双方渐渐产生了感情。因为没有确定男女恋爱关系,所以不是爱情;又因为没有血缘关系,所以不是亲情。但是由于接触、交往和见面的机会多了,双方都有了一定的了解,有了一定的好感,往往不自觉地就会喜欢上了对方,但却不一定会直接公开向对方表白;同时,由于接触的时间久了,就感觉对方就像是自己身边的亲人。这就是日久生情的感觉,很真实,挥之不去。如果发展下去,会慢慢转化成爱情,结成夫妻,成为亲人。它与一见钟情的区别是速度没有那么快,是在长期的相处过程中慢慢走到一起的。

在当今社会,对这两种产生爱情的方式有很多说法。有的人说一见钟情式的爱情不稳定,双方既没有深入了解是否合适,也无法确认一见钟情的动机。对方是看上你的钱,还是只拿你当替代品都无从考证,这样的爱情是不会长久的。也有的人说日久生情也不靠谱,日久生情是在充分了解对方的基础上产生的好感,这种好感更多是来自于对方的优点,比如他会照顾人、能赚钱、会逗人开心等,他的优点在你心目中已经弥补了他的不足。但日久深情可能缺乏一见钟情的浪漫和激情,如果有一方忍受不了平淡的生活,最后也有可能惨淡收场。

综合来看,没有完美的方式,只有适合自己的方式,不能够太死板,每一种方式都存在变量。但是依我个人的观点,日久生情比一见钟情要走得更远。一见钟情的时间太短,这就像是现在电视上播出的一些相亲节目,在短短几分钟之内擦出火花走到一起,看起来是美好的,但是男女初次见面,都会把自己最好的一面展现给对方而尽量隐藏自己的缺点,而真正长久的爱情是要对方不仅能够接受自己的优点,而且能够包容自己的缺点。因为成为夫妻之后是要一辈子生活在一起的,双方要想保持爱情的新鲜程度需要互相吸引、互相包容。如果当时感觉很适合,之后发现自己无法忍受对方的一些缺点,就会感觉无法再生活在一起,爱情之路则不会长久。日久生情相对来说是不一样的,可能双方开始并没有觉得对方是自己的依靠,但是经过长期的相处,特别是一起经历了一些风风雨雨之后发现没有对方自己就感觉身边缺少了什么,这时双方感觉彼此已是自己生活中的一部分,无法再分开。总而言之,爱情的道路要想走得长远需要自己的经营,需要互相的包容。不要太执着于一见钟情还是日久生情,不管是哪种方式,不能强求,顺其自然就好。

5. 谈恋爱如何面对来自父母的阻力

陈老师,恋爱双方有一方父母因对方家庭、学历、社会地位等诸多原因,不同意两个人继续谈恋爱,而双方又彼此喜欢,该如何处理呢?

首先,如果有这种情况的发生可能是因为一方在家庭、学历和社会地位方面与另一方有较大差距，家庭背景较好的一方父母认为对方的家庭不够"门当户对"。在中国门当户对由来已久，古人认为门当户对有其合理性，恋爱是两个人的事情，可婚姻是两个家庭的事情。家庭氛围、家庭的生活方式和文化是一个家族一代一代沿袭下来的，不会轻易改变。两个家庭如果有相近的生活习惯，对现实事物的看法相近，生活中才会有更多共同的兴趣爱好，才会有更多共同语言，才会让婚姻保持持久的生命力。

我们可以从两个角度来看这个问题。第一，从双方父母的角度来看，家庭条件较好的一方父母认为对方家庭与自家条件相差较远，一方面在沟通和探讨问题的深度上可能存在差距，另一方面会影响自己小孩未来的生活质量，因此，这种父母会反对双方再继续交往。第二，从当事人双方来看，双方的恋爱观应该由浪漫逐渐向理性过渡，要深入了解对方，包括是否值得托付终身等。如果双方是真心相爱的，自然不会考虑太多其他的因素，不管父母如何反对也会坚持要一起走下去。

在现代社会环境下，要理性地看待门当户对问题。门当户对的婚姻观念在一定意义上是有道理的，但是在某些情况下，门当户对的世俗观念反而会把真正的缘分拆散。现在不论是恋爱和婚姻都倡导自由，如果父母坚持自己的观念"棒打鸳鸯"，不但不能把双方分开，可能还会引发极其严重的后果。最关键还是在于双方是否真心相爱，心灵是否契合，以及是否拥有不断奋斗的上进心和共同的生活目标。

我认为作为当事人双方，如果是真心相爱的，就一定要坚持下去，找一个相爱的，能够托付终身的人并不容易。双方要共同努力奋斗，提高自己的综合实力，并最终获得双方家长支持与认可，收获幸福。

陈老师，您好，我们经常听见已婚人士说"婚姻是一座围城，城外的人想进去，城里的人想出来"，对没有谈过恋爱、没有走进婚姻的人来说，我们从心底还是很向往爱情和婚姻的，但身边总有这样对婚姻的感叹，让我很迷茫，关于这个问题您怎么看？

婚姻家庭是人类社会发展到一定阶段的产物。它经历了三个时期：蒙昧时代的群婚制、野蛮时代的对偶婚制和文明时代的一夫一妻制。

第一，我们要知道恋爱是缔结婚姻、组成家庭的前提和基础，婚姻和家庭是恋爱的结果，憧憬爱情是正常的，因为爱情是人类情感需要的重要一部分，但是婚姻和爱情又是不同的，婚姻是经法律所确认的男女两性的结合以及由此产生的夫妻关系。

第二，"城外的人想进去"，说的就是婚姻之外的人想要进入婚姻生活。爱情是一对男女基于一定的社会基础和共同的生活理想，在各自内心形成的相互倾慕并渴望对方成为自己终身伴侣的一种强烈、纯真、专一的感情。在经历了恋爱阶段之后，恋爱双方有想要进一步发展的愿望，进入婚姻生活。那么婚姻的目的是什么呢？不同的国家，不同的历史时期，婚姻的目的是不同的。我国古代一直以"上以事宗庙，下以继后世"为婚姻的目的；大多数婚姻的目的在于子女的生养、教育以及夫妻间的互相扶养和性要求的慰藉。近现代各国的法律也对婚姻的目的做了种种规定。这些"目的"虽然纷繁复杂，但我们可以发现它们有一个共同的特点，那就是它们都强调结为婚姻的男女双方必须"共同生活"。婚姻要求双方当事人应具有公开的夫妻身份。另外，婚姻可以满足人的以下几种需求：首先，爱的需求。爱在婚姻中最重要，最先满足的应是爱的渴求，婚姻中的爱也应包含着诚实、责任心和付出等。其次，安全感的需求。男女双方在婚姻中都有安全感的需求，我们经常所说的道德操守与经济能力也是安全感的一部分。再次，自信感的需求。每个人都需要别人的认可、赞美或平等待遇，夫妻间更有此需要，和谐的婚姻生活能给双方带来内心的自信。最后，生理需求。正常的婚姻也需要满足彼此生理性需求，生儿育女更是自然的发展，拒绝生育从某种程度上会导致婚姻生活的破裂。

第三，"城里的人想出来"，说的是进入婚姻之前很多人都对婚姻有一定的期待，但结婚后发现事实的婚姻与理想的婚姻存在一定差距。当婚姻中出现问题时，消极对待婚姻的人就会发出"想要出来"的感叹。如现在社会上的"闪婚""闪离"现象多就是由于这个原因而产生的。事实上，婚姻生活不是事事都如人意，婚姻需要双方共同经营。婚姻家庭就是爱情的花圃，花圃要有足够的空间来成长，有计划地栽种，有时要翻土，有时要施肥，有时要移植。当婚姻生活中出现问题时，要积极地寻找方法来解决问题。现在年轻人思想更加开放自由，对婚姻的态度跟以前也有所不同，但想要享受幸福的婚姻生活需要做到尊老爱幼、男女平等、夫妻和睦、勤俭持家、邻里团结，因为这些家庭美德在维系和谐美满的婚姻家庭关系中具有重要而独特的功能。比如，现在被媒体热炒的婆媳矛盾，就是没有处理好晚辈与长辈的关系。"老吾老以及人之老，幼吾幼以及人之幼"的尊老爱幼思想自古就深入人心。在与老人的相处过程中，我们首先要尊重老人对家庭和对社会的付出，其次要关心体贴父母，自觉赡养父母、孝敬父母，出现矛盾要多沟通多协商。总之，婚姻和谐、长久的关键在于男女双方要互相包容对方的缺点，只有基于爱情、相互包容、相互扶持的婚姻才能持久下去。

7. 如何看待恋爱中偷吃禁果的行为

陈老师，我们身边有很多同学都谈恋爱了，有部分同学也在恋爱的过程中偷尝禁果，那么，在恋爱的过程中能否发生性行为？

爱情是一个古老而又常新的人生话题，是人生一道亮丽的风景线。爱情是一对男女基于一定的社会基础和共同的生活理想，在各自内心形成的相互倾慕并渴望对方成为自己终身伴侣的一种强烈、纯真、专一的感情。恋爱作为一种人际交往，也必然受到道德的约束。至于你说的现象，老师虽然不反对恋爱，但并不赞成也不提倡婚前性行为。正如马克思在致拉法格的信中所指出的那样,真正的爱情是表现在恋人对他的偶像采取含蓄、谦恭甚至羞涩的态度,而绝不是随意流露热情和过早的亲昵。

我们不妨客观地分析一下这个问题。谈恋爱过程中发生性行为,既有主观方面的因素,也有社会方面的因素。主观因素主要有:第一,青年人出于好奇心和性体验心理;第二,恋爱中双方过于亲昵导致无法抑制性冲动;第三,恋爱期间一方恐怕另一方变心,有意造成性关系的事实以便达到与另一方长相厮守的目的;第四,双方都认为彼此是对方的另一半,虽然形式上没有结婚,但都认同婚前性行为。社会因素主要有:第一,人性的解放、婚姻观念的改变、避孕用品的发展使社会对婚前性行为较前更为宽容,青年男女对于性关系发生的担心和顾虑大大减少;第二,大众文化传播媒介过多渲染情爱,对青少年的性刺激大为增强;第三,性成熟期提前、性欲望的实现与婚龄到来之间有一个较长的等待期,使性生活提前成为可能;第四,性价值和性道德教育跟不上社会发展的需要,社会对婚前性行为的态度多元且监督逐渐弱化。

我们要看到大学生恋爱过程中的性行为会产生一系列不良的后果。第一,大学生还年轻,很多人在感情方面并不具备承担责任的能力,恋爱过程中的性行为容易给双方带来情感纠纷。第二,性知识的缺乏,更容易给年轻女性带来身体伤害(意外怀孕)和心理伤害(怀孕后的各种心理变化,如焦虑、自我评价降低等)。第三,恋爱中的性行为并没有为爱情安上保险锁,相反在双方发生矛盾时更容易导致冲动分手。第四,大学生性观念虽然开放,但性知识相对缺乏,导致感染各种性疾病的几率增加。

大学期间遇到生命中那个重要的人本来是一件美好的事情,但不要让你开放的性观念和模糊的性知识害了你,我们应该在恋爱前就摆正自己的恋爱观和婚姻观,杜绝婚前同居和性行为,保持对爱情的忠贞。如果你恋爱了,也知道了其中的利害关系,仍然坚持在恋爱过程中发生性行为,那么老师想告诉你的是,不管你是男生还是女生,请保护好自己,实施安全的性行为。

8.如何看待对"高富帅"与"白富美"的追捧

陈老师,在大学生中,有一种较为普遍的现象,女生喜欢"高富帅",男生喜欢"白富美",这让很多没有这些外在条件的同学多少有些自卑感。您怎么看?

在我看来,所谓"高富帅""白富美"并不是一个贬义词,它更多的是一种夸奖,因为追求美好是人之本能。什么是真正的白富美?身为女子,洁身自好为白,经济独立为富,内外兼修为美。何谓真正的高富帅?身为男子,大智若愚、宠辱不惊是为高,大爱于心、福泽天下是为富,大略宏才、智勇双全是为帅。

其实这个问题从一个侧面反映了某种社会现状。目前,22—26岁(甚至可以推至22—30岁)的男生或者女生普遍处于弱势地位,这个阶段,大部分男生的财富积累速度是非常缓慢的,甚至很多是"零"积累状态。而受文化思潮、生活压力、社会舆论的影响,以及女性本身的生理、心理因素的作用,同年龄的部分女性对物质生活的要求往往超过了该年龄段普通男性所能承担的范围,而这样的要求往往又能被大一点的年龄段或者该年龄段部分条件较好的男性满足,所以造成了22—26岁这一年龄段部分男性的失望和不满足,因此出现自卑感。其实,绝大部分人都是平凡的人,"白富美""高富帅"毕竟只占少数。

在我自己身边可以看到这样的例子。比如,很多学生总是将自己摆在一个很低的位置,整天就只会说"我怎么能竞争得过'高帅富'啊"。他们总是觉得自己怀才不遇,只要有机会必然可以出人头地。可是他们不知道,如果不学习、不充实自己,整天只知道抱怨社会不公,他们永远没办法竞争过"高富帅"。

其实"高富帅""白富美"只占社会的一小部分,正因为这些人比较少,和大多数普通人不同,比较典型,所以才易引起注意和追捧。实际上绝大多数人都是普通人,过着柴米油盐酱醋茶的普通生活。丈夫不是富二代,但却有一份稳定的工作,赚不了大钱,但是却努力使一家人生活幸福;妻子不是倾国倾城的美女,但却是勤俭持家、孝敬父母的好媳妇。这些普通人知道钱的重要性,但却不拜金,不整天做白日梦,也不会悲观。生活中好的东西、不好的东西皆有,但总体是朝着好的方向发展的,这就是普通人的生活。

虽然这些人许多方面都普普通通,没有什么过人之处,但是生活的酸、甜、苦、辣都需要自己细细地品味。如果没有亲身经历过,那么就只会觉得生活乏味。

9. 如何看待"我得不到,别人也甭想活的完整"的失恋心态

陈老师,失恋一定是很痛苦的,所以,有的人甚至以"我得不到,别人也甭想活的完整"的想法去伤害对方,您觉得这样做合适吗?

对于这个问题当中提到的做法,我首先是不赞同的,这种做法是偏激的,甚至有可能会触犯法律。这种行为不可取。

首先,失恋是一种正常的状态,只是时间长短有别。也许对于有的人来说,失恋是一场感冒,过几天就好了。但是,对于有的人来说,失恋可能就是慢性疾病,处理不好就会伴随终身。虽然每个人分手的原因以及分手之后的表现各不相同,但是这其中也有很多的共同点。例如,分手前对方可能说了很多我们身上的缺点,如果在以往吵架的时候说这些话,我们会据理力争,可是一旦这是最后一次的对话,我们就真的会走心了。我们会因此而陷入自我否定,觉得都是自己的错才导致分手,而这时候脑子里还会闪现出对方所有的优点,这更加容易让自己内疚、自责,同时也会产生极端的想法。

其实,不仅仅是恋爱关系,我们所经历的所有人际关系中,都希望可以得到对方的积极评价,通过与对方的互动认识世界,并且通过对方的评价来认识自己。而恋人在我们的生活中属于重要的人,我们都曾幻想过要与对方共度一生,而分手的时候我们却得到了对方的负面评价,所以,这段评价对于我们的打击是可想而知的。

失恋中的你执意要挽回对方,你在想:"我相信我可以挽回他(她),可

以让他(她)重新爱上我,让他(她)看到全新的我,我要努力做最好的自己。"很多人在分手时死缠烂打,因为他们都存在一种心态:一旦离开这段感情,他们会被迫承认自己是失败的,如果继续纠缠其中,可以自欺欺人地认为自己还没失败。其实失恋后仍纠缠双方,既是给对方施压,也会给自己造成伤害。

其次,爱情又是自私的,爱一个人却得不到对方的爱着实让人痛苦。但"得不到就毁掉"的做法,已经不是占有欲的问题了,更与爱无关,这是不负责任、极度自私的做法。爱情的结果只有两种,要么天长地久,要么分道扬镳。天长地久因为爱,分道扬镳因为不爱了。只是这里的"不爱"可能是一方不爱了,可能是双方都不爱了。分开一定是很痛苦的,深爱着对方而默默忍受痛苦的人也不少,何必非要"得不到就毁掉"? 如果真的"得不到就毁掉",恐怕这早就不是爱了,而是一种心理扭曲。拿着至高无上的"爱"的名义去行凶、去为非作歹,不但辜负了爱,更是对爱的大不敬,是对爱的亵渎。这种行为反映报复者极度残忍的心理,这种对行为不负责任的人不懂爱,更加不配爱。比起那些因为"深爱的人不是自己的爱人"而忍受痛苦的人,这些选择暴力报复的人,根本毫无资格谈爱情。如果深爱过,分开了,起码的人性不能丢弃,分手完全不是靠暴力行为就能挽回的。只有懂得爱、尊重爱人的人,才配得上拥有爱。

我们每个人都有自己存在的价值,前面我也提到过,我们对于自己的认识是来自于与外界的互动,恋人虽重要,但是他(她)的话也只是片面之词。我们可以参考,但是不能认为完全正确。毕竟,两个人相处的事情一个巴掌拍不响,每个人都有每个人的问题,但是不代表所有的问题都出在一个人身上。所以,我们真的不必要太过于纠结对方说了什么,也不用把分手的责任都揽在自己的身上,爱与不爱,都无法证明你是一个什么样的人。感情结束了,你可能感觉到遗憾,但是自责就真的不必要了,更不能作出过激的行为。你可以试想一下,当你的人生只靠一个人的评价而存在的时候,那么是不是太过于脆弱和片面了呢?

最后,我只能残忍地告诉你,瞬间走出失恋的感觉是很难的。因为如果你还将上一段感情称之为恋爱,你承认你投入了热情和感情,那么失去的时候就一定会心碎难过,这是注定的事情。对于现在的你来说,就要和这种痛苦的感觉捆绑在一起,纵使你百般不愿意,你也必须要忍耐。因为这才是成长,未来的生活中你还会面对更多更复杂的情况,它们可能会比你现在遭遇的事情让你难过千倍万倍,所以就算这一次你可以逃脱,早晚有一次你也要勇敢面对。而我们的承受能力也会在一次又一次的勇敢面对中逐渐提升,终究有一天你会不再害怕,不再抗拒,而这个时候,你拥有幸福的可能性也就越来越大,能够伤害到你的东西越来越少。挺过去,就会看到光明,时间会治愈一切。

10. 婚姻真的是爱情的坟墓吗

陈老师,常常看到一些夫妻吵架,也听到人们对于婚姻的抱怨,这让我很困惑,难道他们当初都不是因为爱情而结婚的吗?怎么会结了婚就有如此的不同?难道婚姻真的是爱情的坟墓吗?

这个问题,可谓见仁见智,不同的体验有不同的答案,我个人认为婚姻并不是爱情的坟墓,而是爱情的升华。

什么是婚姻?婚姻是一种社会制度,是男女双方在平等自愿的基础上建立的长期契约关系,它是对两性行为个人化的规范,以便人在成家之后履行其相应的社会责任。"死生契阔,与子成说。执子之手,与子偕老。"这仍然是我们对婚姻的最高理想。在婚姻这个问题上,人们始终寄予了对幸福的最大渴望。那什么是爱情呢?我认为,爱情是人与人之间强烈的依恋、亲近、向往,以及无私专一并且无所不尽其心的情感。而坟墓,我们引申为毁灭。爱情的悲剧源于挑剔,婚姻的完美由于宽容。

首先,我认为,完美的爱情需要婚姻的承诺。在心理学上,对于爱情有一个这样的说法:只有亲密的爱情是喜欢式的爱情,只有激情的爱情是迷恋式的爱情,只有承诺的爱情是空洞式的爱情。只有激情、亲密与承诺三者并存的爱情,才是完美的爱情。婚姻不是1+1=2,而是0.5+0.5=1。即两人各削去一半自己的个性和缺点,然后凑合在一起才完整。爱情是两情相悦的爱与被爱,是身心交融的完美结合,更是心甘情愿去承担所有的辛苦、劳累、快乐和悲伤。走进婚姻,爱情才真正开始。

其次,婚姻的基础之一是爱情。科学家普遍认为,人类的热恋阶段一般为3至18个月,最多不超过3年,那3年之后,两个人再要继续下去,就要靠婚姻的承诺。但我们认为这并不代表爱情被毁灭,这是爱情的升华。苏联著名作家列昂尼多娃说:"婚姻的基础是爱情,是依恋,是尊重。"所以,真正的婚姻应该有深厚的爱情作基础,正是有了爱情,才产生了婚姻。家庭这个词意味着什么呢? 家庭(Family)是爸(Father)和(And)妈(Mother),我(I)爱(Love)你(You)。"爱"的中英文双解:Love(爱)=Listen(倾听)+Obligate(感恩)+Valued(尊重)+Excues(宽恕)。既然如此,从婚姻产生的基础来看,爱情和婚姻是同时存在的。怎么能说"婚姻是爱情的坟墓呢"?

最后,激情消退并不意味着爱情的消失,实际上婚姻使爱情最终转为亲情。但我想,这并不是简简单单变为了亲情,而是爱情的一种延续和升华。你不得不承认,婚姻是人类社会中最稳定的关系之一,正是我们在婚姻中对爱人的爱越来越浓,越来越深厚,才会投入更多亲人般的无私的感情,但这并不是单纯的亲情,很明显,它与我们对父母、兄弟姐妹的感情是有所不同的,是一种升华的爱情。

婚姻不幸福的根源不外乎以下两种:一是婚姻没有爱情作基础,二是婚后不懂得经营。这道理谁都懂,关键是有没有认真去梳理,有没有好好去思考,有没有真正去把它落到实处。 若婚姻果真是爱情的坟墓,又怎会有那么多人因为相爱而结婚? 人类社会的婚姻制度为何延续至今?

综上所述,我认为,婚姻的魅力在于,两个不相干的人相识、相知、相爱、相守;婚姻的神圣在于,讲述两个人白头偕老的故事;婚姻的价值在于,我们建立了家庭,有了更多爱我们和我们爱的亲人。婚姻与爱情本来就是相辅相成、不可分割的。婚姻不是爱情的坟墓,而是爱情的归宿,是风雨同舟、荣辱与共的人生之路!

陈老师,我是大二的学生,也谈恋爱了,我希望我的爱情能够进入婚姻并长久下去。但是我对自己的这个愿望信心不足,这也是我心中的一个困惑,为什么当今社会离婚率那么高?

我认为主要有以下几个方面的原因:

一是人们的婚姻家庭观念的变化。经济发展引起了人们婚姻家庭观念的重大变革,人们意识中的家庭功能开始转变。婚姻和家庭生活的纽带不再是功能性的,而是情感性的,传统的"功能性家庭"开始让位于"情感性家庭"。一旦感情破裂,家庭就很容易解体。社会舆论与离婚率之间有着一定的联系。社会舆论是一定历史阶段下的产物,不同的社会文化孕育出不同的社会舆论。社会舆论可以产生一种强大的精神力量,影响和制约着人们的行为和观念。在较为保守的地区,离婚越不能为当地人所接受,离婚率越不会有较大波动。而在城市中,社会舆论对离婚人士的评价逐渐趋于客观,包容性越来越强。以前,当夫妻双方婚姻出现问题时,亲戚朋友会想方设法加以调节,单位的领导也会本着"治病救人"的方针,对离婚当事人进行说服劝解,而如今越来越多的人认识到婚姻是个人的私事,不再进行过多的干预。舆论对离婚的宽容,使当事人在作离婚抉择时的后顾之忧减少,因此这在一定程度上是造成离婚率上升的原因之一。

二是农村和城市人口的不断流动。随着经济的发展,我们的社会不再保持着一个僵化的固态,社会流动日益频繁。所谓的社会流动,是指社会成员在社会关系的空间中由某个社会位置向其他社会位置的移动,它既表现为个人社会地位的变更,也表现为社会角色的转变,实质上是个人社会关系的改变。工业社会实现社会化大生产,都市化和工业化进程加快,市场机制的形成,使社会流动性大大增加。交通运输发达,人员频繁流动,工作调动时常发生,因此导致家庭日常生活不如原来稳定。随着交往范围的扩大,交往领域具有不确定性,使得新的人际关系因素比较容

第七篇 守望爱情

易进入原有的婚姻关系中。频繁的社会流动使得异地婚姻的数量增加，由于夫妻二人长时间分居两地而造成感情破裂，最终导致离婚的案例比比皆是，社会流动使婚姻的稳定性面临着严峻的考验。农村家庭相对要比城市家庭更容易保持稳定的状态。大部分农村人都是寻找本地人作为结婚对象，因为只有这样才可通过各种渠道打听到对方的家庭、人品等情况，而且农忙时也便于帮助父母劳作。传统的小农生产方式把夫妻及整个家庭成员牢固地捆在一起，婚姻具有明显的区域性。在一个缺乏社会流动的地域里，人们既没有改变职业的可能，又很难寻找到改变命运的契机，因此婚姻关系比较容易保持稳定。

三是拜金主义、享乐主义对人们的婚姻观造成一定的影响。20世纪60年代以来，资本主义世界中出现了一股"一切为了享乐"的社会思潮。在这一思潮背景之下，"性解放"等口号随之而起。有人把婚姻自由理解为"想结婚就结婚，想离婚就离婚"，随心所欲，"闪婚""闪离"现象开始出现。自由化的结果是使众多家庭解体，离婚率上升。当前我国很多年轻人以自我为中心，缺乏宽容，在婚姻中发生矛盾后不懂得自我调节和互相理解，动辄以离婚了事。都市生活节奏快，浮躁的社会风气也使很多年轻人对结婚后的平淡生活不能接受，外出寻找刺激和新鲜感。众所周知，婚外情现在已成为影响夫妻感情的"头号杀手"，而经济的发展、观念的开放使得婚外情的表现形式呈多样化。中国社会一般被认为是一个特别看重家庭价值的社会，有着鲜明的家庭本位色彩。改革开放后，市场经济的自主性、开放性使现代年轻人的家庭观念逐渐由"家庭本位"转向"个人本位"。虽然从积极的一面看，它使个人真正成为婚姻关系的主体，但近年来在商品经济大潮的冲击下，一部分人家庭责任意识淡化，把个人的享受视为人生的目的，出现了"傍大款""第三者"等现象，严重冲击着社会道德底线，不过这种以金钱交易或权力交易为基础的感情很难维持长久。

相关链接

名人说爱

不要只为了爱——盲目的爱——而将别的人生要义全部疏忽了。人生第一要义便是生活,人必须生活着,爱才有所附丽。

——鲁迅

我一生从来不曾有过"恋爱至上"的看法。"真理至上""道德至上"和"正义至上",这些都应当成为立身的原则,恋爱期间,不论在如何狂热的高潮阶段也不能侵犯这些原则。

学问第一,真理第一,爱情第二,这是我至今为止没有变过原则。

——傅雷

一切真正伟大的人物(无论是古人、今人,只要是其英名永铭于人类记忆中的),没有一个是因为爱情而发狂的人;因为伟大的事业抑制了这种软弱的感情。

——培根

如果我们生活的全部目的仅仅在于我们个人的幸福,而我们个人的幸福又仅仅在于一个爱情,那么,生活就会变成一片遍布荒茔枯冢和破碎心灵的真正阴暗的荒原。

——别林斯基

友谊意味着两个人和世界,而爱情意味着两个人就是世界。在友谊中,一加一等于二,在爱情中,一加一还是一。

——泰戈尔

爱情不是一颗心去敲打另一颗心,而是两颗心共同撞击出的火花。

——伊萨科夫斯基

生命诚可贵,爱情价更高,若为自由故,二者皆可抛。

——裴多菲

名人爱情小故事*

贝多芬——从音乐中寻找安慰

大音乐家贝多芬在31岁时因境况艰难，无法娶心爱的琪丽，两年后，对方嫁给了别人，贝多芬痛苦地写了遗嘱想自杀。但他最终从音乐中寻找到了安慰，不久即创作出"第二交响乐"。36岁之后，他与丹兰士的爱情又被毁了，又是一次无情的打击，但他决心为事业奋斗，接连创造出"第七交响曲""第八交响曲""第九交响曲"，成为伟大的"音乐主帅"，被尊为乐圣。

居里夫人——生活和科学在召唤她

居里夫人年轻时第一次爱上的是当家庭教师的那家主人的大儿子卡西密尔，由于对方父母的反对，年轻的卡西密尔最终向她宣布断交。失恋的痛苦像反作用力一样，推着居里夫人以发狂的勇气去奋斗。在生活和科学的召唤下，她终于跳出了失恋的深渊，踏上了坚实的科学大道并觅到了人生知音。

歌德——凭借文学摆脱痛苦

歌德曾多次失恋，与绿蒂的分手是最痛苦的一次经历。他多次欲寻短见，但终于坚强地战胜了怯懦。后来，当绿蒂结婚时，他还送去了礼物，由衷地祝他们幸福，而绿蒂后来化身成为小说《少年维特之烦恼》中的主人公之一。歌德的每次失恋，都是借助文学最终摆脱精神上的痛苦。

罗曼·罗兰——失去爱情不等于失去友谊

法国人罗曼·罗兰没有成为思想家、文学家，也就是个文学青年时，在一次舞会上认识了年轻的意大利姑娘索菲亚。一次偶然的相逢，让罗曼·罗兰对索菲亚一见钟情。自聚会相识后，彼此间来往频繁，他们时常一起畅谈人生和文学，相处十分融洽。罗曼·罗兰深深爱上了聪慧文雅的索菲

---

*摘自自马莹华、郭玉坤：《"思想道德修养与法律基础"课案例式专题教学教师用书》，中国人民大学出版社2008年版，第179—182页。

亚,索菲亚也很喜欢博学多才的罗曼·罗兰。

有一天傍晚,俩人相约来到一处幽静的小溪畔散步。罗曼·罗兰看着美丽的索菲亚,再也抑制不住奔放的感情,紧张而激动地抓住了索菲亚的手,终于向索菲亚倾吐了心中如火般的恋情,而索菲亚以俩人还没有情感基础为由,很有礼貌而又有分寸地婉言回绝了罗曼·罗兰。

罗曼·罗兰初恋首告失利,深陷入痛苦之中。多少个夜晚的失眠熬煎使他意识到,爱情可以失去,但生活的勇气和热情不能消失,失恋并不意味着能淹没一个人的艺术才华,泯灭一个人青春的火焰。而摆脱失恋的最好办法就是学习和创作,于是他在日记中写道:"我明白,我能创作,我是自由的。一切属于我,包括我的那些锁链,我是我自己的主人,我要努力。"

罗曼·罗兰还勇于向自己挑战,他在日记中又写道:"人生是一场无休无歇无情的战斗,凡是要做个高尚有作为的人,都得时时刻刻向无形的敌人作战。"

罗曼·罗兰坚定而理智地从失恋的痛苦中挣脱出来,成为驾驭"痛苦"的主人。他想,既然痛苦能使我失望沮丧,那让以往的恋爱经历成为人生一页甜蜜的记录又有何妨呢。于是,他以亲身经历的恋爱生活写成了第一篇散文体小说《罗马的春天》(又名《罗马的五月》)。这是一部感情炽烈、艺术性很强的爱情小说。罗曼·罗兰用"五月"来象征自己与索菲亚甜蜜的情感。

失去爱情,并不等于可以忘却和抛弃友谊,罗曼·罗兰把自己真挚的情感及今后保持友谊的渴望都倾注到给索菲亚的信中,并作了真诚的内心剖白。相隔不久,罗曼·罗兰就收到了索菲亚肯定的回复。自此以后,俩人经常保持通信联系,并且无所不谈,继续探讨人生观、道德观和艺术观。尽管两人相距甚远,而且此时索菲亚已和别人结了婚。

罗曼·罗兰从1901年的青年时代开始,到1932年,俩人通信时间延续长达32年之久,这时他们都已经是年过半百的老人了。而后,罗兰又将自己给索菲亚的所有信件编纂成一本集子,题名为《亲爱的索菲亚》,此书在法国巴黎正式出版后非常畅销。

　　这本书是罗曼·罗兰高尚的人格和恋爱观的高度概括,也是他与索菲亚纯洁友谊的象征。年过半百的索菲亚每当读到罗曼·罗兰的信时,总是感动得热泪盈眶,不能自己。罗曼·罗兰一直潜心于文学创作,后来他的创作进入一个崭新的阶段,其连续写了几部名人传记:《贝多芬传》(1902)、《米开朗琪罗传》(1906)和《托尔斯泰传》(1911),统称《名人传》。同时,他发表了长篇小说《约翰·克利斯朵夫》。后来这些都成了他的代表作。

第八篇　践行法治

作者简介

  杨卫宏,安徽商贸职业技术学院副教授,思政部党支部书记、副主任,安徽国伦律师事务所兼职律师,主要从事思想政治教育、宪法与行政法研究。先后荣获学院"先进工作者""优秀党员""优秀党务工作者"等荣誉称号,主持、参加省级、校级教科研项目多项,发表教科研论文10余篇,主编、参编教材近10本。

党的十八届四中全会作出了全面推进依法治国的重大决定，在中国共产党领导下，坚持中国特色社会主义制度，贯彻中国特色社会主义法治理论，形成完备的法律规范体系、高效的法治实施体系、严密的法治监督体系、有力的法治保障体系，形成完善的党内法规体系，坚持依法治国、依法执政、依法行政共同推进，坚持法治国家、法治政府、法治社会一体建设，实现科学立法、严格执法、公正司法、全民守法，促进国家治理体系和治理能力现代化。十八届四中全会为未来中国建设法治国家描绘出新的路线图，未来中国法治建设的进程也必将加快。

　　有的同学认为党的十八届四中全会作出的全面推进依法治国重大决定太"高大上"，距离自己太远，而且自己一直都是一个合格的公民，只要做一个有道德的人，懂不懂法关系不大。大学里，认真学习专业知识，多参加各种实践活动，才是最重要的。还有些同学也认为法治非常重要，也很想了解法律、学习法律，但又觉得法律过于庞杂，需要花大量时间去死记硬背，大学学习任务太重，根本没有时间学习法律，而且也不知道哪些法律与自己将来的工作与生活联系紧密。

　　大学生需要学习法律吗？法律是什么？道德、纪律和法律有什么不同？哪些法律与大学生未来的生活与工作联系紧密？有人提出了"党大还是法大"的问题，该怎么回答？什么是法治思维？该怎样培养自己的法治思维？

访谈实录

1. 法律是什么

杨老师，您好，现在大到国家、社会，小到普通老百姓，都在谈论法律的重要性。进入大学以后，我们"思想道德修养与法律基础"课老师也给我们讲解法律的概念，但如果真要我回答法律是什么，我还真说不清。您能告诉我，法律到底是什么？

你的这个问题，让我想起了古罗马帝国时期一位著名的思想家圣·奥古斯丁讲过的一句话："时间是什么？如果无人问我则我知道，如果我欲对发问者说明则我不知道。"大家心里都明白法律是什么，但如果让我们给它下一个定义，很多人却说不清楚，或者说不同的人有不同的理解。法律既有抽象的概念，又有具体的表现形式，下面从这两个角度谈谈我对法律的理解。

首先，我给大家讲一个古希腊阿加门隆的故事。阿加门隆攻战特洛伊，为了平息海神带来的海上风浪，献计将女儿牺牲，由于当时的复仇制度，活着的人必须要为被杀害的亲人复仇，而阿加门隆的妻子后来就杀了阿加门隆，而同样的，阿加门隆的儿子又必须为父亲复仇，于是他杀了自己的母亲。但是根据规定，他必须向杀害他母亲的人复仇，也就是他必须向自己复仇。这时候，在雅典，最早的公权力出现了，决定赦免阿加门隆的儿子。复仇制度从此走向瓦解。为什么越是古代，越会发生复仇的悲剧？很重要的一个因素就是没有公权力，没有主持公道的规则。人类进入现代文明社会以后，法律代替了复仇，保障了统治阶级的统治和社会的秩序。打一个简单的比方，即使你长得很强壮，当你很穷的时候，你也不敢去偷去抢，你恐怕不是害怕对方复仇，而是惧怕法律的严厉制裁。法律是什么？法律就是约束人们行为的社会规范，没有人与生俱来愿意受到各种规范的约束，但如果不对人的行为加以约束，社会就会陷入无序状态。举一个例子,一个人流量很大的十字路口,在早晨上班的时候交通信号灯出现故障,这个路口一定会出现拥堵,极大降低该路口的通行效率。人类正是依靠社会规范维持着社会生活秩序。除了法律,道德、宗教、习惯、纪律等也都属于社会规范,但法律是刚性的,具有其他社会规范所不具有的国家意志性和国家强制性;法律是国家创制的,体现了上升为国家意志的统治阶级意志,法律规定的各项权利和义务是由国家强制力保证得以实现的,不遵守法律必将遭受法律的制裁。而道德、宗教、习惯等其他社会规范一般都是人们在长期的社会生活中自发形成的,主要依靠人们的内心信念、社会舆论等自律的手段予以调整,不具有强制性。法律作为一种社会规范,通过规定人们的权利与义务,告诉人们可以做什么,不得做什么,必须做什么,人们根据法律的规定可以预先估计自己行为的后果,同时对他人的行为作出合法与否的评价。打一个比方,某同学在公共场所捡到一部手机,他是否有义务将手机归还失主? 法律规定公民对自己的财产享有所有权,同时又规定"没有合法根据,取得不当利益,造成他人损失的,应当将取得的不当利益返还受损失的人",由此我们知道该同学应该将手机归还失主,否则,该同学的行为将是违法的,失主可以通过诉讼要求该同学归还手机。

法律作为一种社会规范,有具体的表现形式。就我国现行的法律而言,有广义和狭义之分。广义的法律包括宪法、狭义上的法律、行政法规、地方性法规、自治条例和单行条例以及规章等。狭义上的法律仅指全国人民代表大会及其常务委员会制定的法律。行政法规是指国务院制定的条例、办法、实施细则、规定等各类法规的总称,它的效力低于法律,高于地方性法规以及规章等。地方性法规是省、自治区、直辖市和较大的市的人民代表大会及其常务委员会制定的各类法规,它只能在本行政区域内有效,且效力低于宪法、法律和行政法规,但高于同级政府规章。自治条例是指民族自治地方的人民代表大会根据宪法和法律的规定,并结合当地民族政治、经济和文化特点制定的有关管理自治地方事务的综合性法规。单行条例是指民族自治地方的人民代表大会及其常务委员会在自治权范围内,针对某一方面的具体问题而制定的法规。规章主要指国务院组成部门及直属机构,省、自治区、直辖市人民政府及省、自治区政府所在地的市和经国务院批准的较大的市的人民政府,为执行法律、法规而制定的规范性文件,它的效力低于宪法、法律、行政法规以及上一级或同级地方性法规。由此可见,广义上的法律范围非常广,在日常生活中提到的法律通常是指广义上的法律。

2. 与我们的生活和工作联系紧密的法律有哪些

杨老师,您刚才讲到我国现行的法律非常广泛,这些法律我们都要学吗? 其中哪些法律与我们将来的生活与工作联系紧密? 学了这些法律,我们是不是就可以自己运用了?

刚才说到我国法律的具体表现形式非常广泛,包括宪法、法律、行政法规、地方性法规、自治条例和单行条例、规章等,从部门法角度讲,包括宪法、民商法、刑法、行政法、经济法、社会法和诉讼法等。我们不可能都一一学习,也没必要都去掌握,作为非法律专业人士,其中很多法律将来我们很少接触。做一个社会主义法治的忠实崇尚者、自觉遵守者、坚定捍卫者,首先,要增强法治意识,培养法治思维,学会运用法律维护自身的权利,运用法治思维、法治手段化解矛盾、处理纠纷;其次,了解、熟悉与我们将来生活与工作联系紧密的法律,并作为我们维权的工具,这些法律主要包括婚姻法、劳动合同法、合同法、治安管理处罚法、道路交通安全法等。当然,了解这些法律之后,并不是说我们就可以加以运用,主要还是进一步提升法治意识和法治思维,在具体运用法律过程中,可能还需要向法律专业人士咨询,更不能误以为学习了一点法律,就可以钻"法律的漏洞",还要有一个健康的法律心理。

举一个例子来说,北京某重点大学工科学生孙某,聪明好学,家庭经济条件也很好,尤其喜爱"钻研"法律和侦探小说。为了检验与警察较量的结果,他开始盗窃学生宿舍的财物,每次作案,他都要把握"两条原则":一是控制盗窃财物的价值,不能达到法律规定的"数额较大"的标准,以免构成盗窃罪。他认为只要不达标，即使被抓住了，只能算小偷小摸，大不了被关几天。二是不在现场留下指纹和足迹，他认为警察找不到指纹和足迹就破不了案，因而每次作案他都不忘戴上手套，并在退出房间时用拖把抹去足迹。当他多次作案被抓并被以盗窃罪判刑时才"如梦方醒"，孙某自以为知法懂法，而实际上他虽然了解一些法律，但很多都是一知半解，如他只知道"盗窃罪是秘密窃取公私财物数额较大的行为"，却不知道如何计算盗窃数额。当被警察告知"虽然每次盗窃的财物数额都未达标，但几次加起来早就超标"时，他竟因为自己对法律的无知而号啕大哭。可见，"知法"绝不是对法律的一知半解，它不仅要求对法律条文有完整准确的理解，而且要求对法治精神、法治原则等有一个正确的认识，同时还应该有一个健康的法律心理。

3. 五部不可不知的法律有哪些主要内容

杨老师，前面您说到婚姻法、合同法、劳动合同法、治安管理处罚法、道路交通安全法等法律与我们将来的生活和工作联系非常紧密，您能否给我们做一个简单而具体的介绍，方便我们学习？

我国现行的婚姻法是1980年9月10日在五届全国人大第三次会议上通过的，2001年4月28日，九届全国人大常委会第二十一次会议通过了新修订的《中华人民共和国婚姻法》，共分总则、结婚、家庭关系、离婚、救助措施与法律责任及附则六章五十一条。为适应婚姻家庭观念的发展变化，也为了进一步提高婚姻法的适应性、可操作性，最高人民法院先后于2001年、2003年和2011年出台了《中华人民共和国婚姻法》司法解释一、二、三。《中华人民共和国婚姻法》和最高人民法院颁布的三部司法解释构成了我国婚姻法的主要框架。随着社会的发展进步，人们的婚姻家庭观念也正发生着越来越大的变化，特别是离婚率正在逐年上升，婚姻不再是永远的港湾，会随着爱情波涛起落。如何处理好、经营好婚姻，考验着大多数人的智慧，不仅需要大力提倡尊老爱幼、男女平等、夫妻和睦、勤俭持家以及邻里团结为主要内容的家庭美德，而且还需要了解、遵守婚姻家庭法律。一方面，要严格遵守婚姻法中有关男女双方权利义务的规定，如夫妻在家庭中地位平等，这种平等主要是指夫妻间权利义务的平等，包括夫妻在人身方面与财产方面的平等，不允许出现只享受权利不尽义务，或只尽义务不享受权利的不合理现象。具体来讲：包括夫妻双方都有各用自己名字的权利；夫妻双方都有参加生产、工作、学习和社会活动的自由，一方不得对他方加以限制或干涉，在实际生活中，常有一方（主要是男方）限制另一方（主要是女方）参加社会活动的现象，这是违法的；夫妻双方都有实行计划生育的义务；夫妻对共同财产有平等的处理权，不受双方收入高低的影响；夫妻间有相互扶养的义务；夫妻间还有相互继承遗产的权利。只有严格遵守婚姻法中有关双方权利义务的规定，才能相敬如宾，才能爱情美满、家庭和睦。另一方面，一旦夫妻双方感情确已破裂，婚姻无法维系，双方也应按照婚姻法的规定，本着有利于子女成长的原则确定好小孩抚养权的归属，合理安排对方的探视权，本着保护弱者、照顾无过错方的原则合理分割夫妻共同财产，依法和平理性处理婚姻纠纷，做到好聚好散。

再来说说《中华人民共和国合同法》（以下简称合同法）。人类社会从"自然状态"到"社会状态"是社会文明发展的必然结果，那么，从身份社会到契约社会则是人们在社会交往中建立信任的必由之路。契约就是合同，是平等主体的自然人、法人、其他组织之间设立、变更、终止民事权利义务关系的协议，我们每个人每一天都在发生着各种各样的合同行为，出门坐车，与对方签订的是运输合同；商场购物，与对方签订的是买卖合同；家中用水、用电、用气，要签订供用水、电、气合同，找工作，要与对方签订劳动合同。了解合同法，对于维护我们自身权利十分重要。合同法包括总则和分则两个部分，共有四百二十八条，总则部分就合同的订立、合同的效力、合同的履行、合同的变更和转让、合同的权利义务终止、违约责任等作了详细规定，分则分别对买卖合同，供用电、水、气、热力合同，赠与合同，借款合同，租赁合同，融资租赁合同，承揽合同，建设工程合同，运输合同，技术合同，保管合同，仓储合同，委托合同，行纪合同，居间合同等十五类合同作了详细规定,明确了合同双方当事人的主要权利与义务。合同的订立、履行是当事人双方协调一致的结果,合同既是双方行使权利和履行义务的依据和前提,更是约束和规范当事人双方行为的有效保证。作为普通公民,首先,我们要强化合同意识,以保护自身合法权利。实践中,很多人法律意识不强,忽视签订合同的重要性,只作口头约定,导致各方的权利、义务约定不具体,责任不明确,不仅容易发生纠纷,而且合法权益受侵害时维权难度加大。合同可以采用合同书、信件以及数据电文等形式订立。制定合同文本,应依据合同法及本行业的法律法规,避免由于条款的内容违反合同法导致合同条款无效,如订立合同时,提供格式条款一方免除其责任、加重对方责任、排除对方主要权利等,该条款是无效的。其次,还应当强化证据意识。实践中成立合同关系很多是不需要签订合同书的,这就需要一定的证据证明双方之间的合同关系,如到商场购物就与商场之间形成了买卖合同法律关系,但双方之间并没有签订合同,购物发票就能证明双方的合同关系。再比如,坐车、到饭店用餐并没有签订合同书,但购买的车票、饭店用餐的菜单及发票就能证明双方之间的合同关系。很多人并没有保留票据的意识,但这些票据却都是证明合同关系的证据,一旦双方发生了纠纷,这些票据就是维权的依据。

《中华人民共和国劳动合同法》(以下简称劳动合同法)于2007年6月29日通过,自2008年1月1日起施行,2012年第十一届全国人民代表大会常务委员会第三十次会议对它进行了修改,修改后的劳动合同法自2013年7月1日起施行。劳动合同法共包括总则、劳动合同的订立、劳动合同的履行和变更、劳动合同的解除和终止、特别规定、监督检查、法律责任、附则八章九十八条。大学生就业与用人单位签订劳动合同时,最好能学习劳动合同法相关知识,以维护大学生的合法权益,特别是在自己合法权益受到侵害时可以提供更加明细具体的法律保护。在这里我就实践中一些常见问题先给大家作一点简单介绍。

第一,我们要明确在校大学生由于不具备劳动者身份,不能与用人单位签订劳动合同。

第二,谈谈关于劳动合同签订的时间问题。实践中,一些用人单位不依法、不及时签订书面劳动合同,对此劳动合同法作出了明确规定,劳动合同法第十条规定:"建立劳动关系,应当订立书面劳动合同。已建立劳动关系,未同时订立书面劳动合同的,应当自用工之日起一个月内订立书面劳动合同。"同时,第十四条还规定:"用人单位自用工之日起满一年不与劳动者订立书面劳动合同的,视为用人单位与劳动者已订立无固定期限劳动合同。"此外,第八十二条规定:"用人单位自用工之日起超过一个月不满一年未与劳动者订立书面劳动合同的,应当向劳动者每月支付二倍的工资。"

第三,关于试用期的问题。劳动合同法规定试用期的立法目的在于给双方一个慎重选择合同当事人的机会。但是,实践中用人单位滥用试用期条款剥削廉价劳动力的现象时有发生。对此,劳动合同法第十九条规定:"劳动合同期限三个月以上不满一年的,试用期不得超过一个月;劳动合同期限一年以上不满三年的,试用期不得超过二个月;三年以上固定期限和无固定期限的劳动合同,试用期不得超过六个月。同一用人单位与同一劳动者只能约定一次试用期。以完成一定工作任务为期限的劳动合同或者劳动合同期限不满三个月的,不得约定试用期。"为保证上述规定的实施,劳动合同法第八十三条规定:"用人单位违反本法规定与劳动者约定试用期的,由劳动行政部门责令改正;违反约定的试用期已经履行的,由用人单位以劳动者试用期满月工资为标准,按已经履行的超过法定试用期的期间向劳动者支付赔偿金。"

第四,关于合同期内辞职的规定。合同期内辞职不需要用人单位同意,但要提前通知用人单位。劳动合同法第三十七条规定:"劳动者提前三十日以书面形式通知用人单位,可以解除劳动合同。劳动者在试用期内提前三日通知用人单位,可以解除劳动合同。"

第五,关于用人单位能否要求求职者提供担保或向其收取财物的问题。劳动合同法第九条规定:"用人单位招用劳动者,不得扣押劳动者的居民身份证和其他证件,不得要求劳动者提供担保或者以其他名义向劳动者收取财物。"同时,劳动合同法还加大了对此类违法行为的处罚力度。劳动合同法第八十四条规定:"用人单位违反本法规定,扣押劳动者居民身份证等证件的,由劳动行政部门责令限期退还劳动者本人,并依照有关法律规定给予处罚。用人单位违反本法规定,以担保或者其他名义向劳动者收取财物的,由劳动行政部门责令限期退还劳动者本人,并以每人五百元以上二千元以下的标准处以罚款;给劳动者造成损害的,应当承担赔偿责任。劳动者依法解除或者终止劳动合同,用人单位扣押劳动者档案或者其他物品的,依照前款规定处罚。"

第六,关于用人单位在哪些情况下可以约定违约金的规定。一些用人单位利用自身的强势地位,常常预先在劳动合同中设定高额违约金,限制劳动者自由流动,这侵害了劳动者的择业自主权,也违反了劳动合同法的规定。劳动合同法对违约金条款给予了严格的限制,明确规定只有两类劳动者可以在劳动合同中约定违约金。一是用人单位为劳动者提供专项培训费用,对其进行专业技术培训的,可以与该劳动者订立协议,约定服务期。如果劳动者违反服务期约定的,应当按照约定向用人单位支付违约金,但违约金的数额不得超过用人单位提供的培训费用。二是对负有保守商业秘密和知识产权义务的高级管理人员、高级技术人员和其他负有保密义务的人员,用人单位可以与之约定竞业限制,如劳动者违反竞业限制的约定,应当按照约定支付违约金。

《中华人民共和国治安管理处罚法》也很重要。为维护社会治安秩序,保障公共安全,保护公民、法人和其他组织的合法权益,规范和保障公安机关及其人民警察依法履行治安管理职责,2005年8月28日第十届全国人民代表大会常务委员会第十七次会议通过了《中华人民共和国治安管理处罚法》(以下简称治安管理处罚法),2012年该法进行了一次修改。该法规定了治安管理处罚的种类主要包括警告、罚款、行政拘留以及吊销公安机关发放的许可证四种,其中警告是最轻微的治安管理处罚,只适用于违反治安管理情节轻微的情形,或者违反治安管理行为人具有法定从轻、减轻处罚的情形;规定了罚款的三个标准:200元以下、200元以上500元以下、500元以上1000元以下。对于较严重的违反治安管理处罚法的行为如卖淫嫖娼、涉毒、赌博，以及组织他人偷越国境的行为可罚3000元至5000元。行政拘留分为三个幅度，即5日以下、5日以上10日以下、10日以上15日以下。治安管理处罚法还规定了扰乱公共秩序、妨害公共安全、侵犯人身权利、财产权利、妨害社会管理等四类违反治安管理的行为如何进行认定和处罚，同时，对处罚的程序作出具体规定，进一步规范治安管理处罚权的行使。治安管理处罚法与我们生活联系紧密。举一个简单例子，一天晚上11点，湖州南浔派出所接到居民施某报警，称住宅楼对面歌厅声音太响，影响正常休息。接警后，民警现场检测发现，歌厅发出的声音分贝已超过城镇噪声污染防治的有关法律规定。民警当场依法对该歌厅业主王某处以治安警告处罚。王某接受处罚后，立即停止了当晚的营业。治安管理处罚法第五十八条规定："违反关于社会生活噪声污染防治的法律规定，制造噪声干扰他人正常生活的，处警告；警告后不改正的，处二百元以上五百元以下罚款。"学习治安管理处罚法，一方面可以增强法治意识，不得实施违反治安管理的行为；另一方面可以提高维权能力，运用治安管理处罚法同违反治安管理行为作斗争，保护自身的合法权利。

《中华人民共和国道路交通安全法》（以下简称道路交通安全法），更是要人人皆知。随着经济的发展，道路交通安全法在日常生活中的地位越来越重要，与每一个行人、驾驶员和家庭都有着密切的关系。道路交通安全法是2003年通过、2004年5月1日施行的，并于2007年和2011年两次修改，包括总则、车辆和驾驶人、道路通行条件、道路通行规定、交通事故处理、执法监督、法律责任和附则共八章一百二十四条。这部法律充分体现了以人为本、与民方便的原则。道路交通安全法明确规定："机动车行经人行横道，应当减速行驶。遇行人通过人行横道，应当停车让行；机动车行经没有交通信号的道路上，遇行人横过道路，应当避让。"这体现了对行人的充分尊重。如果机动车与非机动车驾驶人、行人发生交通事故，由机动车一方承担责任。有证据证明，非机动车驾驶人、行人违反道路交通安全法律、法规,且机动车驾驶人已经采取必要处置措施的,减轻机动车一方的责任。这一规定充分体现了对行人和非机动车驾驶人这一交通弱势群体合法权益的保护。为了保障机动车驾驶人和乘客的生命安全,道路交通安全法规定,高速公路行驶的汽车驾乘人必须系安全带,否则罚款二百元。守法的驾驶人将受到奖励。一年内没有违章,无累计积分的司机,可以延长机动车驾驶证,也就是延长驾照的审验期。道路交通安全法内容还很多,在此不再列举了。

4. 如何看待钻"法律漏洞"的现象

杨老师,您刚才提到了"法律漏洞",法律有漏洞吗?如何看待钻"法律漏洞"的现象?

所谓法律漏洞,是指由于立法缺陷,法律对某一行为规定不当或者没有规定,影响到法律对其调整,从而导致法律在适用上的困难。法律是调整社会关系和人们行为的规范,规定的是社会共性的问题,但由于立法者的认知能力有限,立法者制定的法律不可能涵盖全部社会关系和规范人们的全部行为。伴随着社会的发展,法律规定与社会现实之间肯定会出现差异,法律规定的普遍性与具体案件的复杂性也可能会不相适应,出现"法律漏洞"也是正常的。我举一个例子,2010年5月9日晚上,北京某保安公司的张某在宿舍内,对其18岁的男同事李某实施强奸,并置李某轻伤,张某的这一强奸行为却不能以"强奸罪"对其实施制裁,因为我国刑法明确将男性排除在强奸罪被害人的范围之外的,否认女性强奸男性,也不承认男性强奸男性成立强奸罪。随着社会关系日益复杂,这类案件逐渐开始出现,而法律调整明显出现了滞后性,产生了所谓的"法律漏洞"。

那么出现了"法律漏洞"应该怎么办?是不是可以去钻"法律漏洞"呢?答案是否定的,而且也并非大家所理解的那么简单。首先,从法律适用的原则来讲,当出现法律漏洞时,还可以采取一些制定法内的方法对法律漏洞进行补充,如类推适用等,甚至还可以采取包括依习惯补充、依诚信原则补充以及依学理补充等在内的制定法外的补充方法进行补充。举一个例子,许霆用170元的银行卡在柜员机欲取100元而错按为1000元,柜员机错误出款1000元,柜员机每出款1000元却仅扣1元,许霆经不住错误的诱惑,连续取款高达17万元。对许霆这一行为如何追究法律责任产生了分歧,许霆这一行为是否构成犯罪? 按照当时刑法规定盗窃金融机构,数额特别巨大的,处无期徒刑或者死刑,并处没收财产,但盗窃金融机构立法原意主要指潜入银行、储蓄所内实施金融盗窃,许霆利用柜员机取款17万元与这一条规定又有所不同,但刑法除了这一条并无其他条款对这一行为定罪处罚,因此,有人以罪刑法定为由,认为这是法律漏洞,不应当定罪处罚。盗窃金融罪的目的主要是保护金融机构货币存放安全,免受犯罪分子窃取,显然,许霆的这一行为与盗窃金融罪的社会危害是相同的,如果不对这一行为定罪量刑,显然不符合立法目的,也是不公平的。在审判中,法院通过漏洞补充的方法加以解决,金融机构不仅包括原来立法涉及的潜入银行、储蓄所内实施盗窃,通过它的字面含义完全可以包括潜入后来出现的自动取款机设施实施盗窃,法院最终也以盗窃金融机构对其进行了定罪。可见,钻"法律漏洞"并不一定能逃脱法律的制裁。其次,道德和法律是调整社会关系和人们行为的两种重要规范,出现法律漏洞时,法官还可以运用道德规范、宗教规范、习惯、乡规民约等非正式法律渊源加以补充,用道德补充法律漏洞不仅可以弥补法律的缺陷,而且可以使法治和德治得到融合,共同促进社会和谐。因此,当出现法律调整的真空地带时,我们还要自觉运用道德等调整自己的行为。

5. 违纪、缺德、违法与犯罪有哪些区别

杨老师,您前面说法律、道德、纪律等都属于社会规范,那它们之间有什么关系呢? 我们日常生活中讲到的违纪、缺德、违法与犯罪的区别在哪里?

法律、道德和纪律都是调整人们行为的一种社会规范,对于提高人的基本素质、促进社会文明和谐至关重要。这是一个物质极度丰富的时代,人们面临各种各样的诱惑,同时又要承担很多的压力,容易变得浮躁、任

性、失去自我,纪律、道德和法律是约束自我,维护社会秩序稳定的重要手段。它们之间有很多的联系,法律和纪律都在一定程度上体现了道德的规范和要求,它们在内容上有一定的趋同性,如民法中的诚实信用原则、公平原则也是传统的道德规范;反不正当竞争既是法律的规定,也是传统的商业道德。另外,道德往往也必须由法律和纪律来保障实施,如果法治不健全,社会秩序紊乱,也会导致道德滑坡;反之,如果法律公正严明,同样也可以提升全社会道德水平。但作为不同的社会规范,它们也有很多区别。

首先,从性质上看,道德体现的是"人类精神的自律",包括人们关于善与恶、美与丑、公正与偏私、诚实与虚伪、正义与非正义等观念形态以及与这些观念相对应的伦理规范。法律与纪律体现的是"国家意志"与"组织、部门与单位意志"的他律。因此,道德的实施不具有强制性,法律、纪律具有强制性。其次,它们调整和适用的范围不同,虽然有相互重合的地方,但也有相互矛盾的部分,法律是最低限度的道德和纪律,遵守这些法律规定,是最起码的道德和纪律,但是法律不干预的,道德和纪律可以干预,如老人摔倒该不该扶,官员收受礼金等。从这个意义上说,道德和纪律的适用范围比法律广,道德和纪律适用的范围也有些不同的地方,如某些单位对劳动纪律的有关规定。最后,它们的评价标准以及由此引起的后果也不同,法律的评价标准是合法与违法、罪与非罪;道德的评价标准主要是善与恶、是与非;纪律则分为守纪与违纪。道德评价为恶的行为,法律评价上也许并不违法,甚至也不构成违纪。如面对一个落水者,一个人有能力抢救而不去实施抢救,显然是不道德的,是恶的行为,但他并不违法,也不构成违纪。违反法律、道德和纪律的后果不同,违反法律,就要承担法律责任,包括民事责任、行政责任和刑事责任。常见的民事责任承担方式有停止侵害、排除妨碍、消除危险、返还财产、恢复原状、修理、重作、更换、赔偿损失、支付违约金、消除影响、恢复名誉以及赔礼道歉等;常见行政责任的承担方式主要是行政处罚,包括警告、罚款、没收违法所得、没收非法财物、责令停产停业、暂扣或者吊销许可证、暂扣或者吊销执照以及行政拘留等；刑事责任主要有管制、拘役、有期徒刑、无期徒刑、死刑五种主刑和罚金、剥夺政治权利、没收财产三种附加刑，法律责任是由国家强制力保证实现的。违反道德，更多是遭受良心的谴责和社会舆论压力，缺乏国家强制力的惩处。违纪通常由所在单位或组织给予纪律处分，具有一定的强制性，但不像法律那样由国家强制力予以保证，主要体现单位或组织的意志。

讲完了法律、道德和纪律之间的关系，再来谈违纪、缺德、违法与犯罪的区别。首先，评价标准不同，违纪是对违反某一个单位或组织内部制定的纪律的行为一种否定性评价，如违反学校纪律、企事业单位或社会团体纪律、党纪、军纪等。缺德是对实施严重违反道德行为的一种批判性评价，道德包括社会公德、职业道德和家庭道德，缺德一般主要是指违反社会公德。违法是对某一行为违反国家法律所作的评价，这里的法律应作广义的理解，包括法律、法规、规章等具有法律约束力的规范性法律文件。从部门法的角度来讲，既包括民法、行政法，也包括刑法等其他部门法。违反合同约定、不遵守交通规则这些大家认为危害性不大的行为是违法，故意伤害他人身体、盗窃财物这些大家认为具有严重社会危害性的行为更是违法。犯罪专指违反刑法，应承担刑事责任的行为。刑法是我国部门法的一类，刑事责任也是法律责任的重要组成部分。犯罪显然是一种违法，但犯罪比一般违法造成的社会危害性要严重，如"小偷小摸"是违法，偷盗价值较大的财物（安徽省对价值较大的财物认定的标准是2000元）不仅是违法，而且已经构成了犯罪。另外，刚才在前面讲述道德、纪律和法律的关系时已经讲到，违纪、缺德、违法与犯罪的后果不同。

违纪、缺德、违法与犯罪虽然不同，但道德、纪律和法律都是行为规范，它们之间并没有不可逾越的鸿沟，"小时偷针长大偷金"，很多违法犯罪行为都是从缺德、违纪开始的。我们不仅要坚守法律底线，同时，还要加强道德自律，用身边的纪律严格约束自己，做一个遵纪守法、道德高尚的人。

6. 法治与德治是冲突的吗

杨老师,1997年9月召开的党的十五大上明确提出了依法治国的基本方略,2014年10月,党的十八届四中全会作出了《中共中央关于全面推进依法治国若干重大问题的决定》,制定了更全面、更具体、更有针对性的依法治国路径图,但早在以江泽民同志为核心的党的第三代中央领导集体就提出了以德治国的治国方略,那么,"法治"与"德治"是什么关系? 二者有冲突吗?

党的十八届四中全会通过的《中共中央关于全面推进依法治国若干重大问题的决定》(以下简称《决定》)提出了"坚持依法治国和以德治国相结合"的"法德并重"的社会治理新模式,既重视发挥法律的规范作用,又重视发挥道德的教化作用,以法治体现道德理念、强化法律对道德建设的促进作用,以道德滋养法治精神、强化道德对法治文化的支撑作用,实现法律和道德相辅相成、法治和德治相得益彰。

德治只强调义务,法治既强调权利又强调义务,日本学者町田富秀曾说,道德强调"勿杀人",法律则于"勿杀人"之后又有"杀人者处死刑"。这一观点明确指出了国家和社会治理需要法律和道德共同发挥作用。法律和道德作为上层建筑的组成部分,在国家治理和社会治理中都有其独特的地位和功能。发挥法律的规范作用,以其权威性和强制性规范社会成员的行为,用法律的准绳去衡量、规范、引导社会生活,这就是法治。发挥道德的教化作用,以其说服力和劝导力提高社会成员的思想道德觉悟,用道德的引导来规范人们的行为和调节社会关系,这就是德治。法治和德治,犹如车之两轮、鸟之双翼,不可偏废。依法治国是党领导人民治理国家的基本方略,法治在国家和社会治理中占有极其重要的地位,但法治的作用不是万能的,良法善治必须同德治紧密结合。道德是法律的基础,法律承载着社会的价值理想和道德追求。一些道德规范可以凝结为法律约束,一些法律规范可以转化为道德要求。它们在功能上互相促进,互相依靠。"徒善不足以为政,徒法不能以自行。"法律的实施要靠道德的依托,只有那些合乎道德、具有深厚道德基础的法律才能为更多人所自觉遵行,他律必须转化为自律才能更好地起作用;法律对道德的实践又具有强大的支撑和保障作用,可以通过强制性规范人们的行为、惩罚违法行为来引领道德风尚。在新形势下只有把法治作为治国理政的基本方式,同时注重用道德调节人们的行为,把依法治国和以德治国紧密结合起来,大力培养既有法治信仰又有高尚道德情操,既接受他律又能够自律的新人,才能确保经济社会协调发展和全面进步。

坚持依法治国和以德治国相结合,是坚持走中国特色社会主义法治道路的内在要求。中国特色社会主义法治道路内涵十分丰富,其中一个原则要求就是坚持依法治国和以德治国相结合。要贯彻科学立法、严格执法、公正司法、全民守法,必须营造良好的法治环境;要确立宪法精神、法治观念、法治思维、法治文化,必须营造良好的人文环境。法治环境,要靠法治引领和规范。人文环境,要靠德治教化和滋养。与此同时,我们党要更好地统筹社会力量、平衡社会利益、调节社会关系、规范社会行为,也必须同时发挥好法律的力量和道德的力量。总之,只有坚持和落实好依法治国和以德治国相结合,统筹推进法治建设和德治建设,使法律和道德在国家和社会治理中共同发挥作用,才能使中国特色社会主义法治道路越走越宽广,确保国家长治久安,不断开拓中国特色社会主义更加广阔的发展前景。

在全面推进依法治国中,发挥好法律的规范作用,必须以法治体现道德理念、强化法律对道德建设的促进作用。要按照建设中国特色社会主义法治体系的要求,注意把一些基本道德规范转化为法律规范,使法律法规更多体现道德理念和人文关怀,使道德有可靠的制度支撑和刚性约束,更好地用法律的权威增强人们培育和践行社会主义核心价值观的自觉性,以法律的强制力来强化道德作用,以法治的力量推动全社会道德素质提升。要深入开展法治宣传教育,建设社会主义法治文化,增强全民法治意识和道德自觉。法律广泛宣传、广为人知的过程,就是推动其蕴含的价值理念、道德观念深入人心的过程。要发挥法治扶正祛邪、激浊扬清的社会功能,通过严格公正执法、司法营造扬善惩恶的社会风气。执法、司法既是法律行为,也体现着鲜明的道德导向。严格公正执法、司法,是对法律尊严的捍卫,也是对先进道德的彰扬;而执法不严、司法不公,则是对法律尊严的无视,也是对恶行的纵容、对美德的贬损。要通过法律来惩治严重的不道德行为。法律是道德的底线,也是道德的屏障。道德依靠法律的强制性来保障底线。对那些伤风败俗的丑恶行为、激起公愤的缺德现象,仅靠道德教育是远远不够的,必须运用法治手段进行治理,让败德违法者付出高昂代价,发挥其对整个社会的警示教育作用,为道德建设"保驾护航"。

在全面推进依法治国中,发挥好道德的教化作用,必须以道德滋养法治精神、强化道德对法治文化的支撑作用。法律依赖道德而被认同和遵行。法律的权威来自人民的内心拥护和真诚信仰。再多再好的法律,必须转化为人们内心自觉才能真正为人们所遵行。"不知耻者,无所不为。"没有道德滋养,法治文化就缺乏源头活水,法律实施就缺乏坚实的社会基础。只有坚持以道德为滋养,法治才有坚实的社会基础和广阔的发展空间。要把社会主义核心价值观贯彻到法治体系建设的各方面和全过程。推进社会主义法治,不仅法律的制定要体现社会主义道德规范的要求,完善与社会主义道德规范相协调的法律体系,而且法律的实施更应以社会主义核心价值观为指引,确保法律的实施不违背立法宗旨、不偏离正确方向。要把社会主义核心价值观作为检验法律实施效果的重要标尺,使执法司法行为既遵从法律标准又符合道德标准,既于法有据又合乎情理,获得坚实的民意基础、道义基础。良好的公民道德是建设法治社会的重要基础和前提。要加强公民道德建设,大力弘扬社会主义核心价值观,弘扬中华传统美德,加强社会公德、职业道德、家庭美德、个人品德建设,引导人们自觉履行法定义务、社会责任、家庭责任,建设社会主义法治文化,形成守法光荣、违法可耻的社会氛围,使全体人民同时成为社会主义法治和社会主义核心价值观的忠实崇尚者、自觉遵守者、坚定捍卫者。

全面推进依法治国是一个系统工程,是国家治理领域一场广泛而深刻的革命,必须综合运用各种手段,坚持法治和德治两手抓、两手都要硬。我们要深入学习贯彻党的十八届四中全会精神和习近平总书记重要讲话精神,立足我国历史传统和现实国情,坚定不移走中国特色社会主义法治道路,更加自觉地坚持依法治国和以德治国相结合,使法治与德治有机地统一于建设中国特色社会主义的伟大实践,使依法治国和以德治国共同发力、相互促进,更好地建设科学立法、严格执法、公正司法、全民守法的社会主义法治国家,奋力开创全面推进依法治国新局面。

7. 在我国是法的权力大还是党的权力大

杨老师,最近我们同学看了一些文献资料,都在讨论一个问题,感觉在我们国家除了法律之外,还有很多的行为规范,跟其他国家不同。比如,我们国家特别讲道德。还有,我们国家有不少人是中国共产党党员,我们同学身边就有,他们还要遵守党纪。这里面关系说起来都很复杂哦。那我想问的是,在我们国家到底是法的权力大还是党的权力大?

关于法的权力大还是党的权力大,这是一个伪命题,是诱导我们思维混乱的陷阱。如果说党比法大,那就是承认法治、依法治国都是虚假的了,法就不存在了;如果说法比党大,那好像党的领导又出了问题,难以实施了。事实上,不存在这样的对立关系。习近平总书记指出:党和法的关系是一个根本问题,处理得好,则法治兴、党兴、国家兴;处理得不好,则法治衰、党衰、国家衰。党的领导是中国特色社会主义法治之魂。建设中国特色社会主义法治体系,建设社会主义法治国家,必须站在党和国家兴衰存亡的高度,从理论与实践、历史与现实的结合上全面正确回答党的领导与法治的关系问题,这样才能在全面推进依法治国的伟大实践中更加自觉地坚持和实现党的领导。

把党的领导与依法治国对立起来的观点是错误的。我国法律本身就是党的路线方针政策的法律化、制度化,法律是由立法机关通过立法程序加以明确的执政党的政策,党的政策是法律的灵魂和基础。因此,党的政策与法律本身不应该有矛盾。

首先,要正确认识党的领导与法治的基本内涵。

在现实生活中,有人将党和法的关系曲解为党的文件与国家法律适用哪一个、领导指示与国家法治听哪一个、法院依法办案还是按领导说的办案、领导说了算还是法律说了算等。这实际上是对党的领导与法治的内涵以及两者关系存在认识偏差。

第一,我们党是以宪法为根本活动准则,并负有维护宪法尊严、保证宪法实施职责的执政党。法首先是指由国家制定并由国家强制力保证实施、规定权利与义务、调整社会关系的行为规范体系,在我国主要包括宪法、基本法律、法律、行政法规、地方性法规、自治条例和单行条例等;其次法也指法制、法治、依法治国、依法执政、依法行政、依法办事等概念,以及科学立法、严格执法、公正司法、全民守法等概念和活动。

第二,党的十八届四中全会第一次全面系统地回答了如何正确认识党和法的关系问题,在顶层设计和制度安排中把党的领导与依法治国有机统一起来。党的十八届四中全会通过的《决定》从以下六个方面阐释了党与法的关系。一是本质特征。我国宪法确立了中国共产党的领导地位。党的领导是中国特色社会主义最本质的特征,是社会主义法治最根本的保证。二是基本经验。把党的领导贯彻到依法治国全过程和各方面,是我国社会主义法治建设的一条基本经验。三是根本要求。坚持党的领导,是社会主义法治的根本要求,是全面推进依法治国的题中应有之义。四是相互关系。党的领导和社会主义法治是一致的,社会主义法治必须坚持党的领导,党的领导必须依靠社会主义法治。五是依法执政。党依据宪法法律治国理政,依据党内法规管党治党,必须坚持党领导立法、保证执法、支持司法、带头守法。六是党与法高度统一的顶层设计。必须把依法治国基本方略同依法执政基本方式统一起来,把党总揽全局、协调各方同人大、政府、政协、审判机关、检察机关依法依章程履行职能、开展工作统一起来,把党领导人民制定和实施宪法法律同党坚持在宪法法律范围内活动统一起来。所以说,"党大还是法大"是个伪命题。

第三,同时也要清醒地看到,实践中在一些地方和部门以及某些领导干部中依然存在权大于法、以权压法、以言废法、有法不依、执法不严、违法不究、司法不公、贪赃枉法等问题,于是就会有人将这些问题归责于我国的政治体制、党的领导和社会主义法治。因此,我们在从理论与制度结合上讲清党与法高度统一的前提下,还要在全面推进依法治国的实践中下大力解决好依法治权、依法治官、切实把权力关进法律和制度笼子里的问题。

其次,要深刻理解党的领导与法治的高度统一。

在我国宪法和法律确认和保障的以生产资料的社会主义公有制为基础的经济制度和人民当家作主的政治制度下,在党代表中国最广大人民根本利益而无任何私利的政治基础上,党与人民、党与国家、党与法不是矛盾对立的关系,而是和谐一致、高度统一的关系。

第一,从党的领导与社会主义法治的本质来看。我们党代表中国最广大人民的根本利益,党除了工人阶级和最广大人民的利益,没有自己特殊的利益。社会主义法治以人民为主体,以依法治权、依法治官为手段,以保障人民根本权益为出发点和落脚点,保证人民依法享有广泛的权利和自由、承担应尽的义务,维护社会公平正义,促进共同富裕。党的领导与社会主义法治归根结底都以人民利益为根本利益,高度统一于全心全意为人民服务的本质属性和内在要求上。

第二,从宪法来看。宪法作为国家的根本法,具有最高法律效力,是党领导人民治国安邦的总章程。我国宪法不仅以根本法的形式确定了党在带领人民进行革命、建设和改革进程中的领导地位和作用,确立了党是领导全国各族人民把我国建设成为富强、民主、文明、和谐的社会主义国家的领导核心,而且以根本法形式规定国家实行依法治国,维护社会主义法制统一和尊严的原则,要求包括中国共产党在内的各政党必须以宪法为根本的活动准则,并且负有维护宪法尊严、保证宪法实施的职责;必须遵守宪法和法律,一切违反宪法和法律的行为必须予以追究;任何组织或者个人都不得有超越宪法和法律的特权。宪法的这些规定,以国家根本法的形式为党与法的高度统一提供了宪法依据。

第三,从党章来看。党章是党内制度和行为的最高规范,是从严治党、依规治党的根本规矩,是保证党与法高度统一的根本党内法规。党章明确要求必须坚持党的领导、人民当家作主、依法治国有机统一,建设社会主义法治国家。党章专门规定,党必须在宪法和法律的范围内活动,所有共产党员都必须模范遵守国家的法律法规。党章的这些规定,比宪法的有关规定更加具体、更加严格、更有针对性。

第四,从党的路线方针政策法律化来看。在我国,宪法和法律是党的路线方针政策的定型化、条文化和法律化,这就从法律规范的渊源上最大限度地保证了我们党关于改革发展稳定的重大决策与国家立法的统一协调,使党和法的关系在国家法律制度体系中有机统一起来。

第五,从国家科学立法、民主立法来看。立法实质上是党的主张和人民意志,通过立法程序转变为国家意志的产物。国家立法机关在充分发扬民主基础上,把反映人民整体意志和根本利益的党的主张,通过科学立法、民主立法程序,及时转变为国家意志,从而实现党的主张、人民意志到国家意志的转换提升,保证了党的领导与依法治国的有机统一。

第六,从坚持党的领导和司法机关依法独立公正行使职权来看。在我国,坚持党的领导与法院检察院依法独立公正行使司法权是相互统一、彼此一致的关系,体现了坚持党的领导与依法独立公正行使司法权的统一。

同时,我们还要把党的领导贯彻到依法治国全过程和各方面。社会主义法治必须坚持党的领导,党的领导必须依靠社会主义法治。法是党的主张和人民意愿的统一体现,党领导人民制定宪法法律,党领导人民实施宪法法律,党自身必须在宪法法律范围内活动,这就是党的领导力量的体现。

作为当代大学生,要正确理解党的领导与依法治国的关系,坚持党的领导与依法治国有机统一,党的领导是中国特色社会主义法治之魂,党领导人民制定法律,党也要领导人民执行法律,同时党还要在宪法和法律范围内活动。

第八篇 践行法治

8. 法治思维是什么

杨老师,十八届四中全会提出,要运用法治思维和法治方式,深化改革、推动发展、化解矛盾、维护稳定,那么,什么是法治思维呢?

法治思维说到底是将法律作为判断是非和处理事务的准绳,是人们按照法治的理念、原则和标准判断、分析和处理问题的理性思维方式。它是相对于人治思维而言的,法治思维是一种逻辑的、理性的思维方式;而人治思维判断、分析和处理问题的基点是个体的人或少数人的感性,具有任意性和个体性。习近平总书记要求,各级领导干部要提高运用法治思维和法治方式深化改革、推动发展、化解矛盾、维护稳定能力,努力推动形成办事依法、遇事找法、解决问题用法、化解矛盾靠法的良好法治环境,在法治轨道上推动各项工作。我们可以从四个维度来讲法治思维。

首先,法治思维是一种底线思维。底线是不可逾越的警戒线,是事物质变的临界点。一旦突破底线,就会发生质变,出现坏的结果。在社会生活中,难免会遇到各种纠纷、矛盾、烦恼,有时甚至容易情绪失控,在化解矛盾、纠纷以及烦恼过程中,坚持法治思维就是要坚持底线思维,对法纪制度要时刻怀有敬畏之心,做到不越边界、不踩红线、不碰高压线,这样才能少走"弯路"、不入"歧途"。重庆男司机被女司机多次违章超车后,气急败坏,逼停女司机并进行殴打,这位男司机由于情绪失控,失去了底线,触犯了法律。

其次,法治思维是一种规则思维。法律是由一整套规则组成的,法治思维是基于法律规则的一种思维方式,具体体现为一种规则意识。这种规则意识主要是指对各种规则的遵守和执行意识。法律意识、法治观念都是法治思维的思想基础,而在法律意识、法治观念中,规则意识是最重要的归结点,强化和提高全社会的规则意识,成为法律实施乃至建设法治国家的关键性因素。青年大学生不仅要了解、熟悉相关的法律规则,更要树立对规则或法律规则的信仰,养成自觉遵守法律规则的习惯,并形成一种基本的思维方式,用于指导具体工作生活实践。

最后,法治思维是一种权利思维。法治的终极目标是保护公民权利,青年大学生在学习生活中,既要维护自己的合法权利,也要尊重别人的合法权利。权利思维应当包含以下四个方面的内容:第一,不得侵犯公民的合法权利,绝不可为了实现自己的权利而侵犯其他人的合法权利,养成办事依法、遇事找法、解决问题用法、化解矛盾靠法的良好法治习惯,不能用违法的方式维护合法的权利,否则,自己也要承担法律责任。第二,要实现权力与权利的平衡,应当明确公权力与私权利之间的边界。两者边界的划分标准是不一样的,公权力适用"法无授权即禁止"的原则,凡是未经法律明确授予的权力都不是合法权力,都是不可为的,而对私权利来说,则是"法无禁止即自由",每个公民只要他不违背法律就应允许他按照自己的方式追求其利益。公权力的有限性决定了其边界和慎用,因此权利思维的基本要求就是行使公权力的人要明确自身权力行使的边界,不得侵犯私权利,真正做到依法办事。第三,实现权利与义务的平衡,法治思维是以权利义务作为思考主线的思维活动。权利的行使和义务的履行是建立在他人权利的享有和义务的履行的基础上的。也就是说,公民权利的行使,同时意味着要求他人履行相应的义务,与此相对应,公民在行使权利的时候也必须承担不妨碍他人权利行使的义务,公民相互之间权利的行使和义务的履行是相互对应、互为条件的。现代社会是利益主体多元的社会,不同的利益主体和个体之间必然存在利益矛盾和利益冲突,要实现深化改革,推动发展,化解矛盾,维护稳定的目的,就必须依法协调不同的利益关系,平衡权利和义务的关系。第四,法治思维是一种契约思维。契约作为商品交换的条件,本身就是当事人各方为了实现各自的利益预期所设计的必须共同遵循的行为规则。它既是一种集权利和义务于一体,又最大限度地体现了当事人合意的行为规范。由于契约关系存在,因而对契约负责是一种契约精神,这种契约精神的基本要求就是自由平等、遵守规则、诚实守信。契约精神对我国社会主义法治国家的建设以及建立和完善社会主义市场经济起着不可替代的作用。契约是法治社会体现公平原则最主要的载体,法治精神首先是契约精神,法治意识的培育首先是契约意识的培育,法治思维的运用必定是契约思维的运用。

9. 怎样培养自己的法治思维

杨老师,在学习其他学科的时候,老师们常常告诫我们要培养相关的思维方式,以便于相关学科的学习。比如哲学思维、数理思维。在"思想道德修养与法律基础"课中,有法治思维。我们应如何培养法治思维呢?

我觉得培养法治思维就要培养底线思维、规则思维、权利思维和契约思维,具体可以从以下几方面着手。

首先,树立法治信仰,敬畏法律,做尊法表率。法治信仰,是对法治油然而生的神圣情感,是对法治发自内心的认同和尊崇。信仰法治,就会对法治怀有敬畏之心,就会发自内心地主动尊重法律,而不是被动地不得不遵守法律。美国思想家爱默生说过:"谁把法律看成是枷锁,就在开始毁灭自己。"内心时刻充满对法律的崇尚、敬畏、尊重,才不会把法律看成是束缚,而是行为准则和对个人合法权益的保护。

其次,深化法治认识,加强学习,做懂法榜样。"知是行之始",要培养法治思维,就要打好"知"的基础,中组部干部监督局在分析违法犯罪的多名原领导干部反省材料后发现,81.4%的人认为自己犯罪与不懂法有关。随着我国法治建设的不断推进,法律的调整范围已经延伸到社会的方方面面,要不断适应社会发展和时代进步的需要,不断增强学法的自觉性、主动性,养成乐学善学的良好习惯。当然法律条文种类繁多,不可能样样精通,一定要抓住重点,宪法是国家的根本法,要放在学习的首位,对与自身工作密切相关的法律法规必须熟练精通,尤其要弄明白法律规定什么事能干、什么事不能干,知晓行为做事的尺度。

再次,坚守法治底线,筑牢防线,做守法标兵。对每个公民来讲,守法是应有的素质、应尽的义务。人人守法、时时守法、处处守法,法治建设才能落到实处。要把遵守宪法法律作为基本准则,正确处理权与法、情与法、利与法的关系,自觉在宪法法律范围内活动,再忙不忘法,再急不违法。自觉用法律约束和规范自己的行为,这是养成法治思维最核心的要求。正如我的一个学生告诉我的那样："老师，毕业后，我去了大上海自主创业，无论是最初历尽艰辛，还是现在取得初步成功，我能向您保证的是，我没干过一件违法的事。"

最后，提高法治素养，厉行法治，做用法模范。法律的生命力在于实施，法律的权威也在于实施。要时刻绷紧法治这根弦，真用法律、善用法律、用好法律，遇事多从法律的角度去分析、去思考，谋划解决问题的办法时多想一想有没有法律依据，会有什么样的法律责任，在面临多种手段、方法和行为选择时，能够自觉运用法律作为价值判断标准，依法决策、依法办事，真正实现在法律的框架内谋划发展思路、实施各项行为，运用法律保护自身各项权利。

相关链接

中共中央关于全面推进依法治国若干重大问题的决定*（节选）

（二〇一四年十月二十三日中国共产党第十八届中央委员会第四次全体会议通过）

为贯彻落实党的十八大作出的战略部署，加快建设社会主义法治国家，十八届中央委员会第四次全体会议研究了全面推进依法治国若干重大问题，作出如下决定。

一、增强全民法治观念，推进法治社会建设

法律的权威源自人民的内心拥护和真诚信仰。人民权益要靠法律保障，法律权威要靠人民维护。必须弘扬社会主义法治精神，建设社会主义法治文化，增强全社会厉行法治的积极性和主动性，形成守法光荣、违法可耻的社会氛围，使全体人民都成为社会主义法治的忠实崇尚者、自觉遵守者、坚定捍卫者。

（一）推动全社会树立法治意识。坚持把全民普法和守法作为依法治

* 摘自《人民日报》，2014年10月29日第01版。

国的长期基础性工作，深入开展法治宣传教育，引导全民自觉守法、遇事找法、解决问题靠法。坚持把领导干部带头学法、模范守法作为树立法治意识的关键，完善国家工作人员学法用法制度，把宪法法律列入党委（党组）中心组学习内容，列为党校、行政学院、干部学院、社会主义学院必修课。把法治教育纳入国民教育体系，从青少年抓起，在中小学设立法治知识课程。

健全普法宣传教育机制，各级党委和政府要加强对普法工作的领导，宣传、文化、教育部门和人民团体要在普法教育中发挥职能作用。实行国家机关"谁执法谁普法"的普法责任制，建立法官、检察官、行政执法人员、律师等以案释法制度，加强普法讲师团、普法志愿者队伍建设。把法治教育纳入精神文明创建内容，开展群众性法治文化活动，健全媒体公益普法制度，加强新媒体新技术在普法中的运用，提高普法实效。

牢固树立有权力就有责任、有权利就有义务观念。加强社会诚信建设，健全公民和组织守法信用记录，完善守法诚信褒奖机制和违法失信行为惩戒机制，使尊法守法成为全体人民共同追求和自觉行动。

加强公民道德建设，弘扬中华优秀传统文化，增强法治的道德底蕴，强化规则意识，倡导契约精神，弘扬公序良俗。发挥法治在解决道德领域突出问题中的作用，引导人们自觉履行法定义务、社会责任、家庭责任。

（二）推进多层次多领域依法治理。坚持系统治理、依法治理、综合治理、源头治理，提高社会治理法治化水平。深入开展多层次多形式法治创建活动，深化基层组织和部门、行业依法治理，支持各类社会主体自我约束、自我管理。发挥市民公约、乡规民约、行业规章、团体章程等社会规范在社会治理中的积极作用。

发挥人民团体和社会组织在法治社会建设中的积极作用。建立健全社会组织参与社会事务、维护公共利益、救助困难群众、帮教特殊人群、预防违法犯罪的机制和制度化渠道。支持行业协会商会类社会组织发挥行业自律和专业服务功能。发挥社会组织对其成员的行为导引、规则约束、权益维护作用。加强在华境外非政府组织管理，引导和监督其依法开展活动。

高举民族大团结旗帜，依法妥善处置涉及民族、宗教等因素的社会问题，促进民族关系、宗教关系和谐。

（三）建设完备的法律服务体系。推进覆盖城乡居民的公共法律服务体系建设，加强民生领域法律服务。完善法律援助制度，扩大援助范围，健全司法救助体系，保证人民群众在遇到法律问题或者权利受到侵害时获得及时有效法律帮助。

发展律师、公证等法律服务业，统筹城乡、区域法律服务资源，发展涉外法律服务业。健全统一司法鉴定管理体制。

（四）健全依法维权和化解纠纷机制。强化法律在维护群众权益、化解社会矛盾中的权威地位，引导和支持人们理性表达诉求、依法维护权益，解决好群众最关心最直接最现实的利益问题。

构建对维护群众利益具有重大作用的制度体系，建立健全社会矛盾预警机制、利益表达机制、协商沟通机制、救济救助机制，畅通群众利益协调、权益保障法律渠道。把信访纳入法治化轨道，保障合理合法诉求依照法律规定和程序就能得到合理合法的结果。

健全社会矛盾纠纷预防化解机制，完善调解、仲裁、行政裁决、行政复议、诉讼等有机衔接、相互协调的多元化纠纷解决机制。加强行业性、专业性人民调解组织建设，完善人民调解、行政调解、司法调解联动工作体系。完善仲裁制度，提高仲裁公信力。健全行政裁决制度，强化行政机关解决同行政管理活动密切相关的民事纠纷功能。

深入推进社会治安综合治理，健全落实领导责任制。完善立体化社会治安防控体系，有效防范化解管控影响社会安定的问题，保障人民生命财产安全。依法严厉打击暴力恐怖、涉黑犯罪、邪教和黄赌毒等违法犯罪活动，绝不允许其形成气候。依法强化危害食品药品安全、影响安全生产、损害生态环境、破坏网络安全等重点问题治理。

二、加强和改进党对全面推进依法治国的领导

党的领导是全面推进依法治国、加快建设社会主义法治国家最根本的保证。必须加强和改进党对法治工作的领导，把党的领导贯彻到全面推进依法治国全过程。

（一）坚持依法执政。依法执政是依法治国的关键。各级党组织和领导干部要深刻认识到，维护宪法法律权威就是维护党和人民共同意志的权威，捍卫宪法法律尊严就是捍卫党和人民共同意志的尊严，保证宪法法律实施就是保证党和人民共同意志的实现。各级领导干部要对法律怀有敬畏之心，牢记法律红线不可逾越、法律底线不可触碰，带头遵守法律，带头依法办事，不得违法行使权力，更不能以言代法、以权压法、徇私枉法。

健全党领导依法治国的制度和工作机制，完善保证党确定依法治国方针政策和决策部署的工作机制和程序。加强对全面推进依法治国统一领导、统一部署、统筹协调。完善党委依法决策机制，发挥政策和法律的各自优势，促进党的政策和国家法律互联互动。党委要定期听取政法机关工作汇报，做促进公正司法、维护法律权威的表率。党政主要负责人要履行推进法治建设第一责任人职责。各级党委要领导和支持工会、共青团、妇联等人民团体和社会组织在依法治国中积极发挥作用。

人大、政府、政协、审判机关、检察机关的党组织和党员干部要坚决贯彻党的理论和路线方针政策，贯彻党委决策部署。各级人大、政府、政协、审判机关、检察机关的党组织要领导和监督本单位模范遵守宪法法律，坚决查处执法犯法、违法用权等行为。

政法委员会是党委领导政法工作的组织形式，必须长期坚持。各级党委政法委员会要把工作着力点放在把握政治方向、协调各方职能、统筹政法工作、建设政法队伍、督促依法履职、创造公正司法环境上，带头依法办事，保障宪法法律正确统一实施。政法机关党组织要建立健全重大事项向党委报告制度。加强政法机关党的建设，在法治建设中充分发挥党组织政治保障作用和党员先锋模范作用。

（二）加强党内法规制度建设。党内法规既是管党治党的重要依据，也是建设社会主义法治国家的有力保障。党章是最根本的党内法规，全党必须一体严格遵行。完善党内法规制定体制机制，加大党内法规备案审查和解释力度，形成配套完备的党内法规制度体系。注重党内法规同国家法律的衔接和协调，提高党内法规执行力，运用党内法规把党要管党、从严治党落到实处，促进党员、干部带头遵守国家法律法规。

党的纪律是党内规矩。党规党纪严于国家法律，党的各级组织和广大党员干部不仅要模范遵守国家法律，而且要按照党规党纪以更高标准严格要求自己，坚定理想信念，践行党的宗旨，坚决同违法乱纪行为作斗争。对违反党规党纪的行为必须严肃处理，对苗头性倾向性问题必须抓早抓小，防止小错酿成大错、违纪走向违法。

依纪依法反对和克服形式主义、官僚主义、享乐主义和奢靡之风，形成严密的长效机制。完善和严格执行领导干部政治、工作、生活待遇方面各项制度规定，着力整治各种特权行为。深入开展党风廉政建设和反腐败斗争，严格落实党风廉政建设党委主体责任和纪委监督责任，对任何腐败行为和腐败分子，必须依纪依法予以坚决惩处，决不手软。

（三）提高党员干部法治思维和依法办事能力。党员干部是全面推进依法治国的重要组织者、推动者、实践者，要自觉提高运用法治思维和法治方式深化改革、推动发展、化解矛盾、维护稳定能力，高级干部尤其要以身作则、以上率下。把法治建设成效作为衡量各级领导班子和领导干部工作实绩重要内容，纳入政绩考核指标体系。把能不能遵守法律、依法办事作为考察干部重要内容，在相同条件下，优先提拔使用法治素养好、依法办事能力强的干部。对特权思想严重、法治观念淡薄的干部要批评教育，不改正的要调离领导岗位。

（四）推进基层治理法治化。全面推进依法治国，基础在基层，工作重点在基层。发挥基层党组织在全面推进依法治国中的战斗堡垒作用，增强基层干部法治观念、法治为民的意识，提高依法办事能力。加强基层法治机构建设，强化基层法治队伍，建立重心下移、力量下沉的法治工作机

181

制,改善基层基础设施和装备条件,推进法治干部下基层活动。

(五)深入推进依法治军从严治军。党对军队绝对领导是依法治军的核心和根本要求。紧紧围绕党在新形势下的强军目标,着眼全面加强军队革命化现代化正规化建设,创新发展依法治军理论和实践,构建完善的中国特色军事法治体系,提高国防和军队建设法治化水平。

坚持在法治轨道上积极稳妥推进国防和军队改革,深化军队领导指挥体制、力量结构、政策制度等方面改革,加快完善和发展中国特色社会主义军事制度。

健全适应现代军队建设和作战要求的军事法规制度体系,严格规范军事法规制度的制定权限和程序,将所有军事规范性文件纳入审查范围,完善审查制度,增强军事法规制度科学性、针对性、适用性。

坚持从严治军铁律,加大军事法规执行力度,明确执法责任,完善执法制度,健全执法监督机制,严格责任追究,推动依法治军落到实处。

健全军事法制工作体制,建立完善领导机关法制工作机构。改革军事司法体制机制,完善统一领导的军事审判、检察制度,维护国防利益,保障军人合法权益,防范打击违法犯罪。建立军事法律顾问制度,在各级领导机关设立军事法律顾问,完善重大决策和军事行动法律咨询保障制度。改革军队纪检监察体制。

强化官兵法治理念和法治素养,把法律知识学习纳入军队院校教育体系、干部理论学习和部队教育训练体系,列为军队院校学员必修课和部队官兵必学必训内容。完善军事法律人才培养机制。加强军事法治理论研究。

(六)依法保障"一国两制"实践和推进祖国统一。坚持宪法的最高法律地位和最高法律效力,全面准确贯彻"一国两制"、"港人治港"、"澳人治澳"、高度自治的方针,严格依照宪法和基本法办事,完善与基本法实施相关的制度和机制,依法行使中央权力,依法保障高度自治,支持特别行政区行政长官和政府依法施政,保障内地与香港、澳门经贸关系发展和各领域交流合作,防范和反对外部势力干预港澳事务,保持香港、澳门长期繁荣稳定。

运用法治方式巩固和深化两岸关系和平发展，完善涉台法律法规，依法规范和保障两岸人民关系、推进两岸交流合作。运用法律手段捍卫一个中国原则、反对"台独"，增进维护一个中国框架的共同认知，推进祖国和平统一。

依法保护港澳同胞、台湾同胞权益。加强内地同香港和澳门、大陆同台湾的执法司法协作，共同打击跨境违法犯罪活动。

（七）加强涉外法律工作。适应对外开放不断深化，完善涉外法律法规体系，促进构建开放型经济新体制。积极参与国际规则制定，推动依法处理涉外经济、社会事务，增强我国在国际法律事务中的话语权和影响力，运用法律手段维护我国主权、安全、发展利益。强化涉外法律服务，维护我国公民、法人在海外及外国公民、法人在我国的正当权益，依法维护海外侨胞权益。深化司法领域国际合作，完善我国司法协助体制，扩大国际司法协助覆盖面。加强反腐败国际合作，加大海外追赃追逃、遣返引渡力度。积极参与执法安全国际合作，共同打击暴力恐怖势力、民族分裂势力、宗教极端势力和贩毒走私、跨国有组织犯罪。

各级党委要全面准确贯彻本决定精神，健全党委统一领导和各方分工负责、齐抓共管的责任落实机制，制定实施方案，确保各项部署落到实处。

全党同志和全国各族人民要紧密团结在以习近平同志为总书记的党中央周围，高举中国特色社会主义伟大旗帜，积极投身全面推进依法治国伟大实践，开拓进取，扎实工作，为建设法治中国而奋斗！

第九篇　权利与义务

作者简介

陈绪林,法学硕士,安徽机电职业技术学院副教授,中国人民大学访问学者,曾在清华大学、美国加州州立大学长滩分校进修学习。主要从事思想政治教育理论与实践研究。在《中国高教研究》《高校辅导员学刊》等刊物发表论文10余篇,出版专著1部。主持安徽省高等教育振兴计划思想政治教育综合改革计划弘扬核心价值观名师工作室之"形势与政策"课名师工作室项目、省人文社科重点项目各1项,省级一般项目3项。曾获安徽省教学成果三等奖2项。

作为一个普通公民,大多数情况下,很少有人专门来讨论权利与义务问题,因为日常的生活很少直接涉及。但是社会快速发展,已经不容我们蜗居一隅,"躲进小楼成一统"。相互沟通,多维发展,已经成为人们不可逃避的现实。关注公民的权利和义务,不仅仅是为了防备自己触犯法律,更重要的是,要清楚作为一名大学生、一个普通的公民,有哪些权利是可以享受的,同时有哪些义务需要尽职尽责地去履行。因此,讨论权利与义务,学习相关知识,对于我们每一个人,尤其是大学生,具有重要的现实价值。

访谈实录

1. 公民最基本的权利与义务有哪些

陈老师，作为公民，我们受到国家法律的保护。但具体我们得到了哪些保护，我们并不清楚。您能跟我们具体谈谈我国公民最基本的权利和义务有哪些？

每个公民都有自己神圣不可侵犯的权利和应尽的义务，只是人们很多时候没有意识到而已。具体说来，公民最基本的权利和义务大致有如下一些主要内容。

宪法规定我国公民的基本权利主要包括以下十个方面。一是平等权，即法律面前一律平等。二是政治权利和自由，包括选举权和被选举权，言论、出版、集会、结社、游行、示威的自由。三是宗教信仰自由。四是人身与人格权，包括人身自由不受侵犯，人格尊严（姓名权、肖像权、名誉权、荣誉权、隐私权）不受侵犯，住宅不受侵犯，通信自由和通信秘密受法律保护。五是监督权，包括对国家机关及其工作人员有批评、建议、申诉、控告、检举并依法取得赔偿的权利。六是社会经济权利，包括劳动权利，劳动者休息权利，退休人员生活保障权利，因年老、疾病、残疾或丧失劳动能力时从国家和社会获得社会保障与物质帮助的权利。七是社会文化权利和自由，包括受教育权利，进行科研、文艺创作和其他文化活动的自由。八是妇女保护权，包括妇女在政治、经济、文化、社会和家庭生活等方面享有同男子同等的权利。九是婚姻、家庭、母亲和儿童受国家保护。十是华侨、归侨和侨眷的正当权利和利益受国家保护。

我国公民的基本义务主要有六个方面。一是维护国家统一和各民族团结。二是必须遵守宪法和法律、保守国家秘密、爱护公共财物、遵守劳动纪律、遵守公共秩序、尊重社会公德。三是维护祖国的安全、荣誉和利益。四是保护祖国、依法服兵役和参加民兵组织。五是依照法律纳税。

六是其他方面的义务,包括父母有抚养未成年子女的义务,成年子女有赡养扶助父母的义务等。

说起来,公民的权利和义务有很多内容,不好识记。我们可以把握一些权利和义务的特点方便我们加深理解。那么,我国公民的基本权利和义务有哪些特点呢?

一是基本权利是由宪法所确定的一种综合性的权利体系。所谓基本权利是指宪法赋予的、表明权利主体在权利体系中重要地位的权利。基本权利作为宪法调整的权利形态,在整个权利体系中处于核心与基础地位,其基本特征表现在:第一,基本权利表明公民的宪法地位;第二,基本权利是一国权利体系的基础;第三,基本权利是稳定的权利体系;第四,基本权利一般具有不可转让性;第五,基本权利具有综合性。总之,基本权利是宪法赋予公民的最基本的、最重要的权利,表明了公民在国家中的地位,反映了国家权力与公民权利的相互关系,是一个国家政治制度运行的基础。

二是基本义务是指宪法规定的公民必须履行的法律责任。公民的基本义务决定着公民在国家生活中的政治与法律地位。宪法规定的基本义务特征表现在:第一,基本义务表明公民的宪法地位;第二,基本义务具有制度保障或法律保留的性质;第三,基本义务与基本权利的一体性。在现代社会中,在宪法规定的基本义务背后实际上存在着基本权利的价值体系,两者处于同等的地位,把基本义务仅仅看作某种责任或负担的想法是不正确的,应当从积极的角度揭示基本义务的地位与作用。

这里还要注意权利和义务两者之间的关系。基本权利与基本义务在不同层次上既有同一性,又有差异性。

一是基本权利与基本义务的辩证统一关系。关于公民的基本权利与义务的关系,马克思主义认为:没有无义务的权利,也没有无权利的义务。这个一般原理,为现代人权观念所公认。

二是基本权利与基本义务的价值主次关系。权利和义务是法的核心问题,两者之间不存在以谁为本位的问题,撇开法律赋予谁以权利和加给谁以义务这一本质问题,讨论谁为本位是没有意义的。从法律规范的构成上看,权利和义务是保护和约束人们行为的两个方面,其质的规定性由具体行为的主导方面是保护还是约束所决定。由于任何一方都不可能单独存在,故而根本就无固定的权利或义务本位。从法的关系的构成要素来看,权利和义务是人们一定关系的定型化。在同一法律关系中,法对统治阶级是权利本位,而对被统治阶级则是义务本位。

2. 在权利与义务面前是否人人平等

陈老师,我们知道,每个人都有权利和义务,那每个人的权利和义务是否都一样呢?也就是说,在我们国家,人们在权利与义务面前是否人人平等?

权利与义务面前是否人人平等?其实就是法律面前是否人人平等,即权利的行使是否平等,义务的履行是否平等。

首先,法律面前人人平等的理论意义是不容置疑的。"法律面前人人平等"的口号,最早是由资产阶级启蒙思想家卢梭等人提出来的,清末民初传入中国。1954年,"法律面前人人平等"的原则被庄严地写进新中国的第一部宪法。"文革"期间,这一法律原则遭到"四人帮"的严重破坏,直到1982年才被重新提出并被再次写入宪法。"法律面前人人平等"是当今世界各国关于权利平等保护的基本原则。从字面上看,"平"就是没有高下之分,"等"就是没有大小之别,因此"平等"的本义就是没有差别。而法律平等就是在法律地位上没有差别,具体包括四个方面的内容,即法律人格的平等、法律权利的平等、法律义务的平等和法律对待的平等。

法律人格的平等,是指每个人都享有同样的人格尊严,法律应该承认并保护这种尊严。我国的宪法、刑法以及民法通则都承认并保护公民的人格平等。法律权利的平等,指每个人都平等地享有宪法和法律规定的权利。平等权利是法律平等的中心内容。当然,宪法和法律作出这种规定,必须有充分合理的根据。

法律权利的平等,是指法律赋予公民权利能力的平等,在同等条件下公民具有获得相同权利的资格,在具体进入权利领域的时候,公民能否依据自己的能力获得所需要的权利,是权利主体自身的事情。行为能力的不平等是法律无力解决的问题,因此法律只能承认它的存在。正是由于行为能力的不平等,才出现了公民享有权利的千差万别,公民不能因此而抱怨法律的不平等。

法律义务的平等,是指所有公民都必须平等地履行宪法和法律规定的义务。任何权利的实现,都需要以相应的义务的履行为条件。因此,平等的义务是平等的权利实现的条件。如果公民不履行平等的义务,则其平等的权利就难以得到保障。平等的义务,应把平等的责任包括在内,因为法律责任是一种特殊的法律义务,即不履行法律义务时所应承担的法律义务。

法律对待的平等,是指法律对所有的人都一视同仁,不管是保护还是惩罚都是平等的,不得因人而异。一方面,所有的人不分民族、种族、性别、职业、家庭出身、宗教信仰、教育程度、财产状况、居住期限等,其合法权益都一律平等地受到宪法和法律的保护;另一方面,所有的人不论其地位有多高、权利有多大、身份有多特殊(除宪法和法律规定的特权),一旦违法犯罪都毫无例外地应当受到法律的制裁。但由于每个人在具体情况、关系和属性方面千差万别,所以平等对待不可能是绝对的、毫无差别的。平等对待是相对的,合理的差别对待恰恰是平等原则所允许的。

坚持"法律面前人人平等"原则,对于树立社会主义法治理念、推进我国法治进程具有十分重要的意义。一是它能充分地显示出我国社会主义制度的优越性,使人民群众树立国家主人翁的责任感;二是它鲜明地反对法外特权,使得国家公务人员特别是司法人员保持廉洁;三是它鲜明地反对法外歧视,有利于贯彻执行"以事实为根据,以法律为准绳"的司法原则;四是它要求人人严格依法办事,充分享有宪法权利和履行法律义务,有利于维护法律权威,健全社会主义法制。

其次,"法律面前人人平等"的现实状况不容乐观。从1954年新中国把"法律面前人人平等"原则以宪法的形式固定下来,到1982年这一原则被重新写入宪法,到党的十六大把坚持这一原则作为推进我国政治体制改革,加强社会主义法制建设的一项重要任务摆上党中央和各级党委的重要议事日程,标志着中国共产党人带领全国人民进行了长期的、艰苦的探索和不懈的努力之后,终于找到了一条适合中国国情的民主法治建设的成功之路。

应当肯定的是,随着改革开放的不断深入和民主政治进程的加快,我国全体公民的法律意识在不断增强,越来越多的人学会了用法律手段来维护自己的合法权益。各级政法机关以公正执法、执法为民为目的,采取强有力的措施,规范执法行为,确保执法公正,使法律面前人人平等原则得以贯彻执行,从成克杰、胡长清等高官的伏法,到韩桂芝、马德之流的落马;从厦门远华特大走私案的查处,到红塔集团董事长、玉溪烟厂厂长褚时健的入狱,反映了党中央进行反腐败的决心和力度。但是,当前我国在贯彻执行法律平等原则方面还存在许多弊端。原因主要有两个:一是法律虽然规定了公民平等的权利和义务,但是由于种种原因,这种法律平等的原则并没有被严格执行;二是法律自身的局限性,所谓法律面前人人平等,更多地表现为政治地位的平等,一种权利和资格的平等。要实现"形式平等"和"事实平等"的一致还需经过长期艰苦的努力,它告诉我们,建立法治社会是一个漫长而艰难的过程,需要我们一代又一代人为之不懈地奋斗。

3. 权利与义务会因时而变吗

陈老师,在我国古代就有不同朝代的律令,国民党时期也有,它们都有关于权利与义务的问题。那么,我们今天讲的权利与义务会因时代的变化而变化吗?

法律有一个产生、发展与消亡的过程,法律随着社会的发展而发展,随着时代的变化而变化。作为法律重要组成部分的权利与义务也会随着时代的变化而变化,随着历史的发展而发展。要正确理解权利与义务的关系及其变化,主要可以从以下几个方面来理解:

首先,我们要了解法律的产生与发展的历史。法律是规范人类行为的一般准则,它的产生有其自身的社会轨迹。按照马克思的观点:法是阶级的产物,是阶级社会特有的社会现象,是在人类社会发展到阶级社会时所产生的一种调整人类关系的手段。阶级不是从来就有的,它本身就是人类历史特定阶段的产物。原始社会是一个没有阶级的社会,当时人们生活在一种生产力水平低下且和谐的状态中,因此,法律在当时是不存在的,人们对法律也没有特殊的需求。由于原始人自身固有的缺陷和自然条件的恶劣,造成生产力水平极端低下,以至于个人无法独自生存。因此,他们在本能的驱使下认识到"由于社会合作有可能使所有的人比任何孤军奋斗的人过上更好的生活",所以,不同的人就不得不谋求联合,走共同生存的道路,并最终在最原始、最本能的生存目标支配下合成一体。虽然人类为着同一的最高利益,目标暂时达成基本一致,但是利益的不同性永远存在,也就意味着利益分层仍旧发生着作用,即使被最根本、最高利益所掩盖和压制,它依旧是不安分的。每个人、每个群体都存在着各自的不同利益,即使尚未呈现出明显的外部特征,利益差别依然存在,难免会产生矛盾、发生冲突。产生的问题需要解决,因此就需要一些普遍的被原始人共同接受的原则来调整他们之间的利益关系。诚如恩格斯所言,一切问题,都由当事人自己解决,在大多数情况下,历来的习俗就把一切调整好了。随着生产力的提高,原始社会逐步过渡到了奴隶社会。奴隶社会开始出现分工,这也就意味着阶级的出现和阶级矛盾的产生。这时,恩格斯所说的"习俗"已经不足以调整当时的社会关系了,统治阶级需要更有利于自己阶级的规范出现,以便于更好地维护自己的利益。因此,随着社会需要的发展,世界上第一部比较完整的成文法典《汉谟拉比法典》出现了。这部法典竭力维护不平等的社会等级制度和奴隶主贵族的利益,比较全面地反映了古巴比伦社会的情况。

社会的发展让历史不得不选择法律的出现。当共同利益分化为众多个体利益,而这些个体利益之间又导致普遍的利益冲突,当道德和传统舆论都不足以有效维持社会存在与发展所必需的基本秩序时,法律的产生就成为了一种必需,并进入人类生活的各个领域。由此可见,当各阶级之间出现利益冲突和道德冲突时,法律是缓和冲突并把冲突保持在秩序允许范围内的最好的一剂"良药"。随着法律的产生,从而也就产生了用法律的方式规定各个阶级与阶层的权利、义务以及权利与义务之间的关系。

其次,要正确理解法律权利和法律义务的性质。法律权利和法律义务是一对关系密切的概念,应当以相互联系的眼光看待它们的基本性质,而不应孤立地理解它们各自的性质。根据这一前提,可以从三个方面理解法律权利和法律义务的性质。从来源来看,法律权利和法律义务一般都来源于法律的明文规定,或者法律虽未明文规定,但可以从法律的规定中推导出来。后一类法律权利和法律义务通常被称为默示的或推定的权利和义务。从范围来看,法律权利和法律义务都有明确的界限。法律规定的权利和义务的种类及范围,受社会物质生活条件、政治文明程度以及文化发展水平制约,以社会承受能力为限度。每项法律权利和法律义务都有法定界限。无论是行使权利,还是履行义务,都应当在法定界限内进行。我国宪法第五十一条明确规定:"中华人民共和国公民在行使自由和权利的时候,不得损害国家的、社会的、集体的利益和其他公民的合法的自由和权利。"

再次,要正确把握法律权利和法律义务的关系。从法律的历史和实践来看,法律权利与法律义务之间存在着多方面的复杂关系。一般说来,可以把法律权利与法律义务的关系,概括为结构上的相关关系、总量上的等值关系、功能上的互补关系三个方面。结构上的相关关系——法律权利和法律义务两者是对立统一的。法律权利与法律义务,一个表征利益,另一个表征负担。它们是法律这一事物中两个分离的、相反的成分和因素,是两个互相排斥的对立面。同时,它们又相互依存、相互贯通。一方的存在和发展都必须以另一方的存在和发展为条件。可以说,没有无义务的权利,也没有无权利的义务。

最后,懂得如何适当行使法律权利,正确履行法律义务。权利的行使要合法。第一,依法行使权利,不得滥用权利。宪法规定,中华人民共和国公民在行使自由和权利的时候,不得损害国家的、社会的、集体的利益和其他公民的合法的自由和权利。比如,公民依法享有言论自由,但是不得发表违反宪法原则的言论,不得通过言论对他人进行侮辱和诽谤,等等。世界上从来就没有也不可能有不受任何限制的所谓绝对的自由,自由作为一种权利,不仅要受到社会、经济、文化条件的限制,还要受到法律的限制。因为任何人都是生活在特定的社会群体之中,绝不能不顾其他人的利益想做什么就做什么。谁要享有自由,就要遵守法律。第二,依法维护自身的合法权益。当自身的合法权益遭受不法侵害时,应当学会拿起法律武器来维权,不是忍气吞声自认倒霉,也不是采用非理智的方法自行解决。我国宪法第三十三条规定:"任何公民享有宪法和法律规定的权利,同时必须履行宪法和法律规定的义务。"宪法不仅赋予公民广泛的权利,而且规定了公民应尽的义务,每一个公民必须以国家主人翁的姿态,忠实地履行宪法和法律规定的各项义务,树立正确的权利义务观念,培养社会主义公民意识,自觉履行义务。公民履行义务的要求是自觉。怎样才能做到自觉呢? 如果仅仅是出于对惩罚的畏惧或服从权威的习惯,那必然是消极、被动地履行义务,一旦无人监督或者可能逃避处罚时,自然就会产生不履行法律义务、规避法律义务的现象。要改变这一状况,必须树立一种新的守法观念,那就是,履行法律义务是公民的基本社会责任。只有这样,才能增强守法的自觉性。

权利与义务是法律制度中的核心内容,它会随着历史的发展而发展,随着时代的变化而变化。在实践中,法律权利与义务观念是公民法律意识培养中的重要环节。作为当代大学生,要正确看待自己的权利,在享受权利的同时要积极履行自己应尽的义务。

4. 行使法律权利与履行法律义务有没有前提条件

陈老师,既然人人都有权利和义务,人人都要行使法律权利和履行法律义务,那么,人们在行使法律权利、履行法律义务时有没有前提条件?

首先,马克思主义认为,权利的产生、发展和实现,都必须以一定的社会经济条件为基础,即"权利决不能超出社会的经济结构以及由经济结构制约的社会的文化发展"①。强调社会的物质生活条件对权利的制约和决定作用,这是马克思主义权利观与其他权利观的根本区别。马克思主义权利观认为,权利就是一定的社会物质生活条件所制约的行为自由,是法律允许权利人为满足自己的利益而采取的由义务人所保证实现的法律手段。因此,可以将法律权利概括为,权利主体依法要求义务主体作出某种行为或者不作出某种行为的资格。

法律权利具有以下四个方面的特征。第一,法律权利的内容、种类和实现程度受社会物质生活条件的制约。经济社会发展了,社会财富增加了,法律规定的权利才会越来越多,权利实现的程度才会越来越高。不能脱离一个国家或地区的经济社会发展阶段和水平空谈权利及其实现。第二,法律权利的内容、分配和实现方式因社会制度和国家法律的不同而存在差异。同样一种权利,在不同的社会制度下和不同的国家法律中表现形式有所不同。第三,法律权利不仅由法律规定或认可,而且受法律维护或保障,具有不可侵犯性。法律权利一旦受到侵害后,权利人有权通过法律手段寻求救济,有权要求国家机关惩罚侵权人,有权要求侵权人承担法律责任。由国家强制力保障其实现,这是法律权利区别于其他权利的根本所在。第四,法律权利必须依法行使,不能不择手段地行使法律权利。国家机关行使权力不得任性,公民个人行使法律权利也不得任性。个人违反法律规定的条件或超越正当界限而行使权利的,属于滥用权利。滥用权利是一种违法行为,不仅不受法律保护,而且要承担法律责任。

其次,法律义务是指政治上、法律上、道义上应当承担的责任。法律

①《马克思恩格斯选集》第3卷,人民出版社2012年版,第364页。

义务与法律权利相对应,是指法律规定的、以作为或者不作为的方式履行对他人的责任。作为社会义务的一种,只有承担法律义务的人履行法律义务,享有法律权利的人才能实现自己的合法权益。法律义务的履行表现为两种形式:一种是作为,是指义务人实施积极的行为,如子女通过经常看望和提供财物等行为履行赡养父母的义务等;另一种是不作为,是指义务人不得实施某种行为,如未经许可不得公开他人的隐私等。法律义务具有法定的强制性,违反法律义务必须承担法律责任。根据法律规定,违反法律义务导致的法律责任包括民事责任、行政责任和刑事责任等。

法律义务具有以下几个特点:

其一,法律义务是历史的。法律义务的内容和履行方式是随着经济社会的发展和人权保障的进步而不断调整和变化的。例如,随着我国经济社会的发展,国家免除了农民缴纳土地税的义务;随着国民收入的提高,国家逐步调整个人所得税的起征标准,收入在起征点以下的人群缴纳所得税的义务也随之被免除;随着信息社会和汽车时代的到来,人们维护信息安全和遵守交通规则的义务则相应增多;等等。其二,法律义务源于现实需要。一个国家或地区的制度性质、历史传统、文化背景、宗教信仰和安全形势等因素,会对法律义务的设定产生重要影响。例如,有些国家出于安全的考虑,规定每个身体健康的成年男子必须服兵役若干年,否则就要受到法律惩罚。其三,法律义务必须依法设定。法律义务必须由具有法律职权的国家机关依照法律程序设定,其他国家机关不得设定法律义务。坚持义务法定,是法治国家和保障人权的重要方面。例如,我国明文规定,限制公民人身和财产权利的法律必须由国家立法机关制定,行政机关即政府不得制定限制公民人身或财产权利的法规。党的十八届四中全会决定指出,行政机关要"坚持法无授权不得为",不得通过行政法规减损公民的权利。坚持义务法定,是依法治国和人权保障的重要体现。其四,法律义务可能发生变化。法律义务可能因一些情形的出现而转化、派生或消灭。公民和社会组织承担的法律义务,在履行的过程中可能会因一些特殊情形而出现转化、派生或免除。例如,债务人欠债权人的钱财,

第九篇 权利与义务

由于债权人在法定的期限(2年)内没有行使索要的权利,债务人原来承担的强制归还义务就转化为自愿归还义务。

总之,人和社会的法律权利和法律义务都是受一定社会经济发展状况所决定的,无论是行使法律权利还是履行法律义务,都必须依法进行。

5.如何看待法律权利的享有与法律义务的履行

陈老师,听您这么一说,我们就清楚了,其实行使法律权利和履行法律义务都是有一定条件的,并不是无条件的。但在现实生活中,作为一个普通人,好像尽义务的多,而行使权利的少,是不是法律权利只是少数人的享受?法律义务是多数人的劳动?

法律权利与法律义务的关系就像一枚硬币的两面,密不可分、相互依存、互利共赢。没有权利,义务的设定就失去了目的和根据;没有义务,权利的实现也就成为空话。

首先,二者是辩证统一的。第一,法律权利和法律义务是相互依存的关系,法律权利的实现必须以相应法律义务的履行为条件,如只有开发商履行交房义务,购房人才能行使房主的权利。同样,法律义务的设定和履行也必须以法律权利的行使为根据,法治社会中不存在没有权利根据的法律义务。例如,债务人的还款义务,来自于其先前取得权利人财物的行为。第二,法律权利与法律义务是目的与手段的关系。离开了法律权利,法律义务就失去了履行的价值和动力。同样,离开了法律义务,法律权利也形同虚设。第三,法律权利和法律义务还具有二重性的关系,即一个行为可以同时是权利行为和义务行为。例如,教师为学生上课,既是行使教学权利,也是履行教学义务。即同一个行为,既具有权利性质,又具有义务性质。

其次,二者是平等的。法律权利与法律义务平等,是现代法治的基本原则,是社会公平正义的重要方面。法律权利与法律义务平等表现为法律面前人人平等,这里的平等讲的就是享受权利和履行义务平等。我国宪法和刑法等法律都明确规定了法律面前人人平等这一原则,不允许一些人只享受权利不承担义务或者多享受权利少承担义务,另一些人只承担义务不享受权利或者多承担义务少享受权利,反对任何形式的厚此薄彼。同时,在法律权利和法律义务的具体设定上要平等。例如,对于一个具体的民事侵权或者刑事犯罪行为设定法律义务,就必须与权利受到侵害的程度相适应,不能超出公正和平等的限度设定权利。权利与义务的实现要体现平等。法律权利与法律义务的平等实现,要求权利人只能按照权利的内容行使权利,不能"得理不饶人",向义务人提出过分要求。同样,义务人必须满足权利人的合法权益,不得变相或部分逃避应当承担的法律义务。

最后,二者是互利互赢的。从表面上看,法律权利表现为"需要""获得""占有"等属性,似乎只对权利人有利;法律义务表现为"必须""给予""付出"等属性,似乎只对义务人不利。但实际上,在国家规定的法律权利与法律义务相一致的情况下,在实行法律权利与法律义务人人平等的制度中,一个人无论是行使权利还是履行义务,都是对自己有利的。

总之,我们不能简单、机械、静止地理解法律权利与法律义务的关系。法律权利不是少数人的享受,法律义务也不是多数人的劳动。

6. 法律权利和人权之间有什么关系

陈老师,一般来说,法律都是为了保护人民利益的,即维护人权的。但我们也看到,在现实的生活实践中,法律有时干涉了甚至是危害了一些人的利益,西方国家也常拿一些个例来说我们国家人权状况不好。当然,我们能够理解这种恶意的曲解背后的图谋。不过这里确实有一个问题令人困惑,那就是法律权利和人权之间有什么关系?

法律权利是指权利主体要求义务主体作出某种行为或者不作出某种行为的资格。人权是指人按其本质和尊严享有或应当享有的基本权利。人权与法律存在着不可分割的关系,二者相互作用,相互影响。我们先来看人权对法律的作用。

首先,人权是法律的目的与源泉。一方面,人类社会的一切生产活动,上层建筑中的各种因素以及一切形式的意识形态,都应该为了社会的存在、进步和发展。只有在社会整体意义上,物质生产提高,自然环境改善,文学艺术繁荣和发展,优良的政治制度建立,才可能论及人权的实现,人的各项具体权利受到尊重、得到保障,因此人权就自然成了法律的目的。另一方面,随着社会发展、科技进步以及人类对环境和自身认识的进一步深化,一些需要用法律调整的新的社会关系会大量涌现,而已经有法律调整的社会关系也在变化,所以人权又是法律发展的源泉。

其次,人权是判断法律善恶的标准。人权是人类文明进步所要实现的价值目标之一,同时也作为一种评判法律善恶的价值标准而存在。因为法律是社会关系的调节器,它的着眼点是人,如果法律自身不体现一定的道德要求,不体现一定的人权精神,不考虑人的最基本的价值需求,不反映基本的人道主义内容,那么它不仅是违反人性和道德的,而且它可能就是产生社会动荡的直接原因。

总之,人权对法律的作用体现在:它指出了立法和执法所应坚持的人道主义标准和要求;它可以诊断现实社会生活中法律侵权的症结,从而提出相应的法律救济的标准和途径;它有利于实现法律的有效性,促进法律的自我完善。

再来看看法律对人权的作用。法律对人权的作用主要体现在确认和保护人权的实现上。没有法律对人权的确认、宣布和保护,人权要么只是停留在道德权利的应有状态,要么经常面临受侵害的危险而无法救济。人权的法律保护是人权实现的最直接的保障手段。对人权的法律保护可以分为两个层次:

其一是对人权的国内法保护。同其他保护手段相比,此种保护具有明显优势。一方面,它设定了人权保护的一般标准,从而避免了其他保护(如政策)手段的随机性和相互冲突的现象;另一方面,人权的法律保护以国家强制力为后盾,因而具有国家强制性和权威性、普遍有效性。

其二是对人权的国际法保护。第二次世界大战以来,人权问题不再是单纯意义上"国内问题"。人权的实现归根结底应该建立在世界各国平等合作、和睦共处的基础上。在国际上,人权的国际标准要通过国际公约来规定和体现;国际人权的实现,不能离开国际法的支持和保障。

最后,人权可以作为判断法律善恶的标准,法是人权的体现和保障。尽管并非人权的所有内容都由法律规定,都成为公民权,但法律权利无疑是人权首要的和基本的内容,可以说大部分人权都反映在法律权利上。人权与法律权利的关系具体表现在,人权的基本内容是法律权利的基础,只有争得了最基本的人权,才能将一般人权转化为法律权利。法律权利是人权的体现和保障,人权只有以法律权利的形式存在才有其实际意义,基本人权必须法律化。

7. 法律与人情谁轻谁重

陈老师,在生活中我们也常听到一些事情,比如谁触犯了法律,但后来找了人帮忙,大事化小,小事化了。当然,事实可能没有我们听起来的那么简单。这里面有我们国家最常见的问题,就是人情问题。那么,我想问,在我们今天讲依法治国的社会治理大背景下,法律与人情谁轻谁重?

法律与人情的关系不能简单地说谁轻谁重。

我们先谈谈什么是人情。一般来说,人情即人之常情。在"天理国法人情"的语境下,人情的含义可以理解成尊重社情民意、民风民俗,也可以理解为对人的关爱。在普通民众的生活中,人情往往被理解为一种人际关系以及在这种关系中所包含的亲情、友情等。中国社会是一个人情社会,费孝通先生认为,重人情是中国传统社会的固有特点,本质上,重人情充分体现了传统社会的团体性特征。李泽厚提出"情本体"的看法,认为儒家把人情看作人存在的基本方式。在一个人情味很浓的社会,人们经常感觉到亲友的温暖和关爱,这种友情和亲情,是人类最为美好的感情之一。中国人重情尚义,讲究知恩图报,这也是中华民族优秀品质的体现。在人与人之间的交往中,重视人情也是做人的基本道理。

再谈谈什么是法律。法律是由国家制定或认可并以国家强制力保证实施的,反映由特定社会物质条件所决定的统治阶级意志的规范体系。

党的十五大提出依法治国、建设社会主义法治国家的基本方略,党的十八届四中全会对全面推进依法治国作出了新部署。

那么法律与人情是什么关系呢? 从根本上说,法律与人情是一致的,法律不外乎人情,法律伸张正义,维护老百姓的合法权益,体现了人情的一面。可以说法律就是具有普遍约束力的人情,是规范的人情。但是法律与人情也有相冲突的时候,在这时,要坚持法律大于人情,不能让人情干扰社会主义法律的实施。

在现代利益多元化、复杂化的社会中,以法律为准则来规范人们的行为、调整人际关系,才能更有效地维护社会的和谐和有序。而罔顾法律,试图以人情为纽带来维持和睦往往是不够的,且成本高昂,尤其是人情味过浓,就有可能变味,形成人情网、关系网。所谓任人唯亲,其实就是人情味变味的结果,把选拔人才、任命干部的标准,变为个人之间关系的亲疏远近标准,而不再是唯才是举、选贤与能。

人情味变味,很容易影响司法公正。在"人情大于王法"的语境下,人情在一定程度上可以凌驾于法律之上,在这个意义上,人情是个贬义词,它反映了传统社会中人情对法律的侵蚀和破坏。古代法家历来强调法不阿贵、赏罚分明、执法公正。在这一点上,法家的思想与现代法治的精神有一定的相似性。法官为了保持其独立公正,不能受人情左右。

法律与人情具有各自的逻辑,两个维度不同,但各自发挥其影响,没有谁轻谁重之说。在现代社会中,人与人之间需要亲情和友情,需要温暖,这样生活才会变得更加温馨。但同时又需要有明确的法律来约束人的行为,防止人们的行为逾越一定的界限。绝不能让人情凌驾于法律之上,否则将会严重影响我国全面推进依法治国战略的贯彻实施。

相关链接

在首都各界纪念现行宪法公布施行30周年大会上的讲话*

（2012年12月4日）

习近平

同志们，朋友们：

1982年12月4日，五届全国人大五次会议通过了《中华人民共和国宪法》。我国现行宪法公布施行至今已经30年了。今天，我们在这里隆重集会，纪念这一具有重大历史意义和现实意义的事件，就是要保证宪法全面有效实施、推动全面贯彻党的十八大精神。

历史总能给人以深刻启示。回顾我国宪法制度发展历程，我们愈加感到，我国宪法同党和人民进行的艰苦奋斗和创造的辉煌成就紧密相连，同党和人民开辟的前进道路和积累的宝贵经验紧密相连。

我国现行宪法可以追溯到1949年具有临时宪法作用的《中国人民政治协商会议共同纲领》和1954年一届全国人大一次会议通过的《中华人民共和国宪法》。这些文献都以国家根本法的形式，确认了近代100多年来中国人民为反对内外敌人、争取民族独立和人民自由幸福进行的英勇斗争，确认了中国共产党领导中国人民夺取新民主主义革命胜利、中国人民掌握国家权力的历史变革。

1978年，我们党召开具有重大历史意义的十一届三中全会，开启了改革开放历史新时期，发展社会主义民主、健全社会主义法制成为党和国家坚定不移的基本方针。就是在这次会议上，邓小平同志深刻指出："为了保障人民民主，必须加强法制。必须使民主制度化、法律化，使这种制度和法律不因领导人的改变而改变，不因领导人的看法和注意力的改变而改变。"根据党的十一届三中全会确立的路线方针政策，总结我国社会

---

* 摘自《光明日报》，2012年12月5日第02版。

主义建设正反两方面经验，深刻吸取十年"文化大革命"的沉痛教训，借鉴世界社会主义成败得失，适应我国改革开放和社会主义现代化建设、加强社会主义民主法制建设的新要求，我们制定了我国现行宪法。同时，宪法只有不断适应新形势、吸纳新经验、确认新成果，才能具有持久生命力。1988年、1993年、1999年、2004年，全国人大分别对我国宪法个别条款和部分内容作出必要的、也是十分重要的修正，使我国宪法在保持稳定性和权威性的基础上紧跟时代前进步伐，不断与时俱进。

我国宪法以国家根本法的形式，确立了中国特色社会主义道路、中国特色社会主义理论体系、中国特色社会主义制度的发展成果，反映了我国各族人民的共同意志和根本利益，成为历史新时期党和国家的中心工作、基本原则、重大方针、重要政策在国家法制上的最高体现。

30年来，我国宪法以其至上的法制地位和强大的法制力量，有力保障了人民当家作主，有力促进了改革开放和社会主义现代化建设，有力推动了社会主义法治国家进程，有力促进了人权事业发展，有力维护了国家统一、民族团结、社会稳定，对我国政治、经济、文化、社会生活产生了极为深刻的影响。

30年来的发展历程充分证明，我国宪法是符合国情、符合实际、符合时代发展要求的好宪法，是充分体现人民共同意志、充分保障人民民主权利、充分维护人民根本利益的好宪法，是推动国家发展进步、保证人民创造幸福生活、保障中华民族实现伟大复兴的好宪法，是我们国家和人民经受住各种困难和风险考验、始终沿着中国特色社会主义道路前进的根本法制保证。

再往前追溯至新中国成立以来60多年我国宪法制度的发展历程，我们可以清楚地看到，宪法与国家前途、人民命运息息相关。维护宪法权威，就是维护党和人民共同意志的权威。捍卫宪法尊严，就是捍卫党和人民共同意志的尊严。保证宪法实施，就是保证人民根本利益的实现。只要我们切实尊重和有效实施宪法，人民当家作主就有保证，党和国家事业就能顺利发展。反之，如果宪法受到漠视、削弱甚至破坏，人民权利和自由就无法保证，党和国家事业就会遭受挫折。这些从长期实践中得出的宝贵启示，必须倍加珍惜。我们要更加自觉地恪守宪法原则、弘扬宪法精神、履行宪法使命。

在充分肯定成绩的同时，我们也要看到存在的不足，主要表现在：保证宪法实施的监督机制和具体制度还不健全，有法不依、执法不严、违法不究现象在一些地方和部门依然存在；关系人民群众切身利益的执法司法问题还比较突出；一些公职人员滥用职权、失职渎职、执法犯法甚至徇私枉法严重损害国家法制权威；公民包括一些领导干部的宪法意识还有待进一步提高。对这些问题，我们必须高度重视，切实加以解决。

同志们、朋友们！

党的十八大强调，依法治国是党领导人民治理国家的基本方略，法治是治国理政的基本方式，要更加注重发挥法治在国家治理和社会管理中的重要作用，全面推进依法治国，加快建设社会主义法治国家。实现这个目标要求，必须全面贯彻实施宪法。

全面贯彻实施宪法，是建设社会主义法治国家的首要任务和基础性工作。宪法是国家的根本法，是治国安邦的总章程，具有最高的法律地位、法律权威、法律效力，具有根本性、全局性、稳定性、长期性。全国各族人民、一切国家机关和武装力量、各政党和各社会团体、各企业事业组织，都必须以宪法为根本的活动准则，并且负有维护宪法尊严、保证宪法实施的职责。任何组织或者个人，都不得有超越宪法和法律的特权。一切违反宪法和法律的行为，都必须予以追究。

宪法的生命在于实施，宪法的权威也在于实施。我们要坚持不懈抓好宪法实施工作，把全面贯彻实施宪法提高到一个新水平。

第一，坚持正确政治方向，坚定不移走中国特色社会主义政治发展道路。改革开放以来，我们党团结带领人民在发展社会主义民主政治方面取得了重大进展，成功开辟和坚持了中国特色社会主义政治发展道路，为实现最广泛的人民民主确立了正确方向。这一政治发展道路的核心思想、主体内容、基本要求，都在宪法中得到了确认和体现，其精神实质是紧密联系、相互贯通、相互促进的。国家的根本制度和根本任务,国家的领导核心和指导思想,工人阶级领导的、以工农联盟为基础的人民民主专政的国体,人民代表大会制度的政体,中国共产党领导的多党合作和政治协商制度、民族区域自治制度以及基层群众自治制度,爱国统一战线,社会主义法制原则,民主集中制原则,尊重和保障人权原则,等等,这些宪法确立的制度和原则,我们必须长期坚持、全面贯彻、不断发展。

坚持中国特色社会主义政治发展道路,关键是要坚持党的领导、人民当家作主、依法治国有机统一,以保证人民当家作主为根本,以增强党和国家活力、调动人民积极性为目标,扩大社会主义民主,发展社会主义政治文明。我们要坚持国家一切权力属于人民的宪法理念,最广泛地动员和组织人民依照宪法和法律规定,通过各级人民代表大会行使国家权力,通过各种途径和形式管理国家和社会事务、管理经济和文化事业,共同建设,共同享有,共同发展,成为国家、社会和自己命运的主人。我们要按照宪法确立的民主集中制原则、国家政权体制和活动准则,实行人民代表大会统一行使国家权力,实行决策权、执行权、监督权既有合理分工又有相互协调,保证国家机关依照法定权限和程序行使职权、履行职责,保证国家机关统一有效组织各项事业。我们要根据宪法确立的体制和原则,正确处理中央和地方关系,正确处理民族关系,正确处理各方面利益关系,调动一切积极因素,巩固和发展民主团结、生动活泼、安定和谐的政治局面。我们要适应扩大人民民主、促进经济社会发展的新要求,积极稳妥推进政治体制改革,发展更加广泛、更加充分、更加健全的人民民主,充分发挥我国社会主义政治制度优越性,不断推进社会主义政治制度自我完善和发展。

第二,落实依法治国基本方略,加快建设社会主义法治国家。宪法确立了社会主义法制的基本原则,明确规定中华人民共和国实行依法治国,建设社会主义法治国家,国家维护社会主义法制的统一和尊严。落实依法治国基本方略,加快建设社会主义法治国家,必须全面推进科学立法、严格执法、公正司法、全民守法进程。

我们要以宪法为最高法律规范,继续完善以宪法为统帅的中国特色社会主义法律体系,把国家各项事业和各项工作纳入法制轨道,实行有法可依、有法必依、执法必严、违法必究,维护社会公平正义,实现国家和社会生活制度化、法制化。全国人大及其常委会要加强重点领域立法,拓展人民有序参与立法途径,通过完备的法律推动宪法实施,保证宪法确立的制度和原则得到落实。国务院和有立法权的地方人大及其常委会要抓紧制定和修改与法律相配套的行政法规和地方性法规,保证宪法和法律得到有效实施。各级国家行政机关、审判机关、检察机关要坚持依法行政、公正司法,加快推进法治政府建设,不断提高司法公信力。国务院和地方各级人民政府作为国家权力机关的执行机关,作为国家行政机关,负有严格贯彻实施宪法和法律的重要职责,要规范政府行为,切实做到严格规范公正文明执法。我们要深化司法体制改革,保证依法独立公正行使审判权、检察权。全国人大及其常委会和国家有关监督机关要担负起宪法和法律监督职责,加强对宪法和法律实施情况的监督检查,健全监督机制和程序,坚决纠正违宪违法行为。地方各级人大及其常委会要依法行使职权,保证宪法和法律在本行政区域内得到遵守和执行。

第三,坚持人民主体地位,切实保障公民享有权利和履行义务。公民的基本权利和义务是宪法的核心内容,宪法是每个公民享有权利、履行义务的根本保证。宪法的根基在于人民发自内心的拥护,宪法的伟力在于人民出自真诚的信仰。只有保证公民在法律面前一律平等,尊重和保障人权,保证人民依法享有广泛的权利和自由,宪法才能深入人心,走入人民群众,宪法实施才能真正成为全体人民的自觉行动。

我们要依法保障全体公民享有广泛的权利,保障公民的人身权、财产权、基本政治权利等各项权利不受侵犯,保证公民的经济、文化、社会等各方面权利得到落实,努力维护最广大人民根本利益,保障人民群众对美好生活的向往和追求。我们要依法公正对待人民群众的诉求,努力让人民群众在每一个司法案件中都能感受到公平正义,决不能让不公正的审判伤害人民群众感情、损害人民群众权益。我们要在全社会加强宪法宣传教育,提高全体人民特别是各级领导干部和国家机关工作人员的宪法意识和法制观念,弘扬社会主义法治精神,努力培育社会主义法治文化,让宪法家喻户晓,在全社会形成学法尊法守法用法的良好氛围。我们要通过不懈努力,在全社会牢固树立宪法和法律的权威,让广大人民群众充分相信法律、自觉运用法律,使广大人民群众认识到宪法不仅是全体公民必须遵循的行为规范,而且是保障公民权利的法律武器。我们要把宪法教育作为党员干部教育的重要内容,使各级领导干部和国家机关工作人员掌握宪法的基本知识,树立忠于宪法、遵守宪法、维护宪法的自觉意识。法律是成文的道德,道德是内心的法律。我们要坚持把依法治国和以德治国结合起来,高度重视道德对公民行为的规范作用,引导公民既依法维护合法权益,又自觉履行法定义务,做到享有权利和履行义务相一致。

第四,坚持党的领导,更加注重改进党的领导方式和执政方式。依法治国,首先是依宪治国;依法执政,关键是依宪执政。新形势下,我们党要履行好执政兴国的重大职责,必须依据党章从严治党、依据宪法治国理政。党领导人民制定宪法和法律,党领导人民执行宪法和法律,党自身必须在宪法和法律范围内活动,真正做到党领导立法、保证执法、带头守法。

我们要坚持党总揽全局、协调各方的领导核心作用,坚持依法治国基本方略和依法执政基本方式,善于使党的主张通过法定程序成为国家意志,善于使党组织推荐的人选成为国家政权机关的领导人员,善于通过国家政权机关实施党对国家和社会的领导,支持国家权力机关、行政机关、审判机关、检察机关依照宪法和法律独立负责、协调一致地开展工作。各级党组织和党员领导干部要带头厉行法治,不断提高依法执政能力和水平,不断推进各项治国理政活动的制度化、法律化。各级领导干部要提高运用法治思维和法治方式深化改革、推动发展、化解矛盾、维护稳定能力,努力推动形成办事依法、遇事找法、解决问题用法、化解矛盾靠法的良好法治环境,在法治轨道上推动各项工作。我们要健全权力运行制约和监督体系,有权必有责,用权受监督,失职要问责,违法要追究,保证人民赋予的权力始终用来为人民谋利益。

同志们、朋友们！

全党全国各族人民要紧密团结在党中央周围，高举中国特色社会主义伟大旗帜，坚持以邓小平理论、"三个代表"重要思想、科学发展观为指导，坚持依法治国、依法执政、依法行政共同推进，坚持法治国家、法治政府、法治社会一体建设，扎扎实实把党的十八大精神落实到各项工作中去，为全面建成小康社会、开创中国特色社会主义事业新局面而努力奋斗！

第十篇　砥砺品质

名师访谈录

作者简介

　　陈绪林,法学硕士,安徽机电职业技术学院副教授,中国人民大学访问学者,曾在清华大学、美国加州州立大学长滩分校进修学习。主要从事思想政治教育理论与实践研究。在《中国高教研究》《高校辅导员学刊》等刊物发表论文10余篇,出版专著1部。主持安徽省高等教育振兴计划思想政治教育综合改革计划弘扬核心价值观名师工作室之"形势与政策"课名师工作室项目、省人文社科重点项目各1项,省级一般项目3项。曾获安徽省教学成果三等奖2项。

一个人的一生有很多重要的东西,比如爱情、学业、职业等。但是,相比较而言,品质可能比这些都重要。试想,没有良好的品质,何来美好的爱情?没有良好的品质,何来优秀的学业?没有良好的品质,哪来好的工作?事实上,品质是一个人在行为、作风上所表现的思想认识、品性等的本质,是一个人需要用一生不断修炼和完善的涵养。青年大学生正处在品质修养的大好时期,应当学会充分地利用有效资源,砥砺品质。

大学生是国家的栋梁,民族的未来。因此,锤炼良好的道德品质是大学生的第一要务。大学生应当自觉加强思想道德修养,在重视整体利益、国家利益、民族利益的基础上,做到诚实守信、艰苦朴素、勤劳节俭、孝敬父母、尊老爱幼、尊师敬业、宽厚待人等,不断进步、不断完善,逐步使自己成为一个品质高尚的人,成为有益于家庭、社会、国家的人。

第十篇　砥砺品质

访谈实录

1. 如何处理个人利益与集体利益的冲突

陈老师,您好,我们知道每个人都生活在一定的集体中,就难免会出现个人利益和集体利益相冲突的时候。当我们的个人利益与集体利益发生冲突时,我们应该如何处理?

马克思曾经在《关于费尔巴哈的提纲》中指出:"人的本质不是单个人所固有的抽象物,在其现实性上,它是一切社会关系的总和。"①因此,人是社会的人,社会是由个体组成的。人离不开社会,离不开集体。有了集体的存在,个人存在才有所保障、有所依托。即使在原始社会,原始人也是共同打猎,共同分享猎物,共同抵御自然界和其他动物的侵害。所以,倡导集体主义必然成为人们的价值选择。在奴隶社会、封建社会和资本主义社会,集体主义逐渐演变成阶级主义,是一种扩大了的集团利己主义。在我国社会主义初级阶段更是如此。生产资料公有制为主体、多种所有制经济共同发展的基本经济制度是实施集体主义的经济基础;工人阶级领导的、以工农联盟为基础的人民民主专政的国体和以人民代表大会制度为根本政治制度的政体为实施集体主义创造了政治基础;而我国的社会主义文化体现了马克思主义指导思想,马克思主义的终极价值追求就是解放全人类,实现人的个性自由和全面发展,所以它为集体主义的实施开辟了文化道路。因此,集体主义成为社会主义道德体系中重要的道德评价尺度。

此外,集体主义是调节社会主义各种利益关系,特别是个人利益与集体利益关系的基本准则。因此,当我们的个人利益与集体利益发生冲突时,我们应该以集体利益为重,必要时,个人利益必须作出一定让步以保障集体利益的实现。在社会主义社会,国家利益、民族利益、整体利益与

①《马克思恩格斯文集》第1卷,人民出版社2009年版,第501页。

个人利益在根本上是一致的,是辩证统一的。所谓集体利益,是指全体劳动人民的政治、经济、文化诸方面利益的总和。个人利益是指个人政治、经济、文化等方面的需求的总和。正因为国家利益、集体利益是所有社会成员的共同利益的统一,体现着个人根本的和长远的利益;每个人的正当利益又是构成国家利益、集体利益不可或缺的组成部分。所以,个人利益与国家利益、集体利益息息相关。在当今社会,我们不能一味地重视国家利益、集体利益,忽视个人正当利益的满足。这在历史上我们有过教训。我们要努力做到将国家利益、集体利益与个人利益共同发展。这里有三个方面的认识需要统一。

首先,国家利益和集体利益高于个人利益,具有至高无上性。历史上,"夙夜在公""以公灭私,民其允怀""国而忘家,公而忘私""先天下之忧而忧,后天下之乐而乐""人生自古谁无死,留取丹心照汗青""国家兴亡,匹夫有责"等思想,都体现了强烈的为国家、为集体奉献的精神。我国有许多为了国家、集体利益而牺牲个人利益的事迹。上至三过家门而不入的大禹,下至为我国航母研发献身的罗阳,他们都是以集体利益、国家利益为重,甚至奉献了自己的生命。说到底,保护国家和集体的共同利益,才能使个人的正当利益和长远利益得到最终捍卫。

其次,我们在注重国家利益和集体利益时,不排斥个人正当利益的满足。恩格斯说,人类社会有两大生产,一是人们所需要的物质资料的生产和再生产,一是人自身的生产和再生产,即种的繁衍。所以,人们为了能够"创造历史",必须能够生活。人类要发展,要进步,就必须满足人们的基本生产和生活需要,需要是人的本性。集体主义与个人利益在根本上是一致的。个人正当利益的满足是集体主义的题中应有之义。只有个人身体、心理得到自由、全面、充分发展,个人尊严得到实现,个人正当利益得到保证,个人价值才能得到最大实现,才能为社会创造更多的财富,社会才能进步,最终个人利益才能得到更好的保障和实现。那种认为强调集体主义就是压抑、限制个人,或者强调个人利益就是拒斥集体主义的思想,都是与集体主义的本质相悖的,是错误的。个人与集体是根本利益一

第十篇　砥砺品质

致基础上的辩证统一。

最后，大学生是民族的未来，国家的栋梁。每一个大学生都有责任和义务为实现共产主义和中国特色社会主义尽自己的一份力，所以当代大学生理应成为实现中华民族伟大复兴中国梦的主体力量。特别是当今，中西文化相互激荡，价值观竞争更趋激烈。作为中国特色社会主义和共产主义的未来接班人和可靠建设者，大学生更要沉稳持重，趁年轻努力学习科学知识，努力锻炼身体，因为无论是革命还是建设，都需要有良好的体魄，在社会主义核心价值观引领下，不断加强个人道德修养、法律修养，使自己成为一个高尚的人。

2. 如何理解"诚信是诚信者的通行证，虚假是虚假者的墓志铭"

有人说"诚信是诚信者的通行证，虚假是虚假者的墓志铭"，听起来就像是玩文字游戏，但好像又有点道理。我们该如何理解呢？

这句话听起来像是绕口令，但却很有道理。作为一种品质，诚信可以为人们打开陌生人之间的通道，所以诚信是诚信者的通行证。而虚假作为一种恶劣的品质，正是使虚假者寸步难行的原因所在，所以虚假是虚假者的墓志铭。为了更清楚地说明这个问题，我想就诚信稍微多说一些。

诚信是人际交往关系建立的基础。马克思主义认为，人是一切社会关系的总和。一名社会成员从儿童时期就要为踏入社会积累经验和知识，从进入学校的第一天，他就面临着与自己的同学、老师打交道的必然选择。随着年龄的增加，特别是进入高等教育阶段，社会成员成长为一名成年人，具有独立且完全的民事和刑事责任能力，他们日渐脱离父母等家人的陪伴，进入用人单位，并且开始组建自己的家庭，参与生命的循环。作为成年人，社会成员不得不大量与陌生人进行交往，从而建立人际关系。在社会成员与陌生人开展初次交往时，诚信就成为必不可少的条件。这是因为，社会成员无论从利益获取的角度还是从道德评判的角度，总是不愿和失信的交往对象建立交往关系，如一些人当面一套、背后又一套,处处欺骗他人、伪装自己,与之交往只能导致自身的利益受损,甚至对自己的名誉产生负面影响,出于趋利避害的目的,人们不愿与之交往,也不会与之建立交往关系。

为了更好地生存与发展,社会成员无法避免地要和陌生人交往,面对陌生人,交往双方对彼此的情况一无所知,但为了确保交往关系的建立,彼此仍需诚信相待。譬如乘坐出租车,乘客上车即是对司机的信任,既包括对司机路线熟悉度的信任,也包括对司机能够保障自己安全的信任,同时,司机对于乘客具有支付租车费用的能力也要保持信任,于是双方才能建立交往关系。社会各领域无不如此,倘若失去了基本的信任,那么社会就无法运转,人们的基本生活也得不到充分保障。可见,无论对于熟人还是陌生人,人际交往关系的建立离不开诚信这一前提,交往中的诚信常常发挥"敲门砖"的作用,为建立稳固而和谐的人际交往关系提供前提。

比如生活中的借贷行为,就很能说明这个问题。家人之间借钱往往是无须担保的,甚至可能是无偿的赠与,因为家人间有着最为亲密的诚信关系,相互间十分信任,且处于同一个利益共同体中。对于关系一般的熟人,借钱是要打借条的,聪明的借款人在借到钱的同时会将借条奉上,以此降低债权人的风险。关系较为亲密的熟人之间发生借钱交往时,往往不用打借条,因为他们之间高度的信任感简化了借贷的复杂性,他们仅仅通过情感的投入就能抵消借款行为中的风险。而对于陌生人而言,相互之间直接的借贷往往是不存在的,需要通过一定的中介来进行,譬如银行、保险机构、证券机构等,社会成员需要从这些中介机构获得信贷支持,因而陌生人之间的低诚信度导致他们彼此间借贷行为的高成本。

3. 如何看待校园里同学之间相互攀比的现象

陈老师,不知道您有没有注意到,在校园里,有一些同学喜欢与其他同学比吃、比穿、比用,精力不花在学习上。您如何看待这种现象?

这不是一种好现象,应该引起教育者们的重视。当然,我们要对这种现象作理性的分析,不能简单地加以批评或指责。

随着人们生活水平的不断提高,校园内有些同学一味地追求品牌,生活上互相攀比,比吃、比穿、比家庭、比消费。有的还到处借钱消费,甚至负债消费。大学生自己本身没有任何收入来源,大多是依赖父母来维持自己的学习和生活,但部分同学攀比心重,不顾家庭实际情况,盲目跟风,大手大脚乱花钱,过度消费。当然,这其中也不乏有些家庭经济状况好的大学生向同学及朋友炫富,讲排场、比时尚、玩潮流等。

当代大学生作为社会消费中的一个群体,有其自身的消费意识和消费方式。大学生的消费现状反映了大学生的现实消费倾向和未来的消费走向,对于研究消费经济和市场需求有重要意义。大学生消费观反映出了大学生的生活现状以及价值取向,研究大学生的消费观可以把握当代大学生的思想和行为特点,对高校的思想道德建设和教学治理都将产生直接影响。一般情况,在校大学生的消费内容主要包括以下几个部分:

学习费用。学习费用是大学生顺利完成学业的保障,在大学生消费中占很大部分,学习费用主要包括两个部分:上交学校的学费和平时自己的学习投入。

基本生活费用。大学生的基本生活费用包括吃、穿、住、行、用几个方面。随着生活水平的提高,从20世纪90年代开始,我国消费水平逐渐由生存型向发展型发展,大学生的基本生活费用也在不断提高。

娱乐消费。大学生消费结构正在发生巨大变化,基本生活费用在大学生消费中所占的比例逐年下降,用于精神享受方面的消费正在逐年上升。

人际交往消费。大学校园作为大学生走向社会的一个平台,已不仅是一个学习文化知识的地方,同时也是一个了解社会、适应社会的地方。学习科学文化知识和培养人际交往技能是大学生活必不可少的两大部分。

大学生消费观有问题,主要是因为大学生生活在"没有围墙"的校园里,全方位地与社会接触,当某些大学生受到享乐主义、拜金主义、奢侈浪费等不良社会风气的侵袭时,如果没有及时得到学校老师和父母的正确引导,容易形成心理趋同的倾向,当学生家庭经济可以满足较高消费时,这些思想就会在他们的消费行为上充分体现。然而,有些家庭经济状况不允许高消费的学生,为了满足自己的消费欲望,也不切实际地追求高消费的生活,甚至为此不惜作出一些损人利己乃至违法的行为。

当然,学校教育环境对学生消费观念的培养有着重要的影响作用。高校思想政治教育对学生消费观教育还没有形成足够的重视,对大学生消费心理和行为研究不足。校风建设范畴中普遍缺少倡导大学生勤俭节约生活消费观的内容。大学生的消费心理和行为除了在个人喜好、穿着打扮等较少方面比较注重突出个性以外,对于时尚品牌、基本生活用品、生活费用的额度等主要消费内容都具有群体从众心理。高校校风主要体现的正是学生的群体心理和行为特征。校风建设应注重塑造和强化学生良好的消费意识和消费行为,培养学生良好的消费习惯。

4. 为什么今天我国社会依然有孩子被遗弃、老人遭虐待呢

陈老师,尊老爱幼是我国的传统美德,在我们今天经济社会快速发展的时代,更应该是"幼有所养,老有所依",可我们却发现社会上依然有孩子被遗弃、老人遭虐待呢?

"夫孝,德之本也,教之所由生也。"(《孝经》)"老吾老以及人之老,幼吾幼以及人之幼。"(《孟子·梁惠王上》)"夫孝,天之经也,地之义也,民之行也。"(《孝经》)尊老爱幼一直是中华民族的传统美德。父母生儿育女,是人类社会得以存续的基本条件,是履行对家庭、社会的一种责任。子女赡养丧失劳动能力的父母,是子女应尽的社会义务。

抚养教育子女是为人父母必须承担的法律义务和道德责任。这主要体现三个方面:"责任、爱、教"。首先,孩子出世以后,作为父母就得承担起养育孩子的责任。至于有的人将自己的亲骨肉遗弃,虽然原因各异,但是从道义上讲,是一种人性的丧失。俗话说得好,"虎毒不食子"。何况是

第十篇 砥砺品质

人呢？既然生了孩子，就必须养育孩子。这不仅是道义责任，还是法律义务。从法律的角度来说，孩子一来到这个世界，就享有生命权和健康权，遗弃孩子将因犯遗弃罪而受到法律的惩罚。其次，对于下一代，要有爱心，子女是独立的社会人，父母不仅要爱护子女，同时还要尊重孩子的人格，不能随意打骂，也不能过于溺爱，爱孩子的最高境界就是将孩子培养成人格完整的人。想要让孩子将来为家庭、社会、国家乃至人类作出贡献，就必须对孩子严格教育，树立良好的家风。

我国古代的《三字经》《弟子规》《孝经》等蒙学读物就是很好的家教读物。著名的《傅雷家书》《曾国藩家书》也是父母必读书目。父母不仅在生活上给孩子以物质给养，还要在精神层面培养孩子独立完整的人格，使孩子不仅具有高智商，还要具有高情商，善于与别人合作交往等。当今大学校园的许多自杀、他杀事件，如"马加爵事件""复旦林森浩投毒案"等，令人触目惊心。这些都与大学生在寝室或班级等集体环境中没有很好地处理好自己与他人的关系有关，也与孩子没有良好的心态密切相关。俗话说，"子不教，父之过"，父母是孩子成长的第一任老师，家庭是孩子成长的重要环境，身教重于言教。

"百善孝为先"，尊老主要体现为敬老和赡养老人两个方面。敬老一是要理解父母，从父母那一代人的条件出发理解父母。二是尊敬父母，顺从父母，体贴父母，不顶撞父母，以父母心为己心，经常与父母沟通。三是帮助父母，如帮助父母学习电脑等新知识、新技能，关心父母的健康，为父母分忧，帮助家庭度过难关。四是赡养父母，父母曾对社会作出贡献，又为抚养和教育晚辈付出了心血。如果说父母生育、养育子女，是为了社会得以延续，那么作为子女赡养丧失劳动能力的父母，也是人类社会存在和发展的必要条件。五是回报父母，养儿才知报父母恩。就像中央电视台的一则公益广告：一个老人得了老年痴呆，连自己的儿子都认不出来，在饭桌上把饺子装进口袋，当坐在他身旁的儿子问他为什么这么做的时候，他回答说："给儿子吃"。我想，每一个坐在电视机前的观众看到这种场景，都无不为之动容。因此，要在力所能及的范围内，使老人吃得好，穿得暖。父母有病时,要悉心照料。另外,自己也要努力学习,成人成才,为父母争光,这实际上也是一种孝顺。

当我们还很小的时候,父母花了很多时间和心血,慢慢教会我们如何使用汤匙、用筷子吃东西,教我们系鞋带、扣扣子、溜滑梯,教我们穿衣服、梳头发、拧鼻涕等。而当父母想不起来,接不上话时,请给父母一点时间,等他们一下,让他们再想一想……父母含辛茹苦地把我们养大,所以等父母老了的时候我们要给他们以温暖、爱护。常言道:"树欲静而风不止,子欲养而亲不在。"不要等自己想起来孝顺父母的时候,父母已经等不到那一天了。因此,孝顺父母,尊重老人,刻不容缓。保护老人和儿童的合法权益,是我们应尽的职责。尊老爱幼,是我们每一个社会成员义不容辞的责任和应尽的义务。

5. 怎么看学生群殴老师事件

陈老师,最近在安徽省内传出有中学生因为与老师发生争执,导致一群学生殴打老师的事件。这件事在全国引起轰动,我想知道您对学生殴打老师这种事件怎么看?

安徽的这件事着实让很多老师感到伤感,我个人也很有看法。尽管这件事情老师有一定的责任,但再大的错误也轮不到被一群学生殴打。我们知道,"师生关系是指师生在教学过程中发生的直接的交往和联系,它是学校内部人际关系最重要的组成部分。"[1]师生关系包括师生间的教育关系、心理关系和道德关系。近年来,校园里频繁出现老师和学生互殴事件,甚至有愈演愈烈之势,校园里师生关系的紧张与冲突已成为全社会关注的焦点。我们先来看看中国古代与西方的师生关系,或许可以为我们今天构建和谐的师生关系提供一些启示。

公元前221年,秦始皇统一中国以后,中国成为封建的、统一的、多民族的中央集权制国家。至西汉,特别是到汉武帝时期,"罢黜百家,独尊儒

① 张育琳:《试论和谐社会高校的师生关系》,《河南教育学院学报》(哲学社会科学版),2005年第24期。

第十篇 砥砺品质

术""君为臣纲、父为子纲、夫为妇纲""仁义礼智信"等思想渗透于政治、经济、文化、道德各个方面,也反映到教育领域中,最终使中国形成了权威的、等级的师生关系。这时的师生关系充满敬畏的、权威的师道尊严。"一日为师,终身为父"。"天地君亲师","师"与"天地君亲"相提并论。特别值得一提的是韩愈的师生观,"古之学者必有师。师者,所以传道受业解惑也","孔子曰:三人行,则必有我师。是故弟子不必不如师,师不必贤于弟子,闻道有先后,术业有专攻,如是而已。"韩愈的师生观是一种相对民主、平等的师生观。

西方的师生观要追溯到古希腊。苏格拉底、柏拉图、亚里士多德三位伟大的哲学家、思想家之间的关系就是师生关系。柏拉图是苏格拉底的学生、亚里士多德的老师。苏格拉底和我国的孔子很相像,他和学生之间的关系是亲密的、和谐的、谦虚的。苏格拉底与学生的对话不是教师的训导,他不把自己的见解变成定论和信条,而是以对话催化学生的思想。所以苏格拉底把自己的方法比作母亲的"助产术"。苏格拉底始终认为自己是无知的,所以他认为"知识即美德"。而我国的孔子到东方游学,遇见两个孩子在争论太阳在何时离人近、何时离人远的问题,孔子在不知道谁对谁错时,并没有不懂装懂,而是认为"知之为知之,不知为不知,是知也"。苏格拉底的很多思想都是通过柏拉图的《理想国》反映出来的,就像孔子的很多思想是通过《论语》反映出来一样。苏格拉底和学生之间的关系是伙伴式的关系,这开启了西方师生关系的先河。

到了近代,美国著名的实用主义教育理论家约翰·杜威,反对传统的以教师为核心的教育观,提出"教育即生活""学校即社会"的基本观点。师生关系的核心、重点是儿童。学校生活的组织应以儿童为中心,一切措施都是以促进儿童的成长为依据。这是教育的一场变革,一场革命,无异于哥白尼的日心说。

总之,无论是我国古代的师道尊严还是西方的以学生为中心的伙伴式的师生关系,其中,最关键的都是构建和谐的师生关系。

遗憾的是,师生关系在商品经济大潮中出现了异化。这主要表现在师生间教育关系的功利,师生间心理关系的冷漠和疏离,师生间道德关系的激烈和冲突。2016年4月15日,在安徽亳州发生了一起殴师案,蒙城县某中学英语老师马某给九(1)班学生上辅导课时,因收发试卷不当与学生戴某发生冲突,引发该班学生马某等4名同学参与。事后,双方相互致歉,达成谅解,事情处理完毕。但是此事在广大教师中引起强烈强烈反响,教师内心深处也产生了一丝丝的悲哀。学生缺乏对老师最起码的敬畏,老师对学生缺乏最基本的耐心。究其根源主要有三:一是家庭教育缺失。中国农村很多孩子都是留守儿童,父母常年在外打工,爱的缺失导致孩子性格不完整。二是教师自身原因。部分教师的功利行为破坏了教师在学生心目中的形象。三是学生自身的问题。孔子的学生颜回是这样评价老师孔子及其学问:"仰之弥高,钻之弥坚。瞻之在前,忽焉在后。夫子循循然善诱人,博我以文,约我以礼,欲罢不能,既竭吾才。"孔子与其弟子之间融洽、平等、和谐的关系值得我们借鉴。

著名教育家陶行知说过:"千教万教教人求真,千学万学学做真人"。因此,要构建良好的师生关系,必须做到以下几点:第一,师生间的教育关系要科学。老师要爱护、关心、尊重每一个学生,这是前提。老师要学为人师,身正为范,学生才会"亲其师,信其道"。第二,在社会主义核心价值观的引领下,加强校园文化建设,创造良好的校风、教风、学风,形成和谐的育人环境。第三,重视家庭教育,树立良好的家风。"父母是孩子的第一任老师","三岁看大,七岁看老",这些都反映出良好的家庭教育对一个孩子的未来发展是多么的重要。第四,建立良好的教育教学评价制度。良好的师生关系是通过科学合理的评价制度来引导和推动的。我们呼吁——对孩子的教育不应只注重知识的多寡,而是更注重对孩子完整人格的培养。

6. 见到老人摔倒到底该不该扶

陈老师，见到老人摔倒在地到底该不该扶，这几年来一直为人们广泛关注，甚至搬到了央视春晚的舞台上。这就像看到有人在做坏事到底该不该管一样，让我们这些青年人陷入了行为选择的两难境地。您怎么看？

老人摔倒在地，扶，还是不扶？看到有人在侵害百姓和国家利益时，该不该管。从道德良知角度，本不是一个问题。答案很简单，可以在不到一秒之内作出回答：扶！管！然而，自从2006年南京彭宇案之后，扶，还是不扶？成了一个道德两难问题。是什么让现在的人如此冷漠？又是什么让现代人想做好事和善事如此艰难呢？

究其原因，首先，整个社会诚信体系出现问题。我曾经在大学生中做过调查，有78%的同学会毫不犹豫地选择扶起老人；但仍然有22%的同学说要看具体情况再做决定。这要从2006年南京彭宇案说起。2006年11月20日早晨，一位老太在南京市水西门广场一公交站台等83路公交车。人来人往中，老太被撞倒摔成了骨折，鉴定后构成8级伤残，医药费花了不少。老太指认撞人者是刚下车的小伙子彭宇。老太告到法院索赔13万多元。彭宇表示无辜。他说，当天早晨3辆公交车同时靠站，老太要去赶第3辆车，而自己从第2辆车的后门下来。"一下车，我就看到一位老太跌倒在地，赶忙去扶她了，不一会儿，另一位中年男子也看到了，也主动过来扶老太。老太不停地说谢谢，后来大家一起将她送到医院。"彭宇说。接下来，事情就来了个180度大转弯，老太及其家属一口咬定彭宇是"肇事者"。2007年9月4日下午4点半，鼓楼区法院一审宣判。法院认为，本案主要存在两个争议焦点：一是彭宇与老人是否相撞，二是应赔偿的损失数额问题。法院认为本次事故双方均无过错，按照公平的原则，当事人对受害人的损失应当给予适当补偿。因此，判决彭宇给付受害人损失的40%，共45876.6元。

自此之后，社会上出现一些有人摔倒在地无人敢扶的案例。如2011

年发生在佛山的"小悦悦事件",引起整个社会对人性的拷问、道德的反思。之所以造成这种现状,"彭宇案"只是一个导火线。目前,在很多人的眼里,除了金钱,再无其他。有人为了金钱,到处欺诈,招摇撞骗,导致社会伦理失范,陷入诚信危机。"人倒了,可以扶起来,人心倒了,就没有那么容易扶了。"

其次,我国的社会保障体系不够完善。由于我国已是一个老龄化社会,养老问题成了一个社会问题。很多老人年老多病,又无养老保险;有些年轻人对老人不孝顺,照顾不周,使得一些老人出此下策,诬赖扶起他的好人。

最后,我国的司法公信力不够。习近平总书记在《关于〈中共中央关于全面推进依法治国若干重大问题的决定〉的说明》中曾经引用过英国哲学家培根的一段话,他说:"一次不公正的审判,其恶果甚至超过十次犯罪。因为犯罪虽是无视法律——好比污染了水流,而不公正的审判则毁坏法律——好比污染了水源。"这其中的道理是深刻的。如果司法这道防线缺乏公信力,社会公正就会受到普遍质疑,社会和谐稳定就难以保障。公正司法是维护社会公平正义的最后一道防线。有的领导干预司法活动,插手具体案件处理。"人情案""关系案""冤假错案"时有发生,如"呼格吉勒图案"。这些都给老百姓的心灵造成极大伤害,一方面损害了司法的公信力,另一方面使得人们之间的信任以及对政府的信任度急剧下降,社会道德急剧下滑。

因此,我们要公正司法、健全社会保障体系,构建人与人之间、人与政府之间的诚信体系,同时加强舆论媒体对案件报道的管理,防止舆论影响司法公正。如何才能让人们的善举有善果,我认为可以从以下几个方面加以改进:

第一,构建良好的社会诚信体系。诚实守信是我国一直以来的传统美德。中华文明悠悠五千年,诚信是其根本。诚是为人以诚,故"养心莫善于诚";信是信守诺言,童叟无欺。"民无信不立,国无信不兴","人而无信,不知其可也"。"扶不扶"反映出的是当前社会的诚信危机。因此,应在全社会加强诚信教育并建立一些奖惩制度。对好人好事给予表扬和一定的物质奖励,对于违反社会道德良知甚至违法乱纪的事件要予以严惩。

第二,完善社会保障体系。社会要建立一套行之有效的各种保障体系。一是建立养老保险制度,使得人们老有所养。二是建立见义勇为基金,消除人们因见义勇为后失去生活保障的后顾之忧。

第三,建立良好的司法公信制度。进一步健全司法制度和一系列惩戒制度。使得见义勇为者的利益受到保护,使得那些不作为者受到一定惩戒,弘扬社会良好风尚。

总之,我们不能因为"南京彭宇案"而从此因噎废食。扬善惩恶是每一个公民应尽的义务。我们要建立良好的社会风尚,重建人与人之间、个人与政府之间的良好信任体系,扶起倒下的人心,共同走出两难抉择的道德困境。

7. 如何看待社会的贫富差异悬殊现象

陈老师,现在社会上,甚至在我们大学生身边都有一些人炫富,我们看了很不舒服。一些"官二代""富二代"们一出生就过着衣食无忧的生活,而有的人还在为一日三餐疲于奔命。这使我们一些青年大学生的价值观受到了不良影响。我们应如何看待社会的贫富差异悬殊的现象呢?

自从人类社会进入阶级社会以来,任何国家在任何历史阶段,贫富差距现象都存在。原始社会,人们共同打猎,共同分享食物,共同抵御大自然和其他动物的威胁,共同维护氏族和部落的共同利益。原始社会平均分配,不存在贫和富的问题。随着文字的出现,国家的出现、工具的改进以及生产力水平的提高,出现了对抗阶级,奴隶主和奴隶、地主和农民、资本家和工人。在奴隶社会中,奴隶主占有生产资料和奴隶;在封建社会中,农民只有租种地主的土地,我国著名的电影《白毛女》就充分反映了地主和农民之间贫富差异的事实;在资本主义社会,资本家占有生产资料,工人一无所有,没有任何生产资料和生活资料,只有靠出卖自己的劳动力为生。贫富悬殊显而易见。我还记得高中语文课学习法国作家莫迫桑的短篇小说《项链》:玛蒂尔德是一位漂亮的女子,她的丈夫是一个普通的小职员。她虽然地位低下,却迷恋豪华的贵族生活,为了出席一次盛大的晚会,她用丈夫积攒下的400法郎做了一件礼服,还从好友那里借来一串美丽的项链。在部长家的晚会上,玛蒂尔德以她超群的风姿出尽了风头,她的虚荣心由此得到了充分的满足,可她竟然把借来的项链丢失了,在这种情况下,她只有隐瞒着好友,慢慢来赔偿。从此,夫妇俩度过了10年节衣缩食的生活。在这艰难的积攒过程中,玛蒂尔德的手变得粗糙了,容颜也衰老了。后来,她偶然得知了她丢失的那条项链不过是一条价格低廉的人造钻石项链,而她赔偿的却是一条真钻石项链,就这样玛蒂尔德白白辛苦了10年。这个故事中的主人公因贪慕虚荣葬而送了10年光阴,让人怜悯,同时也让人嗤之以鼻。

目前,我国已成为世界第二大经济实体,人们的生活水平极大地提高了,社会上出现了一批改革开放的获益者,他们成了千万富翁、亿万富翁,他们的下一代被称为"富二代"。随着生活水平的提高,少数领导干部以权谋私,为自己的子女升学、就业、升迁、出国深造大开方便之门,这些人的后代被称为"官二代"。还有一些文艺界明星的后代被称为"星二代"。

当今中国,贫富悬殊确实存在。但我想随着社会的进步,这种现象会逐步改变。我们每个人都不可能选择自己的出生,无论贫穷,无论贵贱,我们无法决定我们的父母是怎样的人,我们唯一能做的就是怀着感恩的心来面对我们的父母,如果没有他们,我们又怎么能来到这色彩缤纷的世界? 身世不是我们凭自身能改变的,但身价却是可以通过后天的不懈努力换来的。那些"官二代""富二代"同样无法选择或者改变他们的父母,他们的衣食无忧是父母用大好青春努力奋斗换来的,只是有些"官二代""富二代"没有理想、目标,整日浑浑噩噩,有的甚至走向犯罪道路。

普通人家的孩子确实需要为自己的生存不断努力奋斗,这未必不是一件好事。他们靠自己的双手成为生活的强者,更值得尊敬和学习。他们的未来是多姿多彩的,而且最最重要的是,他们的人生观、价值观是正确的,他们不仅拥有学识,而且能创造财富,他们是真正对社会、对国家有用的人,并且实现了自己的人生价值。不能改变和决定自己的身世,那么就通过自己的努力来改变自己的身价,让别人肯定自己的成就,这样的人生才是有意义的。

因此,无论是出身贫穷还是富裕,只要努力奋斗、发愤图强,我们就能靠自己的双手创造出一片属于自己的蓝天。

■相关链接

在纪念孔子诞辰2565周年国际学术研讨会暨国际儒学联合会第五届会员大会开幕会上的讲话*

（2014年9月24日）

习近平

各位嘉宾,

各位专家学者,

女士们,先生们,朋友们:

"有朋自远方来,不亦乐乎。"今天,来自中国和世界各地的嘉宾和专家学者齐聚北京,举行纪念孔子诞辰2565周年国际学术研讨会暨国际儒学联合会第五届会员大会。这次会议是国际儒学界和国际学术界的一次盛会。首先,我谨对会议的召开,表示热烈的祝贺! 对朋友们的到来,表示诚挚的欢迎!

这次会议以"儒学:世界和平与发展"为主题,体现了关注世界前途、人类命运的人文情怀,是一个很有现实意义的题目。

和平与发展是当今时代的主题,也是事关各国人民幸福安康的两大问题。世界各国人民都希望生活在祥和的氛围之中,期盼战争、暴力远离人类。世界各国人民也都希望生活在安康的环境之中,期盼饥饿、贫困远离人类。然而,现实世界并不像人们希望的那么美好,局部战争依然此起

---

* 摘自《人民日报》,2014年9月25日第06版。

彼伏，贫困饥饿依然广泛发生，连绵战火、极度贫困依然在威胁着众多人们的生命和生存，特别是许多妇女儿童依然在战争和贫困的阴影下苦苦挣扎。想到这些不幸的人们，我们心中充满了同情和责任。国际社会应该携手努力，一起来维护世界和平、促进共同发展。只有这样，和平才有希望，发展才有希望。

维护世界和平，促进共同发展，需要多管齐下、多方共济，其中很重要的一个方面就是要从思想上确立和平发展的理念。今年3月，我访问联合国教科文组织总部，其大楼前的石碑上用多种文字镌刻的一句话给我留下了深刻印象，这句话是："战争起源于人之思想，故务需于人之思想中筑起保卫和平之屏障。"这句话讲得很有道理。我认为，在人们心中牢固树立爱好和平的思想，这对实现和平具有十分重要的作用。

中华民族历来是一个爱好和平的民族，爱好和平在儒家思想中也有很深的渊源。中国人自古就推崇"协和万邦""亲仁善邻，国之宝也""四海之内皆兄弟也""远亲不如近邻""亲望亲好，邻望邻好""国虽大，好战必亡"等和平思想。爱好和平的思想深深嵌入了中华民族的精神世界，今天依然是中国处理国际关系的基本理念。

从1840年鸦片战争爆发到1949年中华人民共和国成立，中华民族遭受了世所罕见的外族入侵和内部动荡，中国人民遭受了前所未有的苦难，一度到了濒临亡国灭种的危险境地。仅在中国人民抗日战争中，中华民族就付出了3500万人伤亡的沉重代价。近代以后经历了长期苦难的中国人民最懂得和平的宝贵，最懂得发展的重要。中国人民深知，和平对人类就像阳光和空气一样重要，没有阳光和空气，万物就不能生存生长。

己所不欲，勿施于人。中国需要和平、爱好和平，也愿意尽最大努力维护世界和平，真诚帮助仍然遭受战争和贫困煎熬的人们。中国将坚定不移走和平发展道路，中国也希望世界各国都走和平发展道路，大家一起把和平发展的理念落实到自己的政策和行动之中。

女士们、先生们、朋友们！

今年是孔子诞辰2565周年。孔子创立的儒家学说以及在此基础上

第十篇　砥砺品质

229

发展起来的儒家思想,对中华文明产生了深刻影响,是中国传统文化的重要组成部分。儒家思想同中华民族形成和发展过程中所产生的其他思想文化一道,记载了中华民族自古以来在建设家园的奋斗中开展的精神活动、进行的理性思维、创造的文化成果,反映了中华民族的精神追求,是中华民族生生不息、发展壮大的重要滋养。中华文明,不仅对中国发展产生了深刻影响,而且对人类文明进步作出了重大贡献。

中国传统文化,尤其是作为其核心的思想文化的形成和发展,大体经历了中国先秦诸子百家争鸣、两汉经学兴盛、魏晋南北朝玄学流行、隋唐儒释道并立、宋明理学发展等几个历史时期。从这绵延2000多年之久的历史进程中,我们可以看出这样几个特点。一是儒家思想和中国历史上存在的其他学说既对立又统一,既相互竞争又相互借鉴,虽然儒家思想长期居于主导地位,但始终和其他学说处于和而不同的局面之中。二是儒家思想和中国历史上存在的其他学说都是与时迁移、应物变化的,都是顺应中国社会发展和时代前进的要求而不断发展更新的,因而具有长久的生命力。三是儒家思想和中国历史上存在的其他学说都坚持经世致用原则,注重发挥文以化人的教化功能,把对个人、社会的教化同对国家的治理结合起来,达到相辅相成、相互促进的目的。

从历史的角度看,包括儒家思想在内的中国传统思想文化中的优秀成分,对中华文明形成并延续发展几千年而从未中断,对形成和维护中国团结统一的政治局面,对形成和巩固中国多民族和合一体的大家庭,对形成和丰富中华民族精神,对激励中华儿女维护民族独立、反抗外来侵略,对推动中国社会发展进步、促进中国社会利益和社会关系平衡,都发挥了十分重要的作用。

当今世界,人类文明无论在物质还是精神方面都取得了巨大进步,特别是物质的极大丰富是古代世界完全不能想象的。同时,当代人类也面临着许多突出的难题,比如,贫富差距持续扩大,物欲追求奢华无度,个人主义恶性膨胀,社会诚信不断消减,伦理道德每况愈下,人与自然关系日趋紧张,等等。要解决这些难题,不仅需要运用人类今天发现和发展的智慧和力量,而且需要运用人类历史上积累和储存的智慧和力量。

世界上一些有识之士认为,包括儒家思想在内的中国优秀传统文化中蕴藏着解决当代人类面临的难题的重要启示,比如,关于道法自然、天人合一的思想,关于天下为公、大同世界的思想,关于自强不息、厚德载物的思想,关于以民为本、安民富民乐民的思想,关于为政以德、政者正也的思想,关于苟日新日日新又日新、革故鼎新、与时俱进的思想,关于脚踏实地、实事求是的思想,关于经世致用、知行合一、躬行实践的思想,关于集思广益、博施众利、群策群力的思想,关于仁者爱人、以德立人的思想,关于以诚待人、讲信修睦的思想,关于清廉从政、勤勉奉公的思想,关于俭约自守、力戒奢华的思想,关于中和、泰和、求同存异、和而不同、和谐相处的思想,关于安不忘危、存不忘亡、治不忘乱、居安思危的思想,等等。中国优秀传统文化的丰富哲学思想、人文精神、教化思想、道德理念等,可以为人们认识和改造世界提供有益启迪,可以为治国理政提供有益启示,也可以为道德建设提供有益启发。对传统文化中适合于调理社会关系和鼓励人们向上向善的内容,我们要结合时代条件加以继承和发扬,赋予其新的涵义。希望中国和各国学者相互交流、相互切磋,把这个课题研究好,让中国优秀传统文化同世界各国优秀文化一道造福人类。

女士们、先生们、朋友们!

人类已经有了几千年的文明史,任何一个国家、一个民族都是在承先启后、继往开来中走到今天的,世界是在人类各种文明交流交融中成为今天这个样子的。推进人类各种文明交流交融、互学互鉴,是让世界变得更加美丽、各国人民生活得更加美好的必由之路。

正确对待不同国家和民族的文明,正确对待传统文化和现实文化,是我们必须把握好的一个重大课题。我认为,应该注重坚持以下原则。

第一,维护世界文明多样性。"物之不齐,物之情也。"和而不同是一切事物发生发展的规律。世界万事万物总是千差万别、异彩纷呈的,如果万物万事都清一色了,事物的发展、世界的进步也就停止了。每一个国家和民族的文明都扎根于本国本民族的土壤之中,都有自己的本色、长处、优点。我们应该维护各国各民族文明多样性,加强相互交流、相互学习、相互借鉴,而不应该相互隔膜、相互排斥、相互取代,这样世界文明之园才能万紫千红、生机盎然。

丰富多彩的人类文明都有自己存在的价值。要理性处理本国文明与其他文明的差异,认识到每一个国家和民族的文明都是独特的,坚持求同存异、取长补短,不攻击、不贬损其他文明。不要看到别人的文明与自己的文明有不同,就感到不顺眼,就要千方百计去改造、去同化,甚至企图以自己的文明取而代之。历史反复证明,任何想用强制手段来解决文明差异的做法都不会成功,反而会给世界文明带来灾难。

第二,尊重各国各民族文明。文明特别是思想文化是一个国家、一个民族的灵魂。无论哪一个国家、哪一个民族,如果不珍惜自己的思想文化,丢掉了思想文化这个灵魂,这个国家、这个民族是立不起来的。本国本民族要珍惜和维护自己的思想文化,也要承认和尊重别国别民族的思想文化。不同国家、民族的思想文化各有千秋,只有姹紫嫣红之别,而无高低优劣之分。每个国家、每个民族不分强弱、不分大小,其思想文化都应该得到承认和尊重。

强调承认和尊重本国本民族的文明成果,不是要搞自我封闭,更不是要搞唯我独尊、"只此一家,别无分店"。各国各民族都应该虚心学习、积极借鉴别国别民族思想文化的长处和精华,这是增强本国本民族思想文化自尊、自信、自立的重要条件。

第三,正确进行文明学习借鉴。文明因交流而多彩,文明因互鉴而丰富。任何一种文明,不管它产生于哪个国家、哪个民族的社会土壤之中,都是流动的、开放的。这是文明传播和发展的一条重要规律。在长期演化过程中,中华文明从与其他文明的交流中获得了丰富营养,也为人类文明进步作出了重要贡献。丝绸之路的开辟,遣隋遣唐使大批来华,法显、玄奘西行取经,郑和七下远洋等等都是中外文明交流互鉴的生动事例。儒学本是中国的学问,但也早已走向世界,成为人类文明的一部分。

"独学而无友,则孤陋而寡闻。"对人类社会创造的各种文明,无论是古代的中华文明、希腊文明、罗马文明、埃及文明、两河文明、印度文明等，还是现在的亚洲文明、非洲文明、欧洲文明、美洲文明、大洋洲文明等，我们都应该采取学习借鉴的态度，都应该积极吸纳其中的有益成分，使人类创造的一切文明中的优秀文化基因与当代文化相适应、与现代社会相协调，把跨越时空、超越国度、富有永恒魅力、具有当代价值的优秀文化精神弘扬起来。进行文明相互学习借鉴，要坚持从本国本民族实际出发，坚持取长补短、择善而从，讲求兼收并蓄，但兼收并蓄不是囫囵吞枣、莫衷一是，而是要去粗取精、去伪存真。

第四，科学对待文化传统。不忘历史才能开辟未来，善于继承才能善于创新。优秀传统文化是一个国家、一个民族传承和发展的根本，如果丢掉了，就割断了精神命脉。我们要善于把弘扬优秀传统文化和发展现实文化有机统一起来，紧密结合起来，在继承中发展，在发展中继承。

传统文化在其形成和发展过程中，不可避免会受到当时人们的认识水平、时代条件、社会制度的局限性的制约和影响，因而也不可避免会存在陈旧过时或已成为糟粕性的东西。这就要求人们在学习、研究、应用传统文化时坚持古为今用、推陈出新，结合新的实践和时代要求进行正确取舍，而不能一股脑儿都拿到今天来照套照用。要坚持古为今用、以古鉴今，坚持有鉴别的对待、有扬弃的继承，而不能搞厚古薄今、以古非今，努力实现传统文化的创造性转化、创新性发展，使之与现实文化相融相通，共同服务以文化人的时代任务。

女士们、先生们、朋友们！

文以载道，文以化人。当代中国是历史中国的延续和发展，当代中国思想文化也是中国传统思想文化的传承和升华，要认识今天的中国、今天的中国人，就要深入了解中国的文化血脉，准确把握滋养中国人的文化土壤。

研究孔子、研究儒学，是认识中国人的民族特性、认识当今中国人精神世界历史来由的一个重要途径。春秋战国时期，儒家和法家、道家、墨家、农家、兵家等各个思想流派相互切磋、相互激荡，形成了百家争鸣的文化大观,丰富了当时中国人的精神世界。虽然后来儒家思想在中国思想文化领域长期取得了主导地位,但中国思想文化依然是多向多元发展的。这些思想文化体现着中华民族世世代代在生产生活中形成和传承的世界观、人生观、价值观、审美观等,其中最核心的内容已经成为中华民族最基本的文化基因。这些最基本的文化基因,是中华民族和中国人民在修齐治平、尊时守位、知常达变、开物成务、建功立业过程中逐渐形成的有别于其他民族的独特标识。

中国人民的理想和奋斗,中国人民的价值观和精神世界,是始终深深植根于中国优秀传统文化沃土之中的,同时又是随着历史和时代前进而不断与日俱新、与时俱进的。

中国共产党人是马克思主义者,坚持马克思主义的科学学说,坚持和发展中国特色社会主义,但中国共产党人不是历史虚无主义者,也不是文化虚无主义者。我们从来认为,马克思主义基本原理必须同中国具体实际紧密结合起来,应该科学对待民族传统文化,科学对待世界各国文化,用人类创造的一切优秀思想文化成果武装自己。在带领中国人民进行革命、建设、改革的长期历史实践中,中国共产党人始终是中国优秀传统文化的忠实继承者和弘扬者,从孔夫子到孙中山,我们都注意汲取其中积极的养分。中国人民正在为实现"两个一百年"奋斗目标而努力,其中全面建成小康社会中的"小康"这个概念,就出自《礼记·礼运》,是中华民族自古以来追求的理想社会状态。使用"小康"这个概念来确立中国的发展目标,既符合中国发展实际,也容易得到最广大人民理解和支持。

总之,只有坚持从历史走向未来,从延续民族文化血脉中开拓前进,我们才能做好今天的事业。

女士们、先生们、朋友们!

温故而知新。知识有前人传承的知识,也有今人创造的知识。前人传承的知识积累了人们历史上对处理人、社会、自然三者关系的重要认知和经验,今人创造的知识形成了人们应对时代问题的智慧和探索。这两方面的知识对人类继往开来都十分重要。

在21世纪的今天，几千年来人类积累的一切理性知识和实践知识依然是人类创造性前进的重要基础。只有不断发掘和利用人类创造的一切优秀思想文化和丰富知识，我们才能更好认识世界、认识社会、认识自己，才能更好开创人类社会的未来。

预祝会议取得成功！

谢谢大家！

后 记

　　英国剧作家萧伯纳曾说:"你有一个苹果,我有一个苹果,我们彼此交换,你和我仍然是各有一个苹果。但是,倘若你有一种思想,我也有一种思想,我们彼此交换这些思想,那么,我们每人将有两种思想。"这则名言多少年来一直为人们传颂,形象地说明思想的交流对于人们的意义。读书就是读者与作者之间思想的交流。我们知道,许多大学生正值青春成长期,诸多现实的困惑无处破解,许多可贵的思想无人交流。因此,我们丙辉工作室的主要成员们创意编著了这本书,旨在与青年大学生进行一次思想的分享、心灵的碰撞,期求为大学生的成长做些贡献。当然,也想为思想政治理论课的建设添砖加瓦。

　　本书一共十篇,每篇有引言、访谈实录、相关链接三个部分。篇章及作者分别是:第一篇 走进大学,路丙辉;第二篇 追求梦想,马凌峰;第三篇 胸怀祖国,李靖;第四篇 感悟人生(上)——谈人生,陈绪林;第五篇 感悟人生(下)——谈交往,戴家芳;第六篇 品味道德,刘桂荣;第七篇 守望爱情,陈绪林;第八篇 践行法治,杨卫宏;第九篇 权利与义务,陈绪林;第十篇 砥砺品质,陈绪林。其中,陈绪林副教授一人承担了四篇内容十多万字的撰写工作,尤为不易,专此致谢。

　　需要说明的是,本书中的相关链接部分,是作者精心筛选的一些资料或文章,旨在帮助读者了解访谈部分所涉及的一些知识背景,或为读者提供延伸阅读。因此,在选择时,我们的原则是有益于大学生的阅读,其中涉及的一些作者,我们在此一并表示感谢!本书的最后成书还得益于安徽师范大学出版社的同志们,他们的辛勤劳动使本书得以精美呈现,真诚致谢!

作 者

2016年5月